书写个人史

主　编　桂国强　蔡晓滨
执行主编　臧杰　冷艳

良友

文汇出版社

第 12 辑

Magazinebook

目 · 录

道路

命运断想 · 黄宗英 · 001

有人问：你一生中最难演的角色是哪个？答：难为赵丹妻。
又问：赵丹演的最精彩的戏，是哪一出？答：是他的死。

我和杭州国立艺专 · 麦放明 · 026

林风眠校长身材不高鼻子特大，典型中国人的白净肤色 。因他时时伤风，故好揣一方大白手绢擤鼻子用。无论阴晴，他都身着米色风衣。先生话不多声音很小，脸上永远带着和蔼的微笑。

心结

《无冕皇帝》激起的风波 · 陈为人 · 031

我与从维熙谈到王蒙，我说："我知道你与王蒙关系很好，但我还是忍不住要为唐达成鸣不平。"我讲了一些王蒙对唐达成的冷漠。

吴奔星1950年代日记 · 吴奔星 · 055

今天在廖子山上全乡阶级站队，到群众约两千人，站成口字形，地主面向群众跪着，富农靠贫农中农坐着。会后有英山小学腰鼓及陈木匠湾妇女的秧歌表演。

目·录

地下文学现场中的"诗魂"·李亚东·092
从1970年1月12日到6月13日,二十五岁的青年蔡楚仅个人"交代",就写了三十九篇。能够落实的罪状,也就"写反动诗"、"偷听敌台"两项,主要是前者。

成长

一个"逍遥派"的风雨兼程·杨闻宇·104
"文革"之先,我因为假日回家与村里的社教工作队理论过几句,工作队给西北大学写了公函,认为我阶级立场大有问题,系里党支部对我施加过几次压力,让我检讨。

1960年代北大历史系师长速写·欧阳文·112
我们的清史课是在1966年春到昌平北太平庄分校半工半读时,由张寄谦老师讲授的。那时候,教学已很不正规,没有教室,就在简陋的宿舍里。

那时,我还是个孩子·李文熹·132
1957年4月7日上午,我父亲被武汉市公安局花楼街派出所以历史反革命的罪名逮捕,从家里五花大绑押走了。那天是星期天,我不记得怎么得到一张《铁道游击队》的早场电影票,看完电影回到家时大约中午11点钟。

趣味

《挪威的森林》"生日"纪事·林少华·146
就翻译住处环境来说,和村上春树写《挪威的森林》时住的低档旅馆多少有些相似。只是,我放的音乐,一不是爵士乐《挪威的森林》,二不是《佩珀军士寂寞的心俱乐部乐队》。说来难以置信,我放的是中国古琴曲《高山流水》《渔舟唱晚》和《平沙落雁》。

目·录

冷摊夺魂记·柯卫东·151
有一天晚上朋友来电话说,上星期四有书友在报国寺买到二三十张俞平伯手写的明信片,据说卖主是专卖邮品的,这些明信片他都是当普通实寄片卖掉了。

风尘

父亲王林在国立青岛大学·王端阳·158
这年冬季,宿舍里又搬进来一位西装革履的"公子哥",他就是黄敬,当时的名字叫俞启威。他父亲是陇海铁路局局长,叔叔俞大维更是国民党的重要将领,但是谈问题很左倾。

1931年国立青岛大学日记·郭根·167
日本攻打锦州与天津被扰的消息传来后,本校也稍微受到一点震撼,同学纷纷议论要罢课,要加紧军训,要赴京请愿。这样终于开大会了,会场上形成两个阶级,一方是教职员,一方是学生,教职员不主张请愿,学生是非去不可,于是决裂了。

活法

换一种活法·贺爱莉·178
50岁的年龄再学一门语言真是太困难了,我想"朽木不可雕"一词此时用在我身上正合适,心里面全是沮丧,我觉得对不起这位年轻的女教师。出国之前我只会生硬地说三个英文短句:good morning, excuse me, thank you.

我的了不起的人生·于洋·194
后来长大了,决心要成为一个名富人,李嘉诚、王永庆之类的,读书的时候去倒服装、摆地摊,毕业后卖烤肉、做传销……最后把我爹妈攒了半辈子的钱折腾了精光才明白自己压根就不是块经商的料。但是我从来没有放弃成为一个名人的梦想。

目·录

外公的琴声·晨枫·202

外公跟着二哥学摄影，这时也加入了《良友画报》。二哥虽然身为总编，但在文化事业和商业诱惑之间游移，外公实际负起了编辑责任。在孤岛时期，《良友画报》的形式新颖、嗅觉敏锐、情趣时尚，成为在抗战中煎熬的上海人的重要精神食粮，外公则是这份大餐的大厨。

1985年马国亮赵家璧的26通信·212

你问我谁想约我恢复《良友》画报，这是你弄错了。去年秋天有华东师大中文系的一位老革命干部（王鲁彦夫人）坐了汽车，带了两个中青年，来舍约我挂帅恢复良友图书公司，说经费有、班底也有。你知道我怎么会上这个当。

特辑：风华

1942年2月1日，三十一岁的张沅吉和二十三岁的翁香光在上海国际饭店二楼举行婚礼，证婚人赵叔孺，男方介绍人张聿光，女方介绍人钱瘦铁，主婚人是新人的父亲张锡和与翁瑞午。

良友稿约 ·54

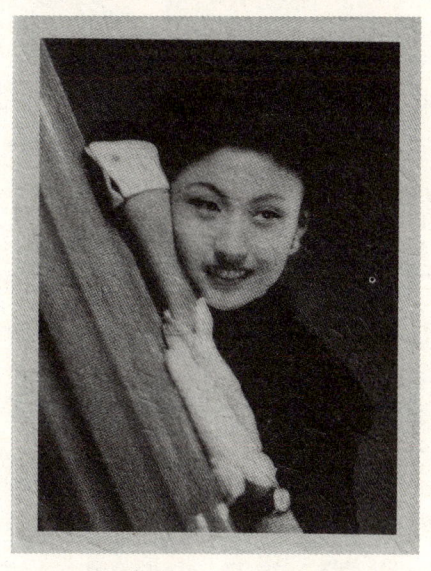

命运断想

黄宗英

我，黄宗英。1925年7月13日，即民国十四年五月二十三日生于北京，属牛。母亲怀我产期未到，忽阵痛，赶忙遣人去请产婆。产婆未到，我就已经生出来了。家人都说我是急性子。急性子是一味中药，状似大南瓜子，手一碰，籽就蹦出来了。母亲很开心，她头胎二胎生的都是儿子，就盼生个女儿，女儿就来了。我有两个姐姐，是前娘生的。母亲（陈聪）是续弦。父母都格外疼我。夜里，我睡在童室自己的床上，天不亮就醒了，就被抱到北屋父母睡的大床上，焐在父母的大被窝里玩耍。

五岁时，我到京都第一蒙养园（幼儿园）去，进园时，须口试。试罢，我听一老师说："我要这个小斜眼儿。"那时我的左眼的黑瞳仁跑到鼻边了，要多难看有多难看，亏得姜老师要我。而小我一岁的大弟弟宗洛，就没老师要。因考试时，老师问他："你在家跟谁玩？"宗洛答："跟小妹玩。"问："小妹是你什么人啊？"答："小妹是我姐。"老师对家人说："这孩子连大小都分不清，在家再玩一年吧。"一家人都叫我小妹，所以宗洛也叫我小妹。他真是冤枉。

到我七岁时，父亲黄曾铭（字述西）从北京西城电话局调青岛电话局，任总工程师。全家迁居青岛。我非常喜欢青岛，喜欢在海边沙滩玩沙子、堆沙坑、盖房子，用蚌壳做锅、碗、瓢、勺，与宗洛过家家玩，我当主妇伺候他。

我们家住青岛龙口路二号。这是一座有大院子的两层楼房。前院空地很大。邻居是赵琪副市长，他把他家的几十盆菊花寄放在我们院里，花开得灿烂一片。里院是住宅。我和宗洛在里院小片空地上种了花生、芝麻。我父母从来惯着孩子。母亲是世袭中医世家。孩子病了，她会开小药方抓药，份量都写的是古字。母亲西式小学毕业，闲来教我们诵读唐诗、宋词、千字文，还教我们孟子曰。父亲则领着我们爬墙上树跳沟。他说："孩子小时不淘气，大了没出息。"我八岁时，父亲给我买了辆四个轱辘的自行车，是后轱辘旁有两个保险小轱辘，待我能骑上去走了，就摘掉一个小轱辘。青岛是丘陵地，我在江苏路第一小学读书，就从坡上骑车去上学，只有大狗吉利跟着我送我到学校。

我九岁时祖母去世。我和大弟随父母回祖籍浙江温州府瑞安县奔丧。祖母死时八十一岁，是喜丧。我是穿着大红绒衣回去的。瑞安家里搭了竹天棚，摆了六七桌酒席，请戏班子来唱戏。我们在灵堂前穿毛边孝服跪着，来奔丧的客人，也要跪着哭丧。刚哭过站起来，就将手绢往胳肢窝里一掖，去正房打麻将了。正房里有两张麻将桌，女眷们都在正房嬉戏，吃莲子红枣羹。待出殡时，要有五对金童玉女盛装骑马走在送丧的队伍里。宗洛被选上了，他长得俊，脸上有一对酒窝，不笑时是两个小包。我太难看了，当然选不上。我很羡慕骑马的金童玉女。出殡后，竹棚要拆了，天井显得很大。我们就和堂兄堂姐在天井里跳房子、打架玩。我最喜欢堂姐宗敏。她长得特别好看，梳童花发，穿淡蓝色单襟上衣、黑裙、白袜黑鞋。我喜欢对着她看。回老家奔丧我们是从青岛乘海轮去温州，然后再乘江轮去瑞安。我和宗洛第一次坐船，特高兴；上上下下在各层甲板上窜，趴在船长室门外，观看船长把着轮盘左转右转；看宽大的餐所厅，厅前支有打克楞球的架子，还有卖水果的摊头。买了些瓯柑，瓯柑皮厚味苦，能清火补心，我很爱吃。我们坐的是二等舱，舱内有一张双层床，一张大长沙发。船过一江山岛时哆哆嗦嗦，不是浪是涛。我和大弟都晕船了。母亲不晕船，就为我们剥了瓯柑，服侍我俩爬到上层床上躺下，动也不敢动。母亲说："半夜可能要查夜，只要用温州话说一句'瑞安黄宅'就不查了。"果然半夜来查夜的人，听母亲说话后就不进舱了。到我长大，才知道自己是官宦人家出身。

这一年冬天，我父亲也死了。他是生伤寒病死的。父亲病时，没住医院，是请日本医生来家看病的。眼看病情好些，他想吃火腿大米粥，把火腿切得细细的煮粥。父亲吃下去不久就腹泻，泻个不停……我被老张妈从被窝里喊醒，去到父亲房里，老张妈叫我跪下。我只见父亲被人架着站起套丝绵（套丝绵是为了在棺材里骨头不散），我叫了声"爸爸"，爸爸瞄了我一眼，就低下了头。母亲大哭起来，我也痛哭不止。待我大哥二哥被从青岛中学叫回家，父亲已穿好寿衣了，是中式的短袄长裤，而他从来是穿西装的。我和大弟被老张妈叫去，学着用锡箔纸折银元宝。小弟宗汉则开心地绕着来奔丧的客人们的汽车、黄包车敲着小锣戏耍。当天，也搭起了竹棚，设了灵堂。我们的四叔从瑞安来奔丧，他长得特像我父亲。小弟见到他忙大叫："爸爸从木头匣子里跑出来了！"母亲哭笑不得，精神有些失常了。朋友打电话来说："麻将牌已糊好了。"母亲说："你自己用吧。"没两天，我看到父亲的灵前，有用纸糊好的楼房、汽车，以及佣人张三、李四、秦妈。父亲的棺材，用麻绳一遍遍捆好，由四叔运往瑞安祖茔安葬。上船时，还捉一只大公鸡站在棺材前。

父亲是四十八岁死的。青岛电话局的工作人员说，如果是五十岁死，就有抚恤金。他晚死两年就好了。因父亲的死，家道陡落，从月入三百六十元大洋到无分文收入。无奈只好投亲靠友，举家去了天津。我大姐的婆家林表伯在天津，世交陈表伯在天津兴业银行任副经理。我们在天津近郊土山公园附近树德里，租了个小三合院，只北屋三小间，东西屋各两小间。林表伯的姨太太住西间，东间是厨房。冬天要生炉子，只有堂屋有个大炉子，把烟筒直通里屋。一天林太太早上起来，看北屋不像往常，竟没有动静。她走近北屋，闻到一股煤气味，忙喊来邻居，撬开北屋门，把我们一家人抱到天井地上，一家子都中煤气了。我倚在台阶上，吃着谁让我吃的青辣萝卜，自此我一辈子都怕煤气味儿。

我在树德小学上学。上四年级时我曾代表学校参加全市小学生演讲比赛。讲题是《废铁救国》，劝慰大家捐出废铁制造枪弹，打击侵略者。我是端着锈铁锅、铁铲、锈钉子上台的，穿着从张家花园张二小姐处借来的蓝色蓬袖短上衣。我获得全市比赛第四名。奖品是一横的匾额，上书"舌璨群英"，我把它献给了学校。

我的斜眼儿是怎样治好的呢？原来在北京，父母带我去看了全国最有名的中医孔伯华。孔大夫说："不用开刀。每天厨子买菜时，切一片薄牛肉片，贴在眼左侧。孩子觉得粘得慌，就老要向左眨眼，眨着眨着就正过来了。"果然，到我十三四岁时，就再也看不出是个斜眼儿的丑丫头了。由于我爱织毛线，又会做鞋，看起来颇贤淑，就相继有富裕人家来说媒了。说媒的条件都是允上学、允出国留学、允照顾母亲弟弟。我和母亲都觉得要被人买了似的，何况我还小，就哪家也没答应。

家境贫寒，我和宗洛都惦着长大去卖菜、卖硬面饽饽……从没做过想当演员当作家的梦。

我在学校里功课挺好，老考前三名，直到算术四则题讲"鸡兔同笼"时，我的名次才落下来。放学回家，我半个钟头把作业做完，就临成亲王大字帖，临灵飞经小字帖，还在家里的旧英文打字机上练习盲打，想着可以去当秘书，也想当护士。因为开滦矿务局招考培训护士，不收学费，还发津贴。娘不让我去报名，说当护士太苦。

待我长到十六岁时，大姐已经在金城银行工作，当簿记；二姐在齐鲁医院工作，搞社会调查。她俩都有钱补贴家用。母亲也靠卖首饰支撑。每次我陪母亲去兴业银行开保险箱时，觉得那地下甬道很长很长，自己的钥匙要与银行的钥匙对上，才能开锁取出保险箱。我眼看箱中的首饰渐渐见底，只有一条金项链，一些碎珠子了。母亲顶真地告诉我，待她死时，一定要在她嘴里塞两三粒珠子，到了阴间，阎王爷看到珠子，就判她投身为人，不投身猪和狗了（我没做到）。我只想自己能快有工作就好了。

正此时，大哥宗江从上海来函，说参加了新组成的上海职业剧团。剧团正是用人之秋，小妹若能来，总有用得着的地方。我特兴奋，娘也高兴，就回信说去。

大姐为我找了个旧皮箱，并送给我一件新的猫皮短大衣，说："这件我没穿过，只适合Teenage girl穿，送给你正好。"还给了我二十元钱。母亲也凑了二十元给我，生怕我到了上海一时不能就业，吃不上饭。如此这般，我出门谋生去了。那是1941年深秋。

大哥当时住在上海桃源村的亭子间里。我到此方知亭子间并不真的是亭子，而是夹在一楼和二楼的朝北的小间；是在灶间的楼上，房间很小，里面有大哥的一张小铁床，一张两屉的书桌，一把椅子。我搭了个地铺在小铁床前，就已经挨着书桌了。大哥如下地，就踩着我的铺盖了。大哥教我怎样拿小竹筹子，到对面街上老虎灶去打开水。两人吃了点面包，就安然入睡。

第二天早上，大哥找出《剧场艺术》等杂志给我看，他说如果楼下有人喊王中刚，就告诉他我去剧场了。我吃了他为我买来的大饼油条当早点，就埋头看起书来，忽听楼下有人大喊王中刚，我忙跑下楼去问他："你找我哥吗？"那人却问："要几块？"

我看他拎着篮子掀开棉布罩，原来是卖黄松糕的。我又没带钱，只好讪讪上楼去了。

上海职业剧团是黄佐临、吴仞之、姚克三位戏剧界巨头主办的。第二天，大哥就带我去剧团后台见头头。我一进后台，就听见有人说："嗬，好高的个儿。""绿豆芽。""我可不能跟她配戏。"我见了领导，他们却很欣赏地看着我："你先跟着吴仞之导演，看他有什么活儿，先干什么活儿吧。"吴仞之说："明天，你跟我一起先登记道具和效果吧。"

待晚上，哥散戏回家。我问他："什么叫道具？"哥说："你不是看过话剧剧本吗？"我说："看过《秋瑾》、《家》、《莎士比亚》，没写道具。"哥说："哎，道具就是大幕拉开来后，台上的桌椅、板凳、床等就是大道具，演员身上的钢笔、别针、耳环叫小道具。"我又问："被服叫什么道具？"哥答："……你明天听吴仞之的，他叫你怎么登，你就怎么登。"我又问："那效果呢？我怎么能登观众是笑是哭呢？"哥说："哎，效果是指制作成声响的用具，如打雷是摇铁皮，下雨是用簸箩摇黄豆，枪声是摔炮仗，亏得你说来就来了，要是等公开招考，说不定考都考不上，有两千人报名呢！"我庆幸自己不用考试就进了剧团。

第二天，我跟着吴仞之边走边登记台上的道具效果。傍晚，我去买了两个新本子，还买了一只简易台灯。晚上，我就把潦草的登记本誊写得清清爽爽。哥回家先洗脚上床，我在灯下开夜车。

第三天，会计把我叫去，发给我十六元月薪，若干张澡票，说是黄导吩咐的，大概是怕我没钱吃饭吧。如此，一天有五角钱饭钱。大饼三分钱一只，在后台吃葱花炒饭两角钱，摊头上，一碗馄饨两角五分，下午买面包七折，傍晚买半价。我不愁饿肚了。

领导很满意我的登记本，又吩咐我在前台楼上右侧包厢（灯光厢）看戏。黄导叫我做实习生，特别要看女演员的戏，每场都要看，熟悉台词、位置，以备代戏。

那时，剧团正在卡尔登剧场上演曹禺的《蜕变》。石挥演梁专员，宗江演况西堂。这是一出爱国戏。梁专员的台词常常被观众的掌声轰起。当台上的人物喊："打倒日本帝国主义！""中国万岁！"台下也跟着喊起来。我激动地落起泪来。我来自沦陷的华北，很久没听见口号声了。戏闭幕时，我肿着眼睛去后台找宗江，他看到我红红的眼睛问："怎么啦？"我喔喔地说："戏好。"兄妹俩默默地步行在南京路到拉斐德路的大街上，我庆幸自己是在进步的团体。

双十节的时候，卡尔登剧场的门口挂起"庆祝《蜕变》演出双满月纪念"的牌子。剧团发给每人一个月的奖金，我也有。我说："我才来半个多月，也还没上戏。"头头说是"同喜"。我赶去邮局，给母亲寄了十元，仅显示我已赚钱了，有饭吃了。

　　这时候，剧团演员严俊和梅村要结婚，请假一星期。黄佐临让我代梅村的戏，饰演伪组织（小的儿）。在拉紧大幕点着工作灯的舞台上，给我排了排位置，就让我上台。我并不怵台。小时候，在青岛电话局的舞台上，我曾演过秋瑾的小姑子王淑华，是跳着绳上台的。在后台有大人往我背后一推，我上了台就偎在秋瑾的怀里，秋瑾按我一下，我就说一句台词，按了六下，我说了六句台词，又跳绳下台了。如今，演小的儿，还让我手里拿着香烟，我哪儿会抽烟啊？！糟糕，导演没排我哪句话上场，直到有人慌慌张张往外推我，我才上了台。哎呀，台上的灯怎么这么亮啊，我什么也看不见，也听不见台上人说什么。我只好嚷嚷一番，被人拖下台。第三幕还上场，要撒泼撒野。我在台上吵，被人拖着往外拉，我的绣花鞋掉了，我就坐在地上，用绣花鞋拍打地板，被人拽起一跳一跳地跳下台。戏台下鼓起掌来。总算演下来了，我谁也不敢看。忽然黄导来到我身边，对我说："明天还你上。"呀，认可我了。桌上的蛋炒饭早已凉了，我囫囵吞下。我兴奋得睡不着觉。第三天上台，我看见脚光了，还看见第一排加座上坐着黄导、吴导、周剑云、李健吾……后来大哥告诉我，是黄导请他们来，说剧团来了个新演员，扮相好，北京话特棒，嗓门特亮。我的职业演员生涯就这样开始了。

　　不久，上职剧团分成两拨人。一拨跟着石挥另组剧团，另一组就跟着黄宗江。宗江见自己的老同学郭元同（艺名异方）也跟了石挥，很不开心。元同是团里的乐队指挥兼演员。我就去找元同，跟他说了宗江的心思，并对他说："如果你追求英子，你在我们剧团照样可以追求英子。"郭元同说："我没有追求英子，我的心里只有你。"我愣住了，没接这茬。后来元同就来到我们剧团。

　　我和大哥住的亭子间的二房东，把整幢房子卖掉了，要去香港。我和大哥就到处找房子。一听说我们是演戏的，都不肯把房子租给我们，直到我们找到西爱咸斯路和平村一号，才租到一间前客堂，一间楼顶的双亭子间。此时，丁力、孙道临、卫禹平都先后来到我们剧团。丁力、李德伦、郭元同和我们住在一起。房东陈家姆妈是个寡妇，有一个女儿，待我们极好。一天，给我们端来五碗排骨面，说是小女生日。我们也无法回礼。

　　我们五个人，每人出两元钱，用十元一月租了一架钢琴，放在前客堂。其他空的地方，就是剧团管道具的周阿炳的周转地。所以我们的两间屋，有时很豪华，有时很寒酸。只一架钢琴不动，琴上放着一本厚厚的总谱。我是第一次看到交响乐的总谱，那么复杂。琴上还放着元同和德伦抄在谱纸上的乐谱。他俩靠抄谱赚些零用钱，有时还去歌舞厅奏乐赚些外快。

我去向著名的声乐老师姚继新学声乐。我不是去学唱歌，而是去学发声，希望学到高声不出尖音，低声能送得远。姚老师用钢琴伴奏我练声，很有效果。我在台上可以像平常说话般，声音就送得很远很清楚。

1941年12月8日珍珠港被炸，日军暂时取胜。上海孤岛租界也被日军占领。黄导一天说："大家都到排练厅去吧（我们那时在兰心大剧院演出，前台三楼排练厅很大），有事和大家说说。"团里所有演员和后台工作人员都来到排练厅。我坐在卷起的地毯上，只见低音大提琴的影子照在黄导的脚边。黄导说："我们不给日本鬼子卖命。"全体默然。他又说："剧团决定解散，发一个月工资，大家各奔前程吧。"我正愁怎么奔前程，黄导走过来，轻轻对我说："你们兄妹和石挥就先住我家吧。"于是石挥和我兄妹就搬进卫乐园一号黄寓的楼下。我住饭厅，靠北墙，有一张小铁床；石挥、宗江睡客厅，搭行军床。每人每月象征性地交一斗米包食宿。黄导和夫人金韵芝（艺名丹尼）居住二楼。丹尼也是名演员。黄导夫妇都是欧美留学回来，是我国戏剧界学术最高的专家。他们都用史丹尼斯拉夫斯基体系教育青年艺人。丹尼在《自然之子》和伯来西特的《胆大妈妈》中，演得都很棒。

石挥每天抱着他的吉他弹，宗江在翻译，我则大看其书。二楼有大书房，我把《莎士比亚全集》再看一遍，还看亚里斯多德、伯来西特……不担心没书看。

一天晚上十点来钟，我们饿了，ABC宝石饼干也吃光了，就去过道的黄导家冰箱里"偷"面包和火腿吃。吃饱刚睡下，忽然宗江问："冰箱的灯关了没有？"我答："我没关。"石挥说："看看去吧。"他俩披衣穿着短裤去开冰箱门，我也披衣去了，只是怎么弄，冰箱的灯总关不掉，只好担心地睡下，害怕冰箱会爆炸，还好一夜无事。早上早餐，依然有面包、火腿和冰硬的黄油，我们才放心了。此时，我们三人都是名演员了，街头海报上的名字有冰箱那么大，却都不认识冰箱。

日本占领上海租界后，政客川喜多长政控制了上海电影界，建立了上海联合电影厂。幸亏金星电影公司经理周剑云卖了个交情，没把我们二十多人的名单往上送。那时我们剧团的头面人物，刚被周剑云网罗不久，签了长期合同。记得合同上还有五年内不许结婚条款。当时，让我饰演一名被强盗掠去的少女。少女在灯节时出来看灯，被强盗看中。要拍一个长长的美少女特写，我在蓝兰大姐的介绍下，把一颗小虎牙换掉了。全片只两个女演员，另一个是强盗婆，由端木兰心饰。戏还没拍，上海就沦陷了。

我们在黄导家，平平静静地住了些日子。黄导和吴导觉着川喜多无意控制话剧界，就又悄悄排起戏来，给我排了独幕戏

《侬发痴》，说的是一位犹豫不决的考虑博士向少女求婚，问了许多稀奇古怪的问题，把少女气得假装发痴，把博士赶走，迎来帅气的青年的拥抱。少女发痴时，要"唱游龙戏凤"，唱京韵大鼓，唱"活捉三郎"，用围巾捉住博士。总之，这戏就像京剧中的《十八扯》《纺棉花》，演员发挥得淋漓尽致。台下观众不以我荒腔走板不搭调为意，我大过戏瘾，内行也以我耍得开为赞。

彼时，石挥、张伐、韩非、林榛、英子、崔超明、白穆、莫愁八人组织了一个"八大头牌"剧团，临时雇佣些班底，演出了不少好戏。如：《风雪夜归人》《梁上君子》《秋海棠》等。我都去观摩了，很佩服。不过，我们两个剧团的上座都不怎么好。因为夜里交通管制。这时，上海大亨黄金荣的儿子黄伟喜欢上话剧，串联两个剧团合作，组成荣伟剧团，规模宏大，角色整齐，日夜两场，演出轰动，掀起话剧运动的新高潮。

至此，我以演出《甜姐儿》《魂归离恨天》等青春剧而大红大紫。《甜姐儿》是由法国剧本《巧克力姑娘》改编，是一出讽刺轻喜剧，写一官僚家的千金小姐孙小玉，赴郊外骑马，晚上开车回家，汽车坏了，小姐闯进小职员林君植家。孙小玉穿着大红上衣、白马裤、黑马靴，戴黑丝绒马帽，执马鞭上场。她指手画脚，林君植的房客Mr刘马上溜须拍马，林君植则不买账，拼命谴责阔小姐。小姐一生没受过人的谴责，反而感到新鲜高兴，并爱上了林君植，闹了不少笑话。观众很爱看。我每上场都换一套衣裳，尤其第三场，我穿一件毛线织的长旗袍，同色长外衣，是从来没人穿过的式样，是剧团的参谋宋淇（戏剧家宋春舫之子）的女友邝安美新开的毛衣店为我特织的。此戏上演时，有富裕人家的小姐太太，坐汽车带裁缝来看我的服装。宋淇认为我平常也应穿得讲究些，就带我去他姐家。他姐把漂亮衣服摊了一床，任我选。我只挑了两件打网球时穿的短袖白衬衣。我对宋淇说："这些衣服都太漂亮了，我不习惯穿，也没场合穿。我觉得一个演员，在台下太闪光了，在台上就闪光不起来了。"我一辈子在台下，都是普普通通的。

由于我长大了，又演了青春剧，我的私生活也变得复杂了。我有些害怕。但我的戏还是越演越成熟，可也闹了些笑话：在演话剧《家》时，我演梅，宗江演觉新。在花园里，演两人走向台右，觉新抒情地说："还是这片青草地，小时候，我们……"本该说我们在这儿打青草滚，捉蝴蝶，可突然功德林面馆的伙计，从舞台月亮门里提着椭圆的大饭笼走上台来，他尴尬地不知怎么往前走。宗江笑场了，五官都往上翘了起来。我正面对观众，只得把袖子捂着脸装哭。台下也发现了，鼓倒掌了，舞台总监胡导只好放下大幕，把伙计引向后台，还谴责了宗江和我，大幕再升起时，我们重新缓缓走向台右……

演《上海屋檐下》时，舞台上搭起二层楼的横剖面。我演舞女。幕启时，我睡在前楼的床上。别的人在楼下演戏，我竟真的睡着了，直到舞台监督用长竹竿把我捅醒，才赶忙装作打了个打哈欠，起床演戏……

这时，著名的电影导演马徐维邦来找宗江，邀请他去香港拍摄《秋海棠》中的秋海棠。大哥觉得他应该离开上海了，就和地下党员戴云谈，戴云为他接好关系，并给了路费。在我演《晚宴》的晚上，宗江悄悄地离开了上海，辗转千里，去到大后方重庆，并没去香港。

宗江走后，元同等三位男性搬到双亭子间，我搬到前客堂。一天晚饭后，天已经黑了，李德伦下楼来找我说："元同不知怎么啦，他吐了，又躺不下。"我忙上楼去看他。只见元同靠在被垛上哼哼。我让他喝点水，但喝了就吐。我摸他脑门，很烫，不腹泻，不像是吃坏了。我决定去找我们的粉丝夏其昌医生。我到了夏家，夏医生取过诊药箱，开汽车来到和平村，为郭查了体，说："不要紧，心律不齐，不能动，我留下几片药吧。"夏其昌下楼时对我说："疑是急性感染性心内膜炎。"我听不懂。他说："俗称菌性心脏病，千万不能动，复发时有生命危险，不要动，不要下楼。"我装成泰然，返回亭子间，告诉郭元同："不要紧，只要吃下药，不要动，会慢慢好的。"我勉强元同服下药，又拿一只脚盆为他接下小便，陪他坐了一会儿，又帮他脱了衣服，盖好被子，为他按摩着，直到他睡去。我关照丁力、德伦晚上醒着点，如果元同出汗了，不要让他着凉。

第二天天亮，我上楼见元同还熟睡着。等到八点后，我上街买了一只高脚痰盂、一支体温表、一罐奶粉、一斤白糖。回家后我又上楼服侍元同。我把他的小便倒在楼下公用盥洗室男性小便池里，把脚盆洗干净。夏医生又来了，给郭听了听心脏说："好一点儿。"又给他打了一针，说"不要让他动，明天我会再来"。如此三五天，我倒屎倒尿，帮他量体温，帮他洗脸擦身，给他读《希克梅特诗选》，哄着他。夏医生每天来，并每天打一针针剂。郭渐渐复原了，能自己穿衣服了。经医生允许，能走路，能下楼上厕所了。他对我说："真对不起你，让你为我倒屎倒尿，辛苦服侍我那么多天，抱歉。"我说："那没什么，如果我病倒了，你也会这么待我的。"不久，郭元同的母亲从北京来看病后的元同。丁力说："婆婆来相儿媳妇了。"我没反驳。郭伯母来后，我陪她逛了大上海。临走时，她送我一只玉镯。以后，元同告诉我，那是他家祖传的宝物。我明白是婆婆相中我了。我也不再推辞。

1943年10月下旬，在我和沙俐、蒋天流轮换演女主角的空档里，我和郭元同请假回北京结婚。元同的家在北京香山一棵松，有一个院子，盖满了兔棚，养了八十多只长毛兔。北屋正房是一大间，有一张大炕，旁边有一小间，是元同弟弟住，也给元同留了张小床。晚上，我和伯母还有保姆老郑一起睡在大炕上，是热炕，我睡得很香。

第二天，伯母、元同和我，就张罗办喜事。为办得光彩，决定租用西交民巷六国饭店礼堂。我不知道郭伯母的家底，我不言声，只和元同一起估计邀请的贺客名单，有六桌人哩。

伯母赠一座三合院给我们做新房。院子里有一棵无核的枣树，已经结枣了。第三天，元同去城里办事，我也随去，去租白纱礼服，并买些皱纹纸、亮光纸、剪纸、窗帘布等。郭伯母家大院有一座大铁门，门上有个匾额写着伯大尼。我不知什么意思，问元同，他也不明白。（以后，我通读《新旧约全书》，才明白伯大尼是悲苦之家的意思。元同的父亲前年在香港去世。基督教把人的死，视为去上天做上帝的新娘了。）我先清扫了新房，擦了窗玻璃，贴了龙凤呈祥的剪纸，又把花纸制成纸环，串起来，吊在屋顶上。我见房内有缝纫机，又踏了贴玻璃的白纱布窗帘和厚的细格布窗帘。我要把几年来没敢拥抱元同的思念，统统给他，拥抱个够。近婚期，我和郭伯母下山进城了。我们发现元同病倒了，是忙得累病了吧？礼堂租好，请帖已发出，想延迟婚礼已不可能。届时，就勉强扶他走完红地毯，说完"我愿意"，就送他回石驸马大街他舅舅的医所，躺在为病人查体的病床上。新婚第一夜，我在元同舅妈家写大楷。

元同的病，一天重一天。一夜，他抖个不停，体温41℃，哼哼不止。元同家都是基督徒，全家为他祷告不停。我大声说："送医院，必须送医院。"终于把元同送入羊市大街中央医院。送医院后的第三天，元同的母亲和弟弟就不大来医院了，仅留元同妹妹和我守着。第八天的夜里，元同闹了一天后很平静地睡了。我和元同妹妹守夜。我织毛线手套撑着，只听元同的呼吸很粗重，一声比一声长。妹妹急得跑去找医生。我只听到元同的喉咙里"咯"的一声，就什么声音也没有了。待医生护士进来，才发现元同已经停止了呼吸。打强心针、做心脏按摩……什么都来不及了。他死了。我只说："他被痰卡住了。"没人理我。医生用床单罩住了他的脸……当我们推着他的尸体往太平间走时，我觉得甬道特别特别地长。我说："他会冷的。"没人理我。元同连前带后一共病了十八天，我十八岁成了寡妇。

次日，郭伯母和元同弟弟出现了。寿衣和棺材出现了。化妆师也出现了。至此，我方才知道郭家人都知道元同必死，只瞒了我一人。元同的棺材往山上送，是雇的八人抬杠。抬经我们的新房门口停了下来。

保姆老郑说:"大少爷到了。"棺材进了小院。枣树上枣子已红了。老郑说:"大少爷进屋吧"。老郑把屋门打开,我一看屋内已挂起元同的遗像。一炷香的功夫,只说"启程吧"。于是一直抬到高山上。抬到一个已经挖好的大坑前,把棺材顺进去。我痛哭起来。已是深秋,香山的红叶已经红透。往坟上铲土后,我采了两枝红叶放在坟头上。这时候,杠夫们已经用松枝做柴火,烧起了烤肉,喝起老酒,划起拳来:"五魁首啊!""六六六啊!"我想,这演的是哪一出啊……从此,我恍恍惚惚,颠三倒四,迷迷噔噔……

我这单身新娘在郭家过起了日子。郭伯母待我极好。村里每天有卖豆腐、卖蛤蜊肉的吆喝过来,她总是买来给我烧了吃。元同弟和元同完全是两路人。他每天忙世俗的事,他管账、管梳兔毛、管卖兔,我跟他说不上话。我每天拿一本书,披着郭伯母给我的一袭灰平绒斗篷上山,坐在山石上看书、晒太阳;给上海的朋友写信,写得玄而又玄。(信曾刊登在《万象》杂志,刊登在《文汇报》笔会上。)每天天不亮,隔壁女查经班的寡妇、老处女就大声哭着嚎着祷告起来。郭伯母曾劝我信基督,要把我奉献给上帝。我说:"我从小接受自由平等博爱的教育,我没法让自己相信上帝的儿子基督。"

冬天,山上的风很冷。有一天,我在山上拣松塔,老郑来叫我:"上海来人啦!"我回家去,见是戴云和林葆龄。我引他们来到新房里坐着说话。他们说,于伶、吴仞之、吴琛和李伯龙的意思,是接我回上海。剧团需要我回去,说我的前途还很远大,不能把自己幽闭在山沟里。于是我向郭伯母说了。她知道我决意离开,也就不再劝我,并让元同弟赶快下山,给我买来一件卷毛黑羊皮大衣,是那年代时髦的式样,送我穿了上路。临走,伯母带我去见宋神父。宋神父惋惜地说:"你一定要走毁灭的道路嘛。"我告别了伯大尼,重新回到上海。

我住在柯刚和柯姐的亭子间里。一天她俩都不在家,来了一个人,让我给柯刚传个小纸条。柯刚回来看过纸条,点燃火柴把纸条烧了,就开始收拾行李,说母亲病了,她要回乡,只带简单衣物,就匆匆走了。

柯刚走后,剧团的头头李伯龙叫我住到他家去,说:"可以喝牛奶,你太瘦了。"我在街头的摊上量过身高体重:一米六九身高只八十七斤,吃过两大瓶胖德荣,也不见长一斤肉。李家住愚园路。大院子里隔了许多栅栏,养着牛。前楼有两大间,一间李伯龙住,一间李夫人、孩子和我住,有一张大床,一张小床,都挂着帐子。说养牛就有苍蝇蚊子,我倒没觉得。李伯龙总要比我晚到家,他要到前台结账。他一回家,就塞两瓶冰牛奶到我帐子里。我喊:"一瓶,我只要一瓶!还让人家睡觉不?!"李伯龙在我早上不去剧场排戏时，就亲自为我制作李氏营养早餐：牛奶、面包、牛油和一块炸猪排。彼时，市面上已买不到牛油了，只有植物黄油麦淇林。只是怎么吃，也没把我吃胖。

渐渐地我觉得住在头头家总不是个事，就让好友朱修勤给我租了间房，与我同住，并让她小妹每天来给我们买菜、烧饭、洗衣、收拾房间（付工资）。姐妹俩有时把我反锁在屋里读书，修勤嘱咐我，工资多了花不完，可买圈圈金戒指，需要花钱时，还可以到银行换现钱。

我又复演看家戏《甜姐儿》。上座奇好，演了下不来，共演了一百多场。剧中Mr.刘问甜姐儿："你爱吃什么糖？"本来剧本上回答："我爱吃巧克力糖。"ABC糖果公司的销售经理和剧团接洽，说回答我爱吃甜甜蜜蜜糖，他们除付现金外，还每日给剧团两大包甜甜蜜蜜糖新产品。从此每天两包糖，我一人一包，另一包剧团大家分。我从一包中取了几块给前台工作人员。其实甜甜蜜蜜糖就是牛轧核桃糖，很好吃的。我个人每周还额外得一盒巧克力。

剧团赚钱了，给我送来一包五十斤的面粉，两包二十斤的大米，几斤油票，还给我一笔钱，让我寄给母亲。我赶忙给母亲寄去（钱不值钱，晚寄则大打折扣）。母亲和二哥已回到瑞安。二哥到邻县平阳中学任教师。母亲分得十几亩祖田，包给宗桐哥耕种，宗桐供给母亲和弟弟口粮。生活还过得去，说如果不置衣裤鞋袜不需要钱，叫我放心。

以演《家》中鸣凤著称的英子病了，是当时无药可治好的肺病。她起先住在虹桥医院二等病房。我们团里每人凑了些钱，给她送去片装火腿、肉松、乐口福、酱瓜和乳腐。没多久，英子钱紧了，搬到三等病房，再没多久，她交不起任何费用了，医院就停了药。去探望她的人赶快翻空口袋，为她交了半个月的费用。于是话剧界就张罗给英子演"秋风戏"（梨园行演艺界的一种自助方式）为她筹款。义演当场剧场最佳位置不售票，而由名演员到各商家老板、企业经理门上去劝募，有的老板听说是为英子义演，一百元一张的戏票买十张，一家人连保姆厨子都来看戏。我们演《家》，我饰演英子的角色鸣凤。当我跪在地上，求大奶奶不要把我嫁给冯乐山时，我哭得把大方手绢可以拧出水来，妆也哭花了。当第三幕我在三少爷窗外，与他告别，慢慢走向湖边，独白"我……去……了"，更泣不成声。我想，今天我为英子演"秋风戏"，他年谁为我演"秋风戏"呢？我跳下台，湖水漾了上来。我已经哭得站不起来，被人挽往后台。我痛苦，为了英子，也为了自己。

我越来越成熟。我身边的男友多了起来，我的私生活复杂了起来。青春戏越演越腻味，趁不当主角的档期，我悄悄离开了上海，留了封信："我回北方读书去了。"我打算去大学旁听。不久,我就去北京辅仁大学旁听,选读三门课:《中国文学史》《左传》《世界美术史》。经朋友介绍,我住到一个大院的西屋。我买了很多蜂窝煤。放学回来,我就向同院借火,把一个蜂窝煤放在邻居家的火上,待烧着了,就夹回来,放在自己屋里的炉子上,烧开水,做晚饭。中午,是在学校附近吃一碗牛肉汤、一块烧饼。不上课的时候,就泡在图书馆里。我心里很满足,很充实。

后来,上海的剧团因亏损而解散了。卫禹平、孙道临家在北方,他俩来找我说:"剧团解散,我们无所谓,但有人有老婆孩子,如丁力和端木兰心有一对双胞胎女儿就很紧张了,希望你再出来演戏。"于是成立了南北剧社,请燕京大学的同学程述尧任经理,在天津大光明电影院演出《甜姐儿》《魂归离恨天》《疯狂世家》三出戏。演就演吧,一时兴起,我在北京和程述尧结婚了。述尧是个好人,可是我俩没什么话可说。他总想带我去参加朋友家的Party,可我懒得应酬。他在银行任职襄理,每到他下班时刻,我就紧张。银行福利很好,分给他一间大北屋(可隔成三间),两间西屋。我就把母亲接来,把养病的大哥和大嫂也接来住,把老张妈也找来烧饭。述尧孝悌有嘉。

我们在北京迎来了抗日战争胜利。我很高兴。忽然间出版了很多报纸,我就买来,用翻过来的白报纸剧本贴剪报消遣。贴过一篇《爱国演员赵丹返渝》。当时我并不认识赵丹,只不过看过他的影片《马路天使》《十字街头》,很欣赏。也还知道他在新疆蹲过五年监狱,他能回到老行当、老朋友身边,颇为之欣慰。

胜利了。中央电影三厂邀请我拍摄影片《追》,是写官僚资本挤压民族资本,沈浮导演。我饰演一个买办资本家的大小姐,与"表哥"谢添演对手戏。《追》公映后,叫好不叫座。接着上海中央电影二厂来京邀我演《幸福狂想曲》一片中的女主角。他们是从李伯龙家我的照片上看到我,说:"这就是我们要找的眼睛。"来找我的是陈鲤庭导演。赵丹任男主角。我很高兴地答应了。

赵丹(1915—1980)

程述尧知我要离家，很不高兴。我说："你的太太是个演员，有自己的事业嘛。"到了中电二厂，厂里为我在福履理路租了一间前楼。我在剧组里见到赵丹，觉得他比想象中的要朴实得多。他不修边幅，上衣常扣错扣子，脚上的袜子一只一个颜色，后跟破了，还露出脚后跟来，像个没人管的大孩子。我们合作得很愉快。一天，我肚子疼，疼得站不起来。剧组送我到霞飞路虹桥医院就诊，碰到夏其昌医生。他把我收进医院。这是我有生以来第一次住医院。住院检查后，说要动手术，夏医生把我的盲肠开掉了。摄制组停了我的戏，改拍别人的戏。赵丹和顾而已曾到医院看我。十天后我又进了摄影棚。在《幸福狂想曲》片中，我饰演一个被恶霸霸住的被侮辱与被损害的女人。赵丹和顾而已饰演为生活所逼，奇思异想卖减肥药片的摊贩。当时中国已拉开"反饥饿反内战"的民主第二战场，卖减肥药片实是对当局的讽刺。一天，恶霸叫我送一个点心盒子给他的朋友，拎在我手里的点心盒子被小偷抢跑了，警察来追，小偷把点心盒子一扔，盒子破了，露出毒品。警察转而要逮我。赵丹、顾而已掩护了我，因而相识，因而相恋。片尾，是三个没有出路的人，相携走向远方。我们演得很投入，很舒展。只有男女主角kiss时，我们很矜持，过后也自自然然了。当影片拍完最后一个镜头我卸妆时，在镜中我发现阿丹愣愣地端详我，表情有些异样。我对他说："我们还要合作呢。"

1948年，上海戏剧学院校庆纪念大会邀请赵丹和我参加演出。赵丹朗诵《屈原》剧中的"雷电颂"，我则准备化妆彩排安徒生的童话《卖火柴的小女孩》，请赵丹为我导演。赵丹又请来他的好友朱今明来布置灯光。我穿上了破烂的衣裳，剧院舍监见了，叱道："小赤佬，侬哪能进来咯？！"被人劝开了。我赤着脚走上台，走在飘着雪花的寒冷的冬夜里，为避风，走向墙边，一直哆嗦地读着《卖火柴的小女孩》的作品原文。墙上大玻璃窗里，点着明亮的灯光，映着桌

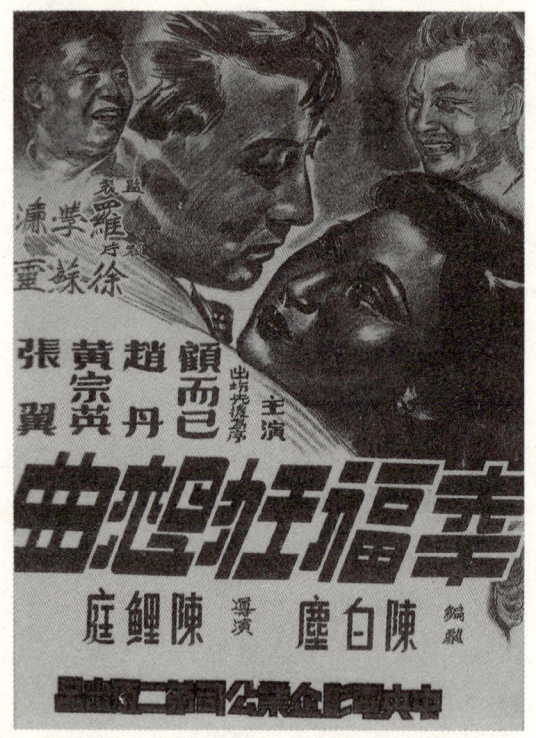

电影海报

上热气腾腾的烤鹅。小女孩又冷又饿,就擦起火柴取暖,一根又一根,直到她把盒中仅余的火柴全部燃起。她虚弱地坐在地上。灯光转暗又复明。天亮时,小女孩死在墙边。当台上大亮后,观众热烈地鼓起掌来。幕落,观众依然鼓掌。幕起,我从地上坐起鞠躬,观众大鼓掌。我从幕侧拉出赵丹,与我一同向观众鞠躬。这是一次成功圆满的演出。

当卸妆后我们走出剧院时,虹口的出租车已经很少了,好容易有一辆出租车,挤了赵丹和我等好几个人。我只好坐在赵丹的腿上。每当经过警察厅时,我就得紧紧弯下身子,以避免被警察发现(按规定只能坐四人),赵丹紧紧地抱住我,我全身都酥软了。到了我的住处,我俩都下车来,他紧紧握住我的手说:"我们不应该分开了,你应该是我的妻子。"我搂了他一下,说:"等我回北京离了婚再说。"

也是在这年11月里,赵丹和我都先后参加了昆仑影片公司,签了长期合同。虽然"昆仑"是个新公司,工资也不高,但它是地下党领导的啊!

我回到了北京,向述尧坦白了我的情感现状。程述尧坚决不同意离婚。我在他上班去的一个早上,给他留了张纸条写着:"我决意走了,不要找我。让我们好聚好散吧,一封信请转宗江。"给宗江的信我说:"我决意离开述尧了,留下身边一些钱,请不要

赵丹、黄宗英剧照

再叫老张妈向述尧要饭菜钱了。我以后会给娘寄钱来。"

我是坐轮船回的上海。因海河结冰,滞留了许多旅客,又买不到火车票。赵丹来码头接我,对我说:"可急死我了。我到徐家汇教堂去祷告,祷告你回来。"他瘦了,他真的是爱我。我俩都先后接了新片子。我演《街头巷尾》,与张伐合演。他演《遥远的爱》,与秦怡合演。我们手头开始有钱了。我先在郑君里、黄晨夫妇家住几天,赵丹已在昆仑公司一条小街上,"顶"下了一间前客堂,在王为一的隔壁。房租一斗米一个月,面积不到二十平米,住址是三角地顺德里三十六号。赵丹和我到蒲石路旧家具商店,买了一张新制的小号双人床,一张书桌和一把椅子,又在街头摊上买了一组藤编的躺椅和茶几。够了。前客堂没有窗,只有四扇狭长的门,门开了就是弄堂。弄堂里晾

着新刷好的马桶，晒着一家一家的棉被。上海人有个好习惯，只要一出太阳，家家都要晒棉被。我俩到东方公司买来床上用品，买来锅、碗、瓢、勺和一个有十二支捻的煤油炉，就如此这般过起日子来。

赵丹和我各自忙着拍摄，没工夫料理家务，就又把朱小妹叫来，为我们买菜烧饭洗衣服（她姐姐朱修勤已到新四军那里）。我们和昆仑公司的小兄弟们，在上海广播电台开播"昆仑星期晚会"，朗诵马凡陀的诗，唱"哥哥你要走西口"和"山那边好地方"，暗暗地以迎接解放。解放军节节胜利，天快亮了。

在广元路霞飞路口，我租了一间大的前楼，办了一间"小小托儿所"，收三岁至七岁的日托儿童。我读了《爱的教育》、《表》等书籍，我有意搞儿童教育。

我俩和沈浮高侬云、郑君里黄晨、王林谷陈白尘等，在昆仑公司经理任宗德家里，以打麻将掩护写作《乌鸦与麻雀》，以迎接全国解放。

阳翰笙找到赵丹，要他参加中央电影制片厂的《武训传》的拍摄，说剧组导演已经去中制了。本子是孙瑜写了好多年的，基础很好。中制在拍摄"戡乱"片，拍飞机轰炸解放区的新闻片，放在故事片前播映。阳翰笙又说：你去中制，要狮子大开口要高片酬，要把他们的摄影棚全搭起布景，占住主要创作人员，让他们拍不成"戡乱"片。这是个政治任务。赵丹严肃地领了任务。

某天夜里有零落的枪声，我们很兴奋。天亮时，知道上海解放了。赵丹和我参加上海解放大游行，参加上海在公园里举办的劳军大义卖，参加了新的上海电影家协会选举活动。

昆仑公司找出藏在摄影棚灯光台上的《乌鸦与麻雀》电影剧本，略作增改，重新开拍。整个故事在房东侯家展开。我饰演国民党军官的外室侯太太，赵丹演小广播。这个人物是以顺德里三十六号弄堂里，一位身穿地摊上买来的美军外衣，喜欢串门胡侃的"老上海"为原型。吴茵演小广播的老婆。解放后解除了市区戒严，拍摄了马路上人山人海的大群众场面。拍摄小广播在马路上挤在轧金子的拥挤的人群中，再现了国民党临危时经济政策的失败，拍摄得极为生动成功。《乌鸦与麻雀》荣获全国影片第一届比赛一等奖。我和赵丹各获一枚金奖章。

《武训传》也重新开拍了。赵丹在电影厂，在家，都穿起一身破棉衣。我把服装间里穿回来的破棉袄，在大太阳底下晒过，洒了花露水。赵丹进入了角色，又不理我了。我很爱他进入角色的摸样。他（武训）身上常有被踢、被打的伤痕，因为他要求对方真踢真打。

《武训传》放映了，得到一致的好评。在为市政协常委放映第一场后，常委们都站起来，向我们演职员久久地鼓掌。

没想到，无论如何没想到，一天早上读到《人民日报》上批判反动影片《武训传》的消息。"反动！"多么刺激的字眼，怎么会和我们联系起来？！赵丹在乘电车时，乘务员问他："侬吮没进去啊？"票务员以为他已进了牢房，可见这个批判在市民中也很震撼。

全国掀起了批判《武训传》的高潮。孙瑜、赵丹都是批判的重点，我也被批判了。因为在影片中，是我把武训的故事讲出来的。赵丹想不通，不肯检讨，于伶、黄源到我们家里，规劝赵丹检讨，说赵丹不检讨，运动没法结束。半年后，他们终于帮着赵丹写出一份"不深刻的"检讨。赵丹当然没说，拍《武训传》是地下党交给他的政治任务。

赵丹蔫了，吃不下饭，睡不着觉，认为自己的政治生命、业务和前途都完蛋了。他不知怎么办才好。我真担心他会寻短见或疯了。

赵丹演的《我们夫妇之间》也受到批判，导演的《为孩子们祝福》也默默地退出。

组织上让赵丹去抗美援朝，去到朝鲜炮火前线，以助他"转变立场"。他从朝鲜回国后，只道与浴血苦战的志愿军比，自己实在不应该消极，可又不知道怎样积极。他还是失魂落魄。

直到1955年，沈浮来请他拍摄中医药家《李时珍》。赵丹看完电影剧本说："这只是个提纲，没戏。"沈浮说："正是它没戏，咱们就可以有戏了。"沈浮和赵丹给李时珍配了个徒弟，一个卖草药的，赴黄山拍外景去了。黄山美丽的风景，让赵丹重新拿起了画笔。他饰演的李时珍，从十七岁演到七十岁，演得很细腻、流畅。放映后，令人耳目一新。赵丹也恢复了做演员的自信。

这时，我们已有了女儿赵橘，并已搬到诺曼第公寓的新楼二层，面对孙夫人的花园。

1958年开始，拍摄国庆十周年献礼片，赵丹先后拍摄了《聂耳》和《林则徐》，在1959年放映后，被誉为献礼片的"红烧头尾"。

上影厂集中了优势力量，打算拍摄《鲁迅传》，聘请陈白尘编剧，夏衍任顾问；聘北影于蓝演许广平，于是之演瞿秋白，还从总政治部请来蓝马……当然是赵丹演鲁迅。上海电影局把从外地请来的演职员，安排在淮海中路150号的一幢楼中，并也给赵丹一间屋。于是赵丹就布置了鲁迅的书房。他不回家来住了。他蓄起了小髭，开始用毛笔写字，进入角色了。

《鲁迅传》资料组在全国各地采访，编辑了好几册采访记录，细节非常生动。

可是，上海市的第一书记柯庆施提出了"大写十三年"的口号，凡是不写建国后十三年的剧组都停拍了，连有重大意义的

赵丹扮演过的角色

《鲁迅传》也停了,剧组解散了。赵丹很想不通,又蔫了,饭又吃不下,胃又痛了。他年轻时得过阿米巴痢疾,后遗症是经常泻肚,所以连隔顿菜也不给他吃(我吃了)。幸亏《烈火中永生》已经拍摄完了。赵丹饰演许云峰,于蓝饰江姐。体验生活时,让他去渣滓洞白公馆,他犹豫,说监狱的生活我已经体验够了,可还是跟大家一起去了。当他看到江竹筠住的牢房,他落泪了。这部影片,因为赵丹有生活,演得很好。群众称:"赵丹是电影皇帝,演什么像什么。"

文化大革命中,阿丹和我都受到冲击。他被禁闭在红旗厂(海燕)时,我在东方红厂(天马厂),还能知道点他的讯息。一天,我在"日托牛棚"中,只见"管牛"的尹进才师傅走进来,对我说:"黄宗英,赵丹去吃'人民食堂'了,你和小把戏日后有什么困难找我好啦。"他走后,白穆告诉我,今天一早,赵丹被公安局用吉普车抓走了。又说:"宗英啊,你一生在业务上算很顺的了,经不起折腾。今后,你什么事,都往最坏处想,也就过得去了。你还有三个孩子,凑合着过吧。"白穆"哲学"管了我后半辈子。

赵丹被捕后,我和孩子们以及保姆洪孃孃,过着每人每月吃饭不得超过九元的日子。那时,造反派把被批判的牛鬼蛇神的工资和存款全扣了,每月只发25元生活费。赵丹关着要扣25元。洪孃孃因为和我们划不清界限,不发给工资,把她的存款竟也扣了。

只因为她对造反派说："他们在外边做什么事，我不知道。我只知道我来到这份人家，没见他们在家吃过年夜饭。我只为了孩子。"

赵丹是罩着一只眼睛被捕的。头天我问他："又挨打了？"他说："是青话的人打的。他们手套里有硬东西，专往脸上打，还说'让你还演戏'！"他拿给我一张诊断书，是徐汇医院周医生开的："瞳孔破裂，休息二周"。给了眼药水、药片，我吓坏了。

赵丹被捕的次日下午，天马厂的工人师傅通知我回家，红旗厂的两位造反派一前一后地押着我往家走，命令我为赵丹收拾被褥、衣服、漱洗用具。上得楼来，进入卧室，我忙找出一床被单铺在地上，然后找出新棉被、棉袄棉背心、毛线裤、袜子等。我压着一条腿，把厚厚的行李卷捆好，仿佛我下乡八年，就为演好今天这出戏。造反派一人一个屋角站着，我又拿了面盆、漱口杯、牙膏、手纸等装在网袋里。造反派拎铺盖网兜噔噔噔下楼了。洪孃孃从门外探头过来。我说："快扶我坐下，我的腿没了。"转过脸一看，床头柜上放着眼药水和药片，我大叫一声："来不及了。"赵丹眼要瞎了。

赵丹被关在监狱里（编号139）五年零三个月才放出来。还好，他眼没有瞎。押他的人训话后走了。我让他坐下，我一说话，他又站起来。我说："阿丹，你回家啦！快好好坐着吧。你看两个孩子长得有多大啊！阿橘在乡下，我打电话让她回家来。"阿丹还是不说话。幸亏他吃饭吃得老香，好像饿极了。

夜晚，我和一个一米八三、一个一米八七的儿子横睡一张大床，给赵丹搭了个钢丝床，铺上暖和的被褥，烧了热水，让他洗漱完毕睡下。半夜里，我被他的自言自语惊醒。我喊他："阿丹，你想说话，就把我叫醒，别自己跟自己说话，怪吓人的。"他说："关着我时，就怕自己不会说话，演不成戏，才练着自己跟自己说话。"还演戏！这戏痴！！

赵丹缓过来了，看着比自己高许多的两个儿子笑了，还夸张地站在小板凳上吻了他俩，可他在家才呆了一个礼拜，又被造反派押着去"五七"干校强迫劳动。我所在的东方红厂已从干校返城。红旗厂还在奉贤塘外。阿丹从干校休假返家时，晒黑了。他说干活虽累，可以锻炼身体。又说："我和富华在一起，可以悄悄画画。"家里的绘画颜料早干裂得挤不出来了，各式精选毛笔也早被造反派拿去刷大字报了。我赶紧去书画店为他置办一些书画用具，好在我的工资已全发了，还补发了扣的工资，我有钱啦。

粉碎"四人帮"，我们可盼到头了，满心欢喜。我买来三公一母螃蟹给阿丹配酒。一天，一个朋友来说："威海卫路街墙上，贴了一张大字报，说赵丹的女儿赵青是江青的女儿。我赶忙叫小儿子赵劲用照相机去给拍下来，但已被覆盖了。简直是无稽之谈！幸亏赵丹的原夫人叶露茜在分娩时，赵丹正在摄影棚拍摄《十字街头》，是好友金山去产院看望了产妇和襁褓中的女儿赵青。但谣言已传播开了。当大家上街欢呼胜利游行时，阿丹也拿了根小旗打算参加游行队伍，被一个好心的老工人劝了下来。老工人说："万一在人群中，有人说你和江青有关系，打起你来，你可吃不消兜着走。你别往人多的地方去。"冤哉枉也！赵丹苦也！

如此这般，阿丹的运动结论久久没消息。好容易有一天，市委文教办的一位干部，拿了一纸赵丹的运动结论来让他签字。阿丹一看上面写着："说了些错话，办了些错事……"赵丹说："你们是以叛徒罪立案，应全部推翻！什么错话、错事啦？我不签！！"干部说："已经做人民内部矛盾处理了，你不签，将来用你时，还是要看档案的。"赵丹怒道："谁要看了我的档案才用我，我还不给他用呢！"

阿丹惦记的只有演戏。他到处求人给他写电影剧本。当然，他从来也不是什么剧本都演的，有个剧本《曙光》，来找他演，内容是写党肃清AB团的错误路线的。赵丹说："三十年代，我们只要听到共产党这三个字，都要热血沸腾的，哪能说那时候就错杀那么多人呢？！"他还是想演鲁迅。阿丹求我写《红楼梦》，说他在新疆监狱，就把《红楼梦》的许多章节分好镜头了。我说我驾驭不了那么大的题材。他又让我给他写《齐白石》，说小白石骑在牛背上顺流而下……我说我给你写闻一多吧。我参加过民主运动，参加过烈士于子三的追悼会，朗诵了《海燕》，我可以到昆明去采访……我给你写一稿吧。

还好，北影厂请他去北京，饰演《大河奔流》片中的周恩来总理。赵丹大喜过望，说《万水千山》影片放映后，他就和昆仑公司的小兄弟们说："以后毛主席的战友刘少奇、朱德、周恩来等也一定会出镜。你们看我能不能演少奇同志啊？"他却从来没有想到过要演总理。

我陪他去了北京（我作为编剧不坐班），住到北京电影厂招待所的小房间里。导演让工人搬来一个大穿衣镜，为他定制了总理的服装、道具（包括文房四宝）。第一次试镜时，给他剃掉半寸鬓角，又装了两只假槽牙，以显脸宽。第二次试镜时，导演说总理的人中比赵丹长，就以塑胶制作人中，贴在上唇上，照相还好，就是不能说话了。赵丹说："表演要形似，还要神似，演起戏来，没人会对比人中的，别管它了。"直到第五次试妆，试拍周总理办公批阅文件镜头。播放试片中，赵丹吓得不敢看，缩在椅子里。待他抬眼看时，愣住了，"好像啊，小兔崽子，你真行啊！""小兔崽子"是普希金写出好诗后，称赞自己的口头语。赵丹试妆后，走在北影大院里，人们都惊异地站

赵丹画作

住了,真像周总理出现了。赵丹对角色充满自信。

一天晚上,我和赵丹潇洒地闲坐,剥吃着薄壳核桃,以清肺润咽。厂长汪洋来了,我忙起身为他沏茶。他嗫嚅说:"上边说,你演周总理不适合。大家会觉得是赵丹,不是总理。"阿丹说:"这不是理由。"汪洋只得说:"要换个新人来演周总理。"阿丹愣住了,站起来。汪洋补充说:"这是中央决定的。"汪洋走了。阿丹痛苦地揍了一下大镜子。他无法躺下。十一点多了,他又去找汪洋。汪洋只叹无奈,扶他回招待所。阿丹在床边坐了一晚上,男人不能像女人痛哭一场,真可怜。天不亮,他就穿起大衣,离开了北影,离开了他的伤心地。

我收拾了衣物,结了账,也离开了北影。找到阿丹,我陪他到文化部,找到黄镇部长。我对黄镇说:"黄部长,你派人把赵丹逮捕了吧,人不能不明不白地活着。"赵丹说:"我演了一辈子戏,还从来没让人把我换下来过!"黄镇说:"不就是一个角色嘛,下次再演嘛。"我气得说:"你不就是个部长嘛,换下来,以后再当嘛!"外屋听到我们吵起来,推门进来,把我和赵丹劝走。

阿丹和我怏怏地离开北京,回到上海家里。他病倒了,什么也吃不下,吃一点就干呕。我陪他去华东医院看病,医嘱查胃镜。因他胃是空的,当时就插管子查胃,查后就嘱他住院,给他输液。他要求下午输液,上午好画画消遣。我给他送了画画工具。他随画随送医生、护士和工友。一天,我的好友薛素珍的侄子向他求画。他画好后说:"我就不题款了,我死了,你卖画值钱些。"我责怪他:"别死啊死的,不吉利。"他说:"我说的是实话。"一天傍晚我去医院,阿丹说:"你怎么才来啊,急死我啦!"我问:"怎么啦?化验报告出来啦?"他说:"今天是你生日,我给你画了张画。"我一激灵,他从来不管我生日不生日,我有不祥之感。他给我画了一张大寿桃。他一天天消瘦,吃不下去什么。一天他又干呕,大便呈黑色,体温升高。上海电影局决定送赵丹去北京治疗。因那时,只有北京肿瘤医院有CT机,让张万年同志陪我们去。于是我的大儿子阿佐背着爸爸到了机场,又背爸爸上了飞机。到了北京,已经有小汽车等着,把我们接到了北京医院412室。北京医院是中央空调,阿丹进病房就喊冷。病房不能调空调，只得喊来木匠，用木板把空调口封住。我服侍他喝了几口热水，盖好棉被让他睡下。阿佐为他搓手，我为他搓脚，冰凉冰凉，病人真不能和常人比，我已经冒汗了。

其实，我们一行已经在6月28日来过北京了，住在虎坊桥北纬饭店，然后到北京肿瘤医院做CT检查。那时候，上海还没有CT机。29日阿丹从CT机上下来，医生笑着握住阿丹的手："恭喜你，好啦，没事。你可以安心疗养了。"阿丹很高兴。晚饭时，他还吃了两片溜鱼片，小半碗莼菜汤，他很久没吃正餐了。

30日回到上海。7月2日，上海电影局局长袁文殊找我去告诉我："赵丹生的是胰腺癌，肿瘤生在胰腺的中部，不易发现，发现时已长到8厘米，已扩散，是晚期，很严重。"我说："为什么在北京不告诉我？"袁说："总要商量商量。"我又问："没办法医疗了吗？"袁说："除非手术打开肚子直接照光。"我说："他现在还能撑着画画。腹部开刀后，只能躺在床上等死。没有质量的生命，我们不要。先撑撑看吧。他现在情绪不错。谢谢组织操心，真是谢谢。"袁说："我认识阿丹比你早十年，应该的。"

赵丹以为自己的病没有危险。他请求上午不输液，好画画，还到医院大花园去写生。

到了7月15日，他早上醒来就干呕，大便呈黑色，有热度，人痛苦不堪。上海电影局紧急决定：还派万年同志陪同送北京诊

赵丹画作

治。我赶快去银行提取现金两万元，是运动中的扣款储蓄，又取了些换洗和防寒衣裤，匆匆上路。

孩子们都知道爸爸活着的日子不长了，都陆续来北京陪爸爸。

长女赵青在北京歌舞剧团。赵矛住在北京电影学院同学的家里。周民说到北京来组稿。赵橘说地里没活干回家来歇歇。阿佐是注定要陪爸爸的。小儿子赵劲在北京电影学院读书，已值暑假。于是平时没工夫管孩子的爸爸，这回可补回来了。孩子们按钟点排好秩序，来看守服侍爸爸。我在《红旗》杂志招待所里，租了两张床，给男孩子轮换住。病房里有一张小床，是橘子和我的专利。橘子买来一只小熊打鼓的玩具。每当阿

丹输液完毕，小熊就哗哗啪啪打起鼓来。病房里笑声不断，不像有垂危的病人。

阿丹日益衰弱。医生在病房门口贴了张"谢绝探望"的纸条。到9月下旬，床位医生对我说："朋友们想看阿丹，就让他们来看吧。"我知道这不是好兆头，就去买来几册新出版的书《赵丹角色创造》，放在病房窗台上，打电话给熟悉的朋友说可以来看阿丹了。有的朋友来时，阿丹睡着了，也就凄然地取一本书，依依离去。

一日，我坐在病房靠背藤椅上，对孩子们说："以后，谁来了也别让人家和爸爸握手。外边细菌多，病人身体弱……"义子周民说："如果华主席来了呢？"正说着，护士进屋来说："华主席来看赵丹同志了。"说时迟，那时快，华主席已走进来伸出两只大手和赵丹握了起来，并勉励说："既来之，则安之。要好好养病，心情要开朗。"

这下可热闹了。党中央的一些领导人和他们的秘书、子女，都先后来探望。病房里摆满鲜花和花篮。邓颖超同志住在三楼病房，送来自己种的栀子花，并劝慰我要想开些。过后，中央电影局局长陈荒煤来看望赵丹，问他有什么要求。赵丹说："有些话想和乔木谈。"荒煤说："我来联系。"

于是，阿丹每日和我说要和乔木说什么，我简记了下来。他断断续续出口成章，连南通腔也没了。

某日下午，胡乔木和贺敬之来到病房。我对他们说："《人民日报》文艺版专栏讨论电影问题，阿丹有话要说。他很弱，由我代说，有不对的，他来补充改正。"乔木说："有什么说什么，我洗耳恭听。"

我说："第一个问题，是关于党对文艺的领导问题。对具体的文艺创作，党究竟怎样来领导？党领导国民经济的制定，领导工业、农业制度的制定和贯彻执行，但党不会领导怎样种田、怎样做板凳、怎么裁裤子、怎么炒菜，所以，大可不必领导作家怎么写文章、演员怎么演戏。文艺，是文艺家自己的事，如果党管文艺管得太具体，文艺就没有希望，就完蛋了。""'四人帮'管文艺管得最具体，连身上一块补丁、一根腰带都要管，管得八亿人只剩下八个戏，难道还不能从反面给我们以教训吗？"乔木听后，说："很难得，赵丹在重病期间还思考问题，不简单。宗英整理出文字吧。"

我笑说："还有第二个问题呢！给领导者以欣赏艺术的自由。"他们也笑了。

"我是说电影和话剧的审查排演问题。咱们别'麻秆打狼两头害怕'。台上怕，台下更怕，该笑的地方不敢笑，不敢点头也不敢摇头，生怕表错了态。其他领导也瞄着第一领导，简直活受罪。生怕把毒草夸成鲜花。上台来握手，只说辛苦了，不敢说好也不敢说孬。建议取消审排。领导来看戏，鼓掌也好，拂袖而去也好，都无所谓，有意见，形成文字由文件表达，这样双方都解放了，都诉诸理性了。一个戏，岂止十月怀胎，有时是若干年的积累而成，一摇头就否了，岂不遗憾。"

乔木和贺敬之都没表态。

我固执地说了："第三个问题，是要重视北京电影厂'创作大师室'的成立和发展。北影成立了'谢铁骊创作室'、'成荫创作室'、'崔嵬创作室'。创作室配备了固定的摄影、录音、美工、剪辑、编剧，以求创作默契，是值得重视的探索。没有默契便没有艺术嘛。我的话完了。"

乔木说："不简单，整理成文字吧。"他们走了。我打电话给《人民日报》文艺版的老友袁鹰同志。袁鹰把我的早已整理好的第一部分稿子取走了。

和乔木说完话后，赵丹像办成一件大事，松弛了下来，呼呼睡去。

夜里，他把我叫醒，清晰地说："我不开追悼会。"吓我一跳，我忙说："不开，不开。"丹又说："我不要哀乐，要贝多芬、柴可夫斯基、德彪西。"我说："我记住了。"他又说："一个人活着或死了都不要给人以悲痛，要给人以美以真……我祝愿天下都乐。""我都记住了，你放心吧。才三点多，你再踏踏实实歇歇吧。"

10月8日，《人民日报》发表了赵丹的《管得太具体，文艺没希望》一文。

也是10月8日，赵丹到阎王殿逛了一趟。他全身冰凉，没有一丝生的气息。医生抢救无效。杨护士长为赵丹导尿，尿撒出来了，人也缓过来了。我和孩子们为他全身按摩捏搓，像摆弄一只停泊的船。我跟他说："文章发表了，许多朋友打电话来，都说你写得好。"他的眼珠动了一下，这是他最后的欣慰。

我嘱咐孩子们谁也不要离开医院，中饭晚饭都买到病房来吃。我独自去北京饭店，找到前台经理，订了一间老楼的房间。

1980年10月10日午夜2时10分，赵丹在睡梦中逝世。

也是10月10日，上午黄苗子郁风来到北京医院，给赵丹送来中国美术家协会的会员证。

我忙张罗着阿丹丧事事宜。有朋友打电话给我说："宗英你别紧张。"我说："我还有什么值得紧张的啦。"他说："上头有人说话了，说'有个演员临死还放个屁'。这句话要传达到县团级，要组织批判，你要挺住，要坚强。"我思索着说："谢谢你告诉我，我骄傲，赵丹是死在火线上。"

10月23日，中国美术展览馆举行"赵丹遗作画展"。照展览馆规定，在美术馆前竖了个大牌子，写明展览内容和日期。倘若不走在美术馆前边，是不会注意这大牌子的。北京有那么多张报纸，只有一张报发了一个拇指大的消息，其他报都没动静。开幕那天早上八点多钟，我在馆前忙着扎彩球，我的老友袁文殊、陈荒煤、丁峤等来了。他们说："真抱歉，部里九点钟要开个重要的会，不能请假。我们不能来剪彩了。"我缓缓答道："我明白，我和曹孟浪（一位上了年纪的小公务员）剪彩。"我给在国家旅行社工作的刘小妹打了个电话："小妹啊，我在你阿丹叔叔的展览会会场，十分冷清。请你拉两车外国人来冲冲喜。"刘小妹说："我给你拉四车来。"我穿上一件鲜艳的红背心，我为赵丹的第二次艺术生命——书画喝彩。展览会第一天有一千人，是路过，惊喜地发现才进来参观的。夏衍（时未复职）拄着拐杖来了。他仔仔细细地看过，对我说："以前我以为阿丹只是画画册页和小条幅，至今一看，方知他丈五丈六的大画也拿得起，基本功扎实，可喜可贺。可惜……"一传十，十传百，第二天二千人，第三天三千人……第六天六千人，是展览馆历届展览参观的最高人数。

　　美展圆满结束后，我和孩子抱着赵丹的骨灰回到上海。我已经为骨灰盒织了一件鲜艳的彩虹花的披巾。我们回到家，一打开房门，我傻了！屋里打扮得像灵堂，是我的好友薛素珍为我重新精心地布置过了。阿丹放大的照相镜框上缠了黑纱，大床架子上也缠了黑纱，把原来屋子里一切带红色的物件统统撤了。上海的冬天，本来屋子里就冷，如今更像个冰窖。我忙对从乡下叫来看家的张惠珍阿姨说："打个电话叫洪孃孃过来。两人一块打开樟木箱，拿出狗皮褥子，放在大圆沙发上。有绛红的细格布料，让我踏（缝制）出一套新窗帘，再缝几只花布方椅垫，放在长沙发上，又去买个放在桌上的大圆金鱼缸，买几只杂色的金鱼，让它们活泼地游……总不能死了一个人，一家子都蔫了。赵先生有灵回来也不放心。"

　　我挺着活了下来，直到如今。

　　有人问：你一生中最难演的角色是哪个？

　　答：难为赵丹妻。

　　又问：赵丹演的最精彩的戏，是哪一出？

　　答：是他的死。

我和杭州国立艺专

麦放明

本文根据1998年"麦放明自述"整理

国立杭州艺专十九年度第三届毕业生合影。后排右数第八、第九着深色衣者为伍均耀、麦放明。

我1912年生于上海,祖籍广东中山茅湾。父亲是英美烟草公司在中国北方(哈尔滨)的经理。从小我就爱临摹烟盒里的画片,大点就临月份牌画。小学中学,我就读于上海启明女校。这是所法国天主教会办的学校,学生每多缴十元可加学一科。我加绘画、英语两科。绘画课训练极严格,低年级就画素描、写生模型。所以我的素描基础打得很扎实。

1928年,我考入上海新华艺专并认识了刚从澳洲回国的伍均耀。他比我大三岁,广东台山人。均耀的父亲是位爱国华侨,让儿子回上海是报考空军。不料均耀自幼酷爱绘画,自作主张进了新华艺专。我们是同乡,都热爱艺术,又同好古诗词,遂成为恋人。1929年秋，看了杭州艺专的画展后，我们转学报考杭州艺专，双双被录取为十九年度第三届。

第一届据说因学潮解散，第三届实际是第二届。开学后新生将由林风眠先生亲自上课，大家都迫不及待想目睹先生的风采。第一堂课印象最深是先生竟如此年轻。这样年轻就当校长真了不起！而后我们发现，教务长林文铮先生同样年轻！难怪当年的母校生龙活虎。林校长身材不高鼻子特大，典型中国人的白净肤色。因他时时伤风，故好揣一方大白手绢擤鼻子用。无论阴晴，他都身着米色风衣。先生话不多声音很小，脸上永远带着和蔼的微笑。课堂上，他评分用字母A、B、C、D。学生素描画不好时，他也动手改。被他改动过的素描像洗过澡似的，连黑色都透明了。先生的画很清淡，画素描很少层次，色阶很接近，立体感却很强。校园里有个小动物园，找不到校长时他准在那里画速写。他画画爱用黄色，人体也以柠檬黄为主。当年一些有心眼的同学向他索画，我们正因为知道先生作品的价值，反不好意思索要。

林校长在西湖畔有住宅，室内用细麻布贴壁作装饰，十分别致。先生很勤奋，作品极多，常搬出来供学生观看，从不客套。对我们广东小同乡也不例外，一视同仁。林夫人是法国人，有一女儿，因言语不通，不出来陪我们。

当时的教育部长张道藩是校长在巴黎时的同学。可校长从不去拉关系，不拍权贵马屁。林校长高洁的人品为我们青年学生树立了永久的榜样。

在林风眠校长和林文铮教务长的大力倡导下，学校鼓励学生培养多方面能力，主科外可选修副科。我俩主修西画。我还选修了两年声乐、三年钢琴课。此外我还参加"艺专歌咏队"、"西湖剧社"、"西湖一八艺社"。学校每年有一两次大型演出。我曾参加《西施》和《半上流社会》的演出。均耀除西画外也爱国画和书法。那时每周一至周五上西画课，只有周六半天上国画课。平时他常向李苦禅先生求教。李先生当时很年轻，是潘天寿先生的助教，和学生们很合得来。均耀学李先生画的麻雀、棕榈很得他夸奖。均耀毕业时，李先生曾书有一幅"琴心剑胆 侠骨柔肠"给他作纪念。遗憾的是几十年风雨，未能留住先生的宝墨。

与均耀不同，我偏爱西画。当时高班郑月波获美国拉山基金奖，同学们羡慕极了。这使我更重西画轻国画。想当年潘天寿先生乃一代名师，我却没认真学点东西，只知苦钻人体解剖、骨骼肌肉，死抠层次、结构，尽管人物刻画肖似，却忽略了国画中讲究的生动气韵、神韵。真是宝山空入，悔之晚矣！

绘画之外我爱唱歌、演戏，均耀则是球类和田径运动高手。1933、1934年还在校时，

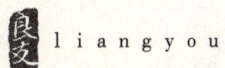

他就获浙省运会万米越野赛冠军、跳高冠军、标枪第一。1933、1935年连选为第五、六届全运会浙省排球队队员。

可见当时艺专培养的学生，都很活跃并具备多方面的文艺才能。当年不论高低班同学都拿起画笔，走出校门画宣传壁画。在"九·一八"及以后的抗日救亡运动中，为唤起民众，艺专学生以画笔、歌声、街头剧为武器，在斗争中发挥了巨大作用。在1931年卧轨赴南京请愿示威、1932年"一·二八"声援十九路军孤军奋战等轰轰烈烈的活动中，我们的青春都发过光和热。40年代，我成为贵州话剧运动骨干，正是母校培养的结果。40、50年代，均耀也一直活跃在贵州的排球运动场上。

艺专求学时麦、伍西湖畔留影

整整五年，我俩的绘画成绩均保持A级，被视为高材生。人体、肖像是我的强项；他的静物、风景亦得先生好评。1934和1935年美国拉山基金会向亚洲地区征集动物保护宣传画，我的水粉作品《少女与鸽》、《仙鹤与鹿》连获一、二等奖；作品《戴防毒面具的圣母圣婴》被当时颇有影响的上海《良友》杂志用作封面。

1935年毕业后我在杭州女职校教书。林校长介绍均耀给留法时的同学周至柔（航空总站站长），到航空总站当气象绘图员。在均耀父亲资助下，我们在西湖岳坟附近建小楼安了家（东北沦陷后，我和父亲失去联系无家可归，于1931年与均耀结婚但未安家）。因距学校很近，所以与母校一直有联系。那些相处甚好的同班及低班同学，周末常来家聚会畅谈艺术与人生。大家最向往的是艺术之都巴黎，均耀的父亲也有意再供我们深造。但是抗日战争的全面爆发粉碎了我们的美梦。

爱国之心不容我们在国土沦丧、民族危亡之际远走高飞。尽管知道沦陷区的敌伪会以名利为诱饵收买文艺界人士，卖身投靠便可保住性命和洋楼。但我们不愿当亡国奴，更不会出卖灵魂。

1937年日军近逼杭州，母校仓皇内迁。我们毅然放弃西湖畔的洋楼，决定随母校撤退。我向林校长申述困难：伍均耀战时须随空军行动，我一人拖儿带女还要照顾公婆。逃难的路上太危险，请求随母校同行。因我一直参加母校宣传队活动，故校长特许我家与教师家属同行。我这已毕业的学生，像孩儿追随母亲踏上了流亡之路。我终身不忘最艰难的岁月里，校长的关怀、母校的恩情。若不与母校同行，我全家哪有今日！

1937年岁末,我带二老三小,外加小姑共七口,匆匆随母校从钱塘江离杭前往诸暨。在诸暨过了元旦后,经浙赣路抵江西贵溪。母校安顿在鹰潭龙虎山天师府上清宫。当时我的小女儿正发烧,公公又跌伤了腰,正欲在此好生休养。不料才几日就有土匪夜袭,吓得我们连夜下山。我背着病女,小姑搀着腰伤的公公,婆婆牵着儿子,另雇挑夫背二女儿,二女儿吓得大哭不止。是夜,月色无光,山野静寂,惨然一幅流亡图!龙虎山既不是久留之地,母校被迫经南昌避往长沙。从长沙走水路过洞庭湖往湘西。乘船过洞庭湖时,我全家未能分在同一船上,年幼的儿子留给后一船的学友梁树祥照看。每遇天晴,母子分别在两船头、尾遥遥相望,那牵肠挂肚的滋味至今难忘!经过数日水路,大队人马总算到了湘西沅陵。

颠沛流离的岁月中,湘西沅陵那段生活相对安定些。尽管条件极艰苦,母校总算恢复了教学。我则在附近一旧庙里安顿家小。但凡没课,同学们就来庙里玩。最爱来的女同学梁树祥、张权、谢景兰,称二、三、四姐,我是大姐;男同学李毅夫、张祖武、莫桂新、赵无极,称大、二、三、四郎。赵最小为四郎,另三位的排序我记不确了。张权与莫桂新、谢景兰与赵无极当时正恋爱,许多悄悄话张、谢都愿对我这老大姐讲。我们这群年轻人志同道合自称"傻子",在庙门上还贴着"傻子村"几个字,以表白不屑追名逐利的清高。大家十分珍惜这难得的平静,都抓紧时间画画、练声。我两岁的二女小燕天生一头卷发,成了大家的模特。四郎赵无极曾给她画过许多速写。还记得有一日,我和赵无极心血来潮,用油画颜料在"傻子村"的一扇木门上,临摹了幅拉斐尔的《圣母升天》图。当时生活艰苦,我们姐妹便买当地白底蓝花土布自做旗袍,穿上还别有风味。平日伙食清淡,所以我公婆烧的牛肉很得"傻子"们喜爱。张权去世前在信中还向我提起当年阿婆的烧牛肉。

1938年初,张治中将军向母校要人。学校派我、李浴、李霖灿等九人,到湖南学生集训大队任戏剧指导。(此间,最难忘是七人同登南岳,那段时间李浴先生已有记叙。不另。)记得在学生集训队里张将军有个小儿子,说我很像他一个姐姐,便请其父书了幅"放明女士大放光明"赠我。是年母校还让我协助常书鸿先生,为

流亡纪念册中李浴先生为伍、麦所作的留言及漫画像

沅陵行署画一巨幅壁画。我的任务是构图起稿。谁知刚开始起草就传来长沙大火的消息，任务只好取消。

长沙大火后，我举家跟着母校再度西行。逃亡途中，但见白壁，我们就画大宣传画。现已记不清沿途画过多少幅抗日救国的宣传画。想当年，我们这群艺专学生是带着满腔爱国热忱、诉不尽的家仇国恨，一路撒播爱国火种向西撤迁的。

1937年冬撤离杭州，辗转江西、湖南，入贵州，于1938年岁末我一家随母校抵达了贵阳，历时整一年。为庆祝迁徙途中师生无一伤亡平安抵达，母校在甲秀楼开会师生共庆。初入贵阳，师生们见不到一条抗日标语，听不到一声抗日歌曲，看不到一出抗日话剧，感到气氛异常沉闷压抑。为打破沉默，李朴园先生决定赶排一出抗日独幕剧《黄莺儿》，由著名文学家张天翼导演。选排独幕剧是因为当时舞台布景、装置全无，只能因陋就简。剧中黄莺儿由我扮演，邱玺饰丈夫，张天翼饰日本特务官，谁饰游击队长忘了。从元旦开始紧张地排练，待一切就绪只等上演，却因日机"二·四"轰炸贵阳而告吹。

日军已打到离贵阳不远的独山，母校便继续西撤昆明。我与家人滞留贵阳。抗战胜利后，因子女增多经济困难，已无力举家返杭州，从此我留在偏僻闭塞的贵州……

如今我已八十七岁高龄，耄耋之年更加怀旧。特别是六十年前，西子湖畔的学生时代，那是我一生中最富朝气、最有抱负、最为充实的日子。当年的国立杭州艺专及师长同学，永远铭记在我心中！

《无冕皇帝》激起的风波
——唐达成与王蒙、梁晓声、萧立军

陈为人

引子

在我为撰写《唐达成传》进行采访过程中,了解到一件事:围绕着萧立军的一篇文章《无冕皇帝》,引发过一场不小的风波。萧立军现在是《中国作家》的副主编,当年还仅是一个编辑。他笔下的纪实小说《无冕皇帝》,是以他在文坛的亲身经历为背景,所以有着很强的影射意味,自然招来众多人物的"对号入座"。当年的中国作家协会党组书记唐达成、文化部长王蒙、著名作家梁晓声,以及冯牧(中国作家协会党组副书记、《中国作家》主编)、从维熙(中国作家协会党组成员、作家出版社总编辑)、张凤珠(《中国作家》执行副主编)等一批知名人物纷纷卷入其中。从中所展示出的作者与编辑、作者与读者、文艺界上下级之间一系列错综复杂的人际关系颇有意味。

《无冕皇帝》一波激起千层浪

唐达成在中国作家协会当政期间，发生过一个《无冕皇帝》事件。

当年作家协会机关党委书记古鉴兹回忆说："有一件具体事情，上海有个刊物叫《萌芽》吧，发表了一篇《无冕皇帝》，标题叫纪实小说，作者是《中国作家》的一个编辑，叫萧立军写的。它的内容是某个编辑部，编辑向作家拉稿的故事。这里边虽然说是纪实小说，是虚构的，但是熟悉北京文艺界情况的，作家协会情况的，都能对上号。这个这个是谁，这个这个是谁。这个这个骂谁，这个这个骂谁。都对号入座。于是作家协会的头头，从维熙呀等大为恼火。可能这里边也多少涉及张凤珠，张凤珠那时候也提了副主编了，就要求作家协会处理萧立军，作家协会下属刊物的工作人员嘛。"

当年的《文艺报》主编谢永旺回忆说："因为萧立军的一篇文章，涉及到书记处的几个人吧？是还涉及到鲍昌呀、还是从维熙呀，文章具体说什么我想不起来了，肯定涉及到书记处其他成员。书记处反映强烈。"

我向萧立军谈起《无冕皇帝》，他说："这也属于唐达成当政时期一个比较大的事件……我认为文学就是要表现崇高，这种样式所以有必要存在，就是要给人以道德上精神上的净化与升华。你没有这个东西，你就没有存在的必要。整天就是说梦话，根本不知道向读者交待什么东西，像现在，已经走到穷途末路，很悲哀。我当时就认为，你作家为人不正，你为文还能有品吗？因此我从七七年开始一直到八六年，我就在酝酿写一个什么东西。……我就这些念头写了《无冕皇帝》。这篇文八六年初开始写，八六年底写成，改到八七年。起初拿到几家都不敢发，最后是上海《萌芽》发出。发出以后在作协就成了个事……因为文学这东西总要通过形象。"我插话核实："你的《无冕皇帝》是纪实小说吧？"萧立军答："对，发的时候，编辑硬给加了纪实两字，我从来认为纪实和小说是两回事。我里面大部分都是虚构的，就是按小说来写的。只不过有许多文学界人的影子，这倒是真的。于是才有作家、编辑，七十多个人跑来对号入座。包括搞行政领导的都跑来对号入座。"

萧立军谈话中也表明，他本人也认为纪实和小说是两回事。编辑部发稿时大概为了说明小说的真实性，特别加了纪实二字，于是，一切歧义由此而来。

作为小说，当然是"源于生活而高于生活"。作者必然要从自己熟悉和感受过的人与事为基点，引申开去，加上自己的想象。于是作者笔下的人物，往往是"杂取多人"，

"可能帽子在山东，嘴脸却跑到湖北去了"。然而作为纪实，则不能搞真真假假，亦真亦假，结果弄得"真做假时假亦真"。

现实中的人，在作品中的人物身上发现了自己的影子，于是，对号入座了，却发现以后发生的一连串事情，作者在"张冠李戴"，并非自己所为。于是，作者的"创作权利"，变成了侵害别人的权利。

富有洞见的文学批评家竟然也"对号入座"？

唐达成也来对号入座了。一个深谙文学规律的批评家，也会犯这样的糊涂？聂棋圣的昏招早已证明，高段位的棋手也难免犯最初级的错误。

唐达成给冯牧写去一信：

冯牧同志：

送上《作品与争鸣》上的两篇文章。

第八期《作品与争鸣》全文转载了萧立军的"大作"，并配发了这两篇文章，为其叫好。并以此作为文坛亵渎"文学自由"的佐证。尤其是署名"北京肖易"一文矛头所指，就更其清楚了。萧立军的"大作"，以"知情人"的身份"抖露了"文坛这么多丑事和"哥们儿掌权"。当然是掌了"文艺界领导在作协大会上"的评价的嘴。文章用一种挖苦的口气写，但因有了这发出自内部的重炮弹，那"欢快"之情自然溢于言表。这大概就是萧某的"大作"要起的作用和已经起到的作用罢。将两文送上供一阅。

敬礼！

唐达成 1988.10.14

两篇文章一是文熙佳的《被亵渎的自由女神——评〈无冕皇帝〉》，还有一篇即唐达成信中提到的北京肖易的文章《读〈无冕皇帝〉并致〈作品与争鸣〉编辑部》。

文熙佳的《被亵渎的自由女神——评〈无冕皇帝〉》一文中有这样的话：

《无冕皇帝》标以"纪实小说"，想必有事实作为依据。公正的读者也看出它决非面壁虚构。朴实无华的风格，无须雕饰的语言，平淡而自然连贯的情节，显示出作者生活积累的丰厚。

唐达成在北京肖易的文章中,用黑笔粗粗勾勒出以下两个段落:

小说里把主人公廖达天那个出版社和"群刊之王"《中国文学家》编辑部写成文艺界的缩影。

这里"'哥们儿帮'厉害,没人敢惹"。佟有德无德有才,"这位走运的三流作家,被掌权的哥们儿塞进出版社总编辑的宝座,一下子由一个十八级的小干部,混上个正局级,够气派的!他不懂得出版,可他有哥们儿,那哥们儿可是硬梆梆的后台。他又把自己的哥们儿拉进来,推上副总编辑的宝座,一下子由副处变为副局。都够他妈明目张胆的了。还有他把老婆也塞进出版社混上副总编辑的。"《中国文学家》主编刘若愚,好像地位很高,其实是个官僚主义者。有靠讨好上级官运亨通的男编辑。有靠贴钱和别人睡觉的女编辑(葛世玛)。女演员杨雪波是"风月场上的老手"。女青年陈丹娅想攀个编辑好当作家。作家们干什么呢?靠走后门让作品得奖,一个人和好几个女人睡觉,还让人家报销出租车费。各编辑部的编辑到一起,编辑和作家到一起,就是互相欺骗,吵嘴打架。

……文艺界领导在作协的大会上和大会以后都说,中国文艺的黄金时代到来了,这是建国以来最好的时期。主流是好的、成绩和缺点是九个指头和一个指头。有什么不好的事,内部说说就算了,写出小说,让别人看得乱七八糟,就有损文艺界大好形势了。

从唐达成给冯牧的信和两篇文章中勾勒出的段落可以看出,社会舆论在推波助澜让人们对号入座。

唐达成认真了。他当时在稿纸上写下这样的话,反映出他的思维逻辑:

对文艺界存在的不好风气和一些出现的弊端,作家予以关注,进行严肃的批评,这并不是不可以,也不是坏事。文艺要建设社会主义精神文明,自然有个自身的思想作风的建设问题。对于这样的一些问题,严肃的文艺工作者理应有自省的精神。

但是,如果是采取报告文学和所谓的纪实文学的形式来描写这类现象,那就首先要求:

一、要有严肃的实事求是的精神,有严格的真实和尊重客观事实的态度!不能任意虚

二、不能用轻率甚至轻浮的态度，搞真真假假，亦真亦假，哗众取宠。应该说这本身就不是正确的作风，此风不可长。

三、更不能允许用文学样式，进行人身攻击，用想当然的方式，任意编造事实，颠倒是非黑白，进行诬蔑性的、侮辱性的描写和丑化，这不仅是作家的职业道德所不容许，也是对作家、编辑的人格、名誉的侵犯。作家编辑家完全有权利要求得到应有的保障，有权利追究其应负的责任。

四、就文学本身而言，我们也希望从事写作的同志应该自爱自重，要有严肃文风和学风，用一种趣味恶劣的、格调低下的文字，肆意丑化所描写的对象，这绝不是对文学的提高，而是对文学的贬低，是对文学崇高事业的毁损，是不足为训的。

于是，作为作协党组书记的唐达成，尽管也不无道理，但毕竟是陷入了"对号入座"的误区。唐达成以一种积极的态度，督促萧立军所在的《中国作家》编辑部对萧立军做出严肃批评并责令其写出检查。同时还要求《文艺报》写出批驳文章，并三令五申催促。

对唐达成的强烈反应，古鉴兹、谢永旺尽管对唐达成还是友情为重，但言词之中，褒贬之意还是"春光泄漏"：

古鉴兹说："作家协会党组啊，迫于压力，所以我说呀，唐达成没经验，看得很清楚，没经验，迫于压力。最后开会做出了决定，撤销了萧立军的编辑职务，停职反省了。这个做得不对呀，原来萧立军在作家协会威信并不高，这么一弄呀，机关干部好多人同情萧立军，认为党组做得不对。"

谢永旺说："萧立军之事，涉及到从维熙，也涉及到书记处好几个人，起码从会上我感觉，唐对萧立军这样无组织无纪律的做法很气愤。具体怎么细节，要查资料。……我记得当时要《文艺报》发文章，《文艺报》没有强烈的表现……敷衍了事吧。一个我还比较冷静，觉得没那么严重；另一方面，《文艺报》的一些编辑呢，同情萧立军，觉得你书记处压下来了，你党组书记压下来了，太过分了，我们没有必要这么强烈地表示，不积极。当然，最后我还是要执行党组书记的这一决定，发了一篇议论性的小文章。"

当然，人的态度和情绪，"当事"和"事后"是会有许多差异的。

我想，当时从维熙态度会是有所激动的，因为事情毕竟涉及到他，但若干年过去，从维熙已变得非常淡漠冷静。当我向他提到这件事时，他作了如下的回忆：

萧立军说了很多人，也说到我，好像什么一个三流作家，怎么样怎么样吧。当时我性子虽然比较直率吧，但也没有爆炸。在会上说到这个事情，唐达成好像特别愤慨。这些事呀，我在作协党组真的还是不操心。搞创作的，不想去当官，对这些事情，这么多年，我都回忆不大起来了。后来，到九十年代，我是《中国作家》的编委，开会的时候，萧立军见到我还说，维熙老师，我是实在对不住你。通过九十年代，我才真正认识你了。他不提我都忘了，坐对面，喝酒……我是个作家，不太注意风向和世间的褒贬。

从维熙的话，从另一个角度说明，唐达成当年在这件事情上冲动，实在有些"小题大做"。

在唐达成与我的谈话中，曾无数次地嘲笑过社会上人们"对号入座"的愚蠢。他说到过辽宁省委当年因为刘宾雁一篇《人妖之间》的文章，而掀起的"对号入座"的轩然大波。为此，唐达成受贺敬之的重托，代表中宣部奔赴东三省专门做了调查。他耗时月余，向中宣部写出《北方纪行》的调查报告。其后，言犹未尽，他又写出《做一个开明的领导——记辽宁省委领导文艺工作的几点经验和教训》。唐达成感慨地对我说："作为一个普通读者，对号入座还无关紧要，但如果作为一个领导人也对号入座，那是很容易给文艺工作形成影响，造成损失。"唐达成还给我说过古鉴兹因《穷棒子王国》一书，与王国藩那场历经十余年的漫长官司。他说："喜欢听好话，文过饰非的本能，往往使人不能正视自己身上的毛病。尤其是当批评和揭露出现一些夸张的时候。人很难做到闻过则喜。有则改之还容易一些，无则加勉就不容易了。"……唐达成这些话说得多好。难道一轮到自己身上，就未能脱俗？就"只缘身在此山中"了？

萧立军引出的王蒙话题

萧立军在我的访谈中，体现了一个关东大汉的豪爽和率直。他没有丝毫顾忌地说："达成作为中国作协的第一把手，名义上，标签上唐达成毕竟是行政一把手。我直接批评了作家协会的工作，而且批评他们没有领导好中国文学，所以达成对我不满意，我觉得这是完全可以理解的……唐达成就一次次通过我们《中国作家》编辑部主任贺新创找我。老贺对我说，你写个检查吧。我说，那不可能。我既然敢写这么个东西，就没有作检查的打算。再说，凭什么要我写检查？我就是看不惯他们，我就是要刺一刺他们……八四年调过来以后，作代会一开，我就觉得作协的很多情况很不地道。你看各个口上安排的，现在可以明说，都是王蒙的小兄弟。或者说是北京作协的，他王蒙自认为能够压服得了的，像从维熙、刘心武、邓友梅，一系列的人，全都弄到全国作协来了。因为王蒙是副书记，达成是书记，可我看实权是掌在王蒙手上。这是我的看法。把中国作协弄成他王氏小天下了……另外我看到中国作协那种乌七八糟，那比现在当然小巫见大巫了。我见不得一个作家，牛皮哄哄摆个架子，来骂一骂他们。尤其说白了就是骂一骂王蒙……我一向认为，虽然那时达成是党组书记，但是真正的权力并不在达成手中，基本上都在王蒙掌控之中。就说组团出国访问，是他的哥们兄弟，就派到欧日美，不是他的哥们兄弟，就派到亚非拉、北朝鲜、柬埔寨，这都是他们干的事。非常无耻……我就是干这一行的，我就想用这个东西来批一下作协，也批判一下作家队伍这些不良的风气。说实话，这里面还真没有一点点涉及达成，也没提到王蒙。唐达成就表现得非常积极，其实是谁在后面捅鼓我也十分清楚……就是王蒙，他就是捅鼓这个捅鼓那个，他自己还不出面，背后的电话全是他打的。达成我觉得他所以那么激烈表现，这也是我小人之心度君子之腹的一种猜测。"

萧立军的访谈里谈到了王蒙。

下面是我对王蒙访谈时，录音记录的几个片断：

我问："据我了解，人们对唐达成有'一仆三主'之说。意思是唐达成既要听张光年的意见，还得考虑贺敬之的意见，而且，唐达成还非常尊重你的意见。唐达成自己也说，他当的是一把手，实际上是小媳妇。"

王蒙："对，对，实际上很苦。文艺界对问题的不同看法，互相争执呀，嗯……（王蒙的话停顿了。我搞不清他是在肚子里措词，还是脑子里已经走神，转到其他问题上了。）我认为那是历史，没有意义。都过去了……当然不需要给哪个领导作鉴定了。大家对唐达成印象都还是挺好的。至于以前，那是，我看都无须提它了。别的我也……他没跟我谈过他的内心活动。"

我说："请你谈谈《中国》停刊前后的情况。据我了解，这件事情掀起很大风波。牛汉在这个问题上，十多年了，对唐达成还一直耿耿于怀。"出于礼貌，我没强调牛汉找王蒙时，王蒙的言谈。

王蒙："《中国》？就是丁玲办的《中国》？我不太有印象。因为这些事我都没有参与过，《中国》的创刊呀，创刊会我也没去，那天我有些什么别的事。后来停刊是怎么停的？好像是丁玲去世了吧，也没人管了，而且编委会也破裂了，先是舒群退出，后来是刘绍棠退出，几个人都退出了……（王蒙又停顿了，像是在极力回忆。）我已经到文化部了。丁玲生病我去看她的时候已经在文化部,参加丁玲丧礼也是在文化部。"

我说:"据我了解,作协的党组书记一开始是请你来挂帅当班长的。"

王蒙:"是,是。"

我说:"后来你提出你正在创作旺盛期,不想让杂务影响了创作,这样才考虑唐达成当了党组书记。你作为党组副书记。党组开会你也不参加?"(作为潜台词:作协党组于1986年初,丁玲尚未去世之前,因丁玲给党组、书记处的信,即开党组会研究过《中国》的问题。并于其后不久,向中宣部打了《关于调整〈中国〉文学社办刊方针的报告》。根据唐达成的工作笔记,1986年3月19日、3月24日,两次的党组会上,都研究了《中国》的问题。王蒙都参加了研究并发表了意见。唐达成工作笔记上还有记录:4月22日,王蒙任文化部长。作为党组秘书的李平,对党组会内容和参加人员,都有详细而准确的记录。当然,对于十七年前的旧事,我们无理由强调一个人非要记住。)

王蒙:"参加。当然参加。党组会我大多数都参加,其他的事我不干,能推就推。"("嘿嘿"一笑。)

我追问一句:"对那一阶段党组会的情况,你能给我谈一谈吗?"

王蒙:(摇着头,不知道是表示不记得,还是不想谈了。)"别的我就都不知道了,我知道的就这些。"

我问:"关于萧立军和他那篇《无冕皇帝》,当时也引起很大争议。请你谈谈当时的情况。"

王蒙:……(不置一词,不予回答。)

我追问一句:"当年,这件事在作协党组、书记处曾产生极大反响,你不可能没印象吧?"

王蒙:"有些人呢,对作协意见比较大,尤其是对作协四代会,许多压力都压在了唐达成身上,但这些现在都不要再提它了……只能不提,提它毫无意义……没办法提,你讲也讲不清

2003年1月作者陈为人采访王蒙(雷伟摄)

楚。"

我还想提问，王蒙说："不说了，这些没用，比较无聊。没有讲它的必要。今天就讲这些好吧？"

王蒙等于是客气地下了逐客令。

马中行（唐达成夫人）对我说："唐达成对王蒙，和王蒙对唐达成那是两回事。唐达成一说起王蒙那是赞不绝口，而王蒙对唐达成……"马中行无言了。马中行还说："我就说老唐，总是你去王蒙家，看王蒙，我怎么没见王蒙来家看看你？老唐语塞，说不出什么。"

在访谈中，我问过与王蒙私交颇深的李子云："在你与王蒙的交往中，你感觉王蒙对唐达成印象如何？"李子云没有犹豫："你想，王蒙是一个很有傲骨的人，他不会看得上唐达成。恐怕他对班子里的几个人都不太看得上，一个不见才气的班子。"

晓蓉在访谈中这样对我说："唐达成去世后，我编完唐达成遗稿汇编成的《南窗外集》，去请王蒙作序。王蒙不愿意写，但推辞得非常得体。他对我说，给唐达成作序，有一个比我更合适的人。无论从资历还是从地位，也无论从在文艺界的影响还是同唐达成的交往时间，此人都是第一人。他这么说，我当然知道是谁了，所以后来我找了张光年。"

在整理唐达成遗稿时，我还看到唐达成一篇未见诸报端的文字：《王蒙六十寿辰记胜》。记述了是年10月14日，由李辉操办，宗璞、应红、刘心武、李国文、邵燕祥、从维熙、张凤珠等人参加的，在红庙阿静酒楼为王蒙祝寿的盛宴。文中有这样的语句："王蒙实为当代奇才，十九岁即以《青春万岁》名噪一时。五七年风暴，无辜卷入，发放新疆十余年。王蒙聪慧过人，博闻强记，入疆后与维族群众相往还，即学维语，几可乱真。且致力钻研维文，据云，曾有意以维文译《红楼梦》，俾此名著得以嘉惠维人，其颖悟如此，令人叹绝。七八年平反后，文思泉涌，如奔河出谷，巨流出闸，十五年来已有文集十册矣。其中亦间作论文，如《红楼启示录》，以小说家角度观察之，独出机杼，发人之所未发，言人之所未言，文采焕然，飘逸潇洒，神游八荒，意探幽微，为红学界惊服。八九年辞去文化部长职后，潜心著作，已有长篇两部问世。据王蒙自称，拟作五卷，近数十年之风云波折，将尽囊括其中。可谓煌煌巨制。今逢其六十寿辰，岂可不为贺乎……"

看着唐达成《王蒙六十寿辰记胜》的文章，我心里就想：王蒙六十寿诞，唐达成还不惜笔墨，为其记盛，而与唐达成多年相交，唐达成已成"生前友好"，王蒙竟无只言片语可悼祭？唐达成从五十年代初，就两次评论了王蒙的小说《组织部新来的年轻人》；一直到九十年代还评论了王蒙的新著《活动变人形》。访谈中我向王蒙提到唐达成评他《活动变人形》一文。王蒙一副茫然，这篇数万言的长篇评论，唐达成视为得意之作，曾对我说："我点蜡熬油，用了十几个夜晚写成。王蒙的这部作品，太打动我了。"当我把这件事与张凤珠说起，张凤珠当即指出："那王蒙装大头蒜了。"

我还在上海为《唐达成传》的事走访晓蓉、李子云、梅朵等人，马中行一个电话打到上海，电话里声音很激动："王蒙同意接受你的采访。但你原计划春节以后到北京恐怕不行。春节后王蒙有个印度之行，然后是连续几个会。他说他只这个月13、14、15号，三天有时间。"说此话时已是9号。春节前，我已安排了上海的访谈。如此仓促，又相隔千里之遥，这样接受访谈，几乎不太可能成行。

但是，王蒙与唐达成之间有太多特别需要了解的情况，我不愿错失机会，只好临时变更计划，于13日匆匆由上海赶赴北京。

专程从上海赶到北京，见到王蒙却听到的是这样一句话："我和唐达成其实接触不多，在作协一起共事不长，很快我就到了文化部。不过马中行已经提出来了，我当然不好拒绝，我们随便谈谈吧。"

与王蒙的访谈安排在元月15日下午。出于时间的紧迫，我的提问大概缺乏了迂回和含蓄，提得太正面，太尖锐，太直截了当。难为王蒙了。

实际情况并不像王蒙所说，唐达成与王蒙之间很少交往。在我掌握的情况中，给中宣部的信、给胡乔木的信、给习仲勋的信，如何起草，他们都经过书信充分交换意见；还有以王蒙、唐达成二人名义，由王蒙起草给中共中央书记处的信；以及许多情况反映，群众来信需要王蒙处理的，由王蒙亲笔，或"王办"代转给唐达成"阅处"的。这些信中所涉及的问题，自然是文艺界的大事件。而许多事情，最终是由唐达成出面处理的。

我想，还有一种可能，这些事，涉及到敏感的人与事，都是王蒙不愿回答，需要回避的。新闻发布有专用词：无可奉告。

我与从维熙谈到王蒙，我说："我知道你与王蒙关系很好，但我还是忍不住要为唐达成鸣不平。"我讲了一些王蒙对唐达成的冷漠。

从维熙说："不止对唐达成，包括对好些朋友都这样。王蒙在人生上比较冷色调，不太关注别人。王蒙如果在作协，我想他处理一些事情也不会像达成那么率真。"

我说："还是很多年前，我读过王彬彬一篇论述王蒙的文章《过于聪明的中国作家》，至今记忆犹深。王彬彬说，这里的聪明，是指一种做人之道，一种生存策略，一种活命智慧,一种处世技术。他们知道什么时候该前进,什么时候该后退;什么时候该发言,什么时候应沉默;他们知道什么时候说话应多加谨慎,什么时候说话不妨稍加放肆;他们知道什么时候既应说话而又应顾左右而言他,什么时候既应说话又应单刀直入;他们知道怎样以最小的代价换取最大的收获,怎样以最小的牺牲换取最大的报偿。他们真做到了老子说的一句话:'进退一成规一成矩,从容一若龙一若虎。'于是,这些聪明的人,以他们惊人的聪明,为自己赢得了大成功。"

从维熙说:"王蒙最近出了一本书,《我的人生哲学》,他的责编给我寄来一本,你可能还没看到吧?包括邵燕祥呀,我们这些同时代人,……认为他那'为人处世的二十一条',是他在官场生活的总结。我要见了面就会对他说,如果都像你说的那样,做人就没有真诚了。"

我说:"我还没看到这本书。不过我以前读过王蒙的一篇文章,叫《我的处世哲学》。其中很多内容忘记了,但有一句话印象特别深刻。他说,在没有绝对把握的大量问题上,中道选择是可取的,是经得住考验的。他是极力要维护自己的形象,极力避开可能对他形成不利的矛盾,所以做得尽量面面俱到,尽量中庸中道,包括他的'费厄泼赖'可以缓行,等等。于是作为这些'智叟'的陪衬,就必然需要诸多的'愚公',一将成名万骨枯,唐达成就做了王蒙聪明的陪衬。可是,人与人之间的聪明能差多少呢?可能差一顿饭的功夫?差一晚上觉的时间?最终,别人也总会有反应过来的时候,也有幡然醒悟的时候。那么,过人的聪明,物极必反,会不会成为一种'聪明误'呢?"

从维熙:"有一定的道理……你不妨可以想得更深一些。人的生存处境不同,我呀、燕祥呀、国文呀、心武呀,都是在文学上主动向边缘化贴近的人。而王蒙与我们的走向不同,因而不排除他写处世哲学一书。醉翁之意不在酒吧。巴老那么老了,还是作协主席,朋友们中有这个说法,发那处世哲学的文,是不是有意在溶解一些将来的阻力呀?邵燕祥我们这一代人,真是各有各的生活观念。各有各的活法。王蒙的存在状况与我们不同,是符合他的规律的。"

啊,又一个"无欲则刚"的反例证。

猛然间,我对自己这一段对王蒙的"非议微言"产生了内疚之心。转念一想,人活得真是太累。聪明如王蒙,他丝毫不存害人伤人之心,还千方百计地想把自己的形象塑造完美,殚精竭虑地想把处世为人做"圆",而如果这样还尚不可得,那这个世界上,谁还能把人做好?我想,王蒙本完全可以找个理由委婉拒绝我的访谈,不就为了珍视对唐达成的这份情感，想把事情做得更漂亮，结果烧香惹出鬼，反招来我的一堆节外生枝。一霎间，我对王蒙又产生了深深的同情和一丝淡淡的悲哀。

唐达成说："面对梁晓声，我只能这么做。他会从我的衣服里挤出那个世俗渺小来。"

我当然不是偏信萧立军的一面之词，不是他说了王蒙在背后"捅鼓"唐达成，我就真会相信是王蒙的一个电话。每个人都有他视野的死角和认识的局限。比如萧立军所认为的王蒙"哥们儿"，未必就是像他认为的，生死同盟铁板一块。且不说邓友梅，即使从维熙，从他的访谈中就可以看出，作为一个作家，自有自己的独立人格和独到见解。

唐达成情感的激愤，与王蒙办公室批转的一封信有关。

批转用的是"中华人民共和国文化部便笺"：

达成同志：

王蒙同志嘱将梁晓声同志来信复印寄您一份，请查收。

王蒙同志处
6.27

显然，这份批转是在唐达成给冯牧信之前。

下面我将梁晓声给王蒙的信转摘如下：

王蒙同志：

我在病中给您写这一封信。我已有两年多不与外界和文坛有什么来往，龟缩在北影写长篇。长篇刚脱稿，身体也垮了。已确诊为肝硬化。

我是较晚才看到《无冕皇帝》的。可早知道萧立军和百花出版社的余小惠要合作这样一篇报告文学。大概因报告文学所要负的文字责任是明确的，他们才改为"纪实小说"，以便塞入那么多无中生有的"情节"。大概因为即使是"纪实小说"，余小惠也觉得与事实出入太大，所以不敢属（笔者注：原信如此）名，但向萧提供了"炮弹"——而那也是无中生有的事。这件事，现据我了解，显然有我的另外的"北大荒战友"参与，所以才会发于上海，有《文汇报》发故事提要及编者按。我们之间也没有什么怨仇，无非是他们早就认为——"要莫（么）北大荒知青中应出一百个梁晓声，要莫（么）一个也没有！"——原话——四五个人预先研究过的。

所以，《无冕皇帝》的出笼，在我正好写完《雪城》下部，《十月》要召开座谈会，电视剧发奖这一时候。

它主要是对我的憎恨，参（掺）杂了萧立军本人对其他人其他方面的憎恨而引起的。如果这憎恨单单是由于当年——两年前未抢到稿子，那就不太好理解了。要把一件事的不满变成一种仇恨，延长两年，也是不易的。

所以，我深感内疚——因为主要由于我，致使一些对文坛不满的小人，得以借题发挥，也同时泼污于文坛。

我在这一点上是文坛的罪人。

我真的深感内疚。

就我个人来说，希望文坛安定团结——就在张欣辛出国前一天，我还特意去看她，劝她不要在《人民日报》上展开什么论战。而那时欣辛已看了《无冕皇帝》，我却没看。她关心地告诉我，我还不以为意。

为了当年抢稿之事，我在各种场合，作了各种自我批评。就在五月底，还在给冯牧同志写信作深刻的检查。

更令人气愤的是，二十九那天，也就是除夕前夜，萧立军是在我家过的。我们夫妻七盘八碗忙忙碌碌做给他吃、喝。而他，那时刚把《无冕皇帝》寄出，是另外几名我的"北大荒战友"给他出的主意——给我造成错觉，稳住我，蒙敝住我，以便保证《无冕皇帝》在我毫不准备的情况下发表出来，达到"措手不及"的效果。

这太可怕了啊！

而我，真的上了大当。在中山堂讲课时，面对四五百人大声说："一九八八年，我最高兴的事是两件，王安忆春节前寄我自制的贺年片，萧立军在我家过小年！请相信，理解还在，友谊还在！……"

结果是不久前几十封信寄给我——嘲骂我"那一天成功地扮演了一个理想主义小丑的形象"。

谁无情感历程？

我与山东作家矫健，谈我将要写的"一个作家的自白"——我说："我要贡献给读者最大程度的真诚，最无情地解剖自己……"

萧立军在旁默默地听，然后就变成了他作品中那低级庸俗的近于黄色的描写——而那纯粹是胡编乱造——他标明的那些日子，现已有充分的证据，证明我根本不在北京家中。仅仅为了伤害我，他还伤害无辜，诋毁他人。

当年为什么几家抢一本书？

我真发疯了？东许西许？

我确有我的过错。

但事实是：萧立军和他的妻子二人，就代表了四家——两家刊物，两家出版社。而我本人只代表一家——《十月》。

他为了他妻子在天津分房，请求我将发表和出书权给天津，我给了。可天津没分给他们房子——他们怒了，又不许我给了——何以我给了《十月》之后，萧立军又为他自己的功利考虑，来要我的书。也是在同他妻子代表的天津方面抢。之后一塌糊涂，他们却一点儿什么责任也不承担了。

当然，我不会再重提这个前因了。

六月六日我在北影召开了记者招待会，为所有受到攻击的同志和作协创造了一个与新闻界朋友对话的机会——包括我自己。

可不知为什么，新闻界保持着高贵的沉默。

人家写了十二万字中伤、诽谤、造谣，我连三四千字的驳斥文章也没处发。

但我并不怨什么。

我现正向法院起诉了。但谁知道法院受理不受理呢？认为是文坛的一些烂事儿，那就更没个讲理处了。

我现正在孤军作战。

我非战下去不可。非弄个是非曲直大白于众不可。一方面，我将平息自己的心态，肝硬化，一生大气，就完了。另一方面，我也不能把气全消了，全泄了，最后强咽一口气，一了百了——那就助长了恶人恶事的威风了。

给您写此信，因心中太压抑。如果我真病倒不起，将来您替我向文坛谢罪吧！总之一句话，梁晓声对不起文坛。如果我终于支撑住了，我要在法庭上，为文坛，更为我自己——当然首先是为我自己，争个一清二白，让恶人恶事，受公众道德及法律的惩罚！

我一点也不懂法，现找书看，不知法院大门朝哪儿开，不知何处去请律师，不知怎么打官司——学吧，也是一次实践。

您工作忙,不必回信了。

所以写这封信,还因作为一些情况,您了解一些,是不无必要的。

孤军作战有时人更沉着,更坚韧。

祝一切好!

又及:病中读了你的《十字架上》,我们都不容易。都活得太累。而且,也许命中注定了,我们都会是孤独人,将来必不得好报?

梁晓声
一九八八年六月十四日于北影

梁晓声的信,触动了唐达成。

在别人的眼里,也许是作协党组书记一个庞然大物压向了一个小小的编辑。而在唐达成眼里,则是一个孤苦无援的作者在寻求保护。

唐达成说过:"勇敢者发怒,是向更强大的敌人去拼命;怯懦者发怒,则是去寻找更弱者撒气。" 唐达成从梁晓声的信中,看到了一种无奈无助,感受到一种无求无告。于是,唐达成身上潜在的湖南人的性格显露了出来。他要为梁晓声主持正义,他要为梁晓声讨回公道。

唐达成在我面前不止一次为梁晓声竖起大拇指。

先让我们从唐达成的文章《文如其人——读〈九五随想录〉有感》中,看看唐达成对梁晓声的评价:

我比梁晓声长二十来岁,和他可说是忘年交。他为人坦率、耿介、胸无城府、待人真诚。在交往中,我十分敬重他的冰雪肝胆。人们常说"文如其人",涉世较深后,我对此言便颇为存疑。表里如一很难,文与品一致更未必。晓声虽过不惑之年,但"文如其人"用在他身上却依然十分贴切,他的耿介坦诚的性格形成了他文字奔放爽朗的特点。

不说别的,就像他这样直面人生,认真生活,而且家事国事天下事,事事关心的作家,这样古道热肠、满怀忧患意识地去关心周围的人和事,现在还常能遇见么?"茫茫宇宙人无数,几个男儿是丈夫"?更不用说,在有些人眼中看来,他的所作所为与所思,难免会被讥为"冒傻气",还会被讥为"狗拿耗子多管闲事"。比如一些大学毕业生,竟找到他门上请他帮助求职;一心想当作家的青年,硬求他引上作家之路;来京的日本穷女留学生还请他帮助翻译作品。这类耗时费力，而且往往吃力不讨好的凡人琐事，他竟一一认真去做，说服、写信，做思想工作，嘘寒问暖，以至解囊相助。这些常人不愿为，不屑为的琐事，他却不能拒绝，总有一种内心力量驱使他去做，对此我无以名之，只能称之为是"穷年忧黎元，叹息热肠内"的杜甫精神，或许也正是一个富有人性的、深深体味人世甘苦艰辛的作家的良知与责任感的体现，而他认为这是不能仅仅表现在文字上的。

唐达成对梁晓声颇为欣赏。欣赏代表着一种价值取向。唐达成和梁晓声身上发生了共鸣点。梁晓声爱"冒傻气"，唐达成也要冒一次"傻气"了。

唐达成对我说："面对梁晓声，我不能表现出漠不关心，麻木不仁。事不关己，高高挂起，明知不对，少说为佳，兔子兜圈，黄花鱼溜边。面对梁晓声，我无法这么做。他会从我的衣服里挤出那个世俗渺小来。"

梁晓声对《无冕皇帝》背景的讲述

在我对梁晓声的访谈中，我听到他对《无冕皇帝》的看法：

"萧立军是我最好的朋友，好到了他母亲离开北京的时候嘱咐，她最不放心的就是晓声，她让立军要照顾好我。当时，我写成的一部稿子抢来抢去，他没抢到，他认为我们这么好的关系，最后应该落他那儿。我的思维是，我们这么好的朋友，我即使不给你，你也可以体谅我。因为他们不是我的朋友。我一旦不给他们的时候，他们会如何如何。可是他却耿耿于怀，甚至牵扯到平时，最后编造出了一本书《无冕皇帝》，编造出了和女演员呀，什么，我当时生气在哪一点，因为我在电影界二十年了，恰恰在这一点上，是别人最有口碑的，很干净的一个人。是不是就干净到了没有感情的波动啊，这也没有可能。

"我跟他既然是最好朋友么，所以把从不跟别人说的事，这事呀那事呀，说给他听。我给他说过一个女孩子……（梁晓声停顿了一下，似有犹豫。）一个女孩子，因为感激，或者说因为崇拜，她不小心走进了一个青年作家的误区……你能明白吗？我不能伤害这份纯真，这份感情，我把她送出了作家的误区。我是这样做的……可他竟然就把这些听来的，加上他自己的想象，随心所欲地进行虚构……这对于当年一个刚刚步入文坛的青年作家的伤害，可以说是毁灭性的。他还仅仅为了伤害我，而去伤害一个纯洁无辜的女孩子。他怎么能这样？为了换取一点稿费，去媚俗于读者？就是为了报复我，伤害我，而拉进一份纯真来陪绑？……

"我也极力去宽慰自己，但感情上就是接受不了。他是我最好的朋友啊！

"我也会想到我在写作的时候，我也会写一些冠以纪实之名的小说，其中也有虚构的成分，这些可能是我大学的老师，大学的同学们，他们会隐隐地感到这些事与他们有关，你当时没想到，也不会去想你的作品会产生那么大的影响。但是过后你会有自责。说句实在话，我在人的关系上，我主张，就一般而言，我们与同志呀朋友呀之间发生的磨擦、矛盾都没有什么大不了的，都不应该搞得给对方再造成伤害……老百姓之间有了什么矛盾，过年的时候，去拜个年，有可能顷刻化解。我们知识分子的毛病可能就是太记仇，并把它作为一种有性格。其实对萧立军我也是，我对萧立军都是这样说的，通过别人我说，什么也别说，私下里你给我一个，晓声我错了，这个事就完了么。就是要忏悔，要有后悔吧。

"可是没有，一句道歉的话也没有。"

梁晓声等待了。梁晓声愤怒了。这次，他直接把信写给了作协书记处：

中国作协书记处：

文坛仅仅出了一个文痞和流氓萧立军，仅仅出了一篇无耻的卑鄙的欺骗读者的狗屁纪实文学《无冕皇帝》，尽管其恶毒袭击的目标主要是我，也并不很值得我认真对待。

但现在事情的本质显然不是如此。现在是卑鄙小人成了"英雄人物"，胡编乱造诽谤他人的谣言成了"丑闻"，至今被一些别有用心的报刊大肆宣扬，进一步欺骗世人。

这是一种抑善扬恶的现象。

对于以公开报刊，以新闻手段，将假的说成真的，将无中生有说成"事实"，将卑鄙说成"勇敢"，我无论身为作家或公民，都是不能容忍的。

反省起来，我前一段的沉默，是对社会，对文坛，对我自己的极大的不负责任。是与作家的天职背道而驰的。我所以如此，一方面是所谓的"君子风度"所惑。一方面，是找不到一家合适的报刊可发我的文章。连我们作协的机关报《文艺报》，在一位作家受如此奇耻大辱的情况之下，都不肯发我一篇反驳的文章，试想想，我还能找到什么可依靠可主持正义的报刊呢？

但现在我已找到了一家这样的刊物，而且是有影响的大刊物。所以，我不再沉默了。尽管我刚到儿影厂上任副厂长，工作多而且忙，我也一定要尽快将文章写出发表。

好人沉默，世界黑暗。

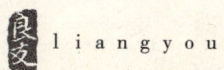

因此我通过你们，要求冯牧同志，就萧文中胡扯八道的什么"靠了老头子的影响，才获奖，并且大肆吹捧"一条向社会，向文坛说清楚。

我自己当然要说。

冯牧也必须要讲清楚——无论从哪一方面，他对此事的暧昧，都是有失起码正义的，都是不道德的，没人味的，昧良心的。

有说客盈门，故我将已写好待发的质问冯牧同志的文章，撤了回来。我维护他的所谓尊严，谁维护受严重伤害的我？

他究竟出于一种什么心态，什么心理，对此一直沉默。我也曾要求他讲清楚，而他置之不理，是什么道理？！

如果，在十天之内，我得不到回答，"斥冯牧"一文，将同时发表于五家报纸。这一次，再有说客盈门，我将唾之。

中国作协书记处也不得以作家书记处的名义澄清此事，该谁澄清的，谁来澄清！

其他诽谤之词，我自己来用事实澄清。

我仅能再退的一步，便是——冯牧也可给我写信，向我个人说清此事。那么，我将保证，在斥萧立军的文章中，只作为事实引用，而绝不伤害冯牧同志。否则，我有理由认为，他的沉默是变相的包庇，是卑鄙的。

过了这一步，即使作协书记处，也休想再使我退让一步。至于怎样处分萧立军，那是你们的事，与我无关。对他的狗屁小说不予驳斥，即使处分了他，他反而成了"不成功，便成仁"的英雄。而我必让世人知道，他是小人！

……

另，我已有文章在《作品与争鸣》处，他们一直压住不发。我过几日，将去质问。如他们讲不出什么理由，我将砸碎那个编辑部的全部玻璃。他们若告我，正是我希望的。我已跟妻子打过招呼，也跟儿影打过招呼，很愿有个告我的，只怕他们不敢。作协如因此而开除我的会员资格，我将毫不在乎！

代表作协与我对话的，只能是唐达成同志，其他人无资格。冯牧更无资格。他只能通过唐达成与我对话。我现在要做的事简单而明白——我对怎样处分萧立军不感兴趣，只对揭露他的卑鄙无耻尽公民的作家的责任。

从此信发出之日起，十日内，如无答复，"斥冯牧"、"致中国作家协会的公开信"一并发表。

梁晓声

一九八九年一月十一日于北影

我的联系电话：201.3377—501 早、中、晚。

唐达成对冯牧的激烈反应

　　唐达成后期的性格中，充满了柔顺、克制、忍耐，但是这不是他的天性。人的天性是很难压抑改变的。正如俗话所说，山河易改，本性难移。也可能天性会很久压抑，但它迟早有一天会爆发，像威苏威火山。它"平时看不见，偶尔露峥嵘"，这次是一次。而更大的一次爆发则是在不久后。

　　唐达成始料未及。《无冕皇帝》事件拖延了半年迟迟没有任何结果。他作为堂堂党组书记，作家协会的第一把手，却是寸步难行，遇到重重阻力。登文章，在自家的阵地上，《文艺报》也会给你软拖硬抗；做出组织处理，也出现诸多不同意见。阻力既来自于认识的不同，也掺杂着错综复杂的人际关系。

　　其他人大概还可以保持风度，保持冷静。然而，唐达成却表现出少有的激动。以往对冯牧还从来没有失之不恭，更不要说冒犯，而这时，唐达成径直给王蒙写了一信，内心情绪坦露无遗：

　　……如果这件事是这样结局，萧立军这样的文痞猖狂与得意是不用说了。作协党组的声名，也就只能成为一块只配擦地的抹布，成为文艺界的笑柄！文坛也再无任何是非可言。党组竟连这样一个小干部，这样不足为道的小文痞都无可奈何，这工作还如何干得下去？因此，我不能不向你作为作协执行副主席提出这种局面的后果。冯牧同志既然这样不支持我的工作，我只有坚决辞职。这个工作酸甜苦辣不必细说了，你非常了然，我的委曲求全也有个限度。我深知我全然不适宜在这个岗位上，与其这样受摆布，我只有坚决辞去这个工作。为什么已经当右派二十余年，现在还要继续受这种折磨呢？

　　你了解文艺界的情况，因此我的心情想必了解。

　　又：附带说一下，据同志们告诉我，冯牧同志临行前，所写的信在贺新创等同志面前读过。那就是说，他对于党组集体意见的不同态度，很快就让萧立军本人所了解，这当然只能助长他的气焰，而无助于问题的解决。

唐达成所说冯牧临行前所写的信，为保持原貌，我将它全文登载如下：

纯原同志：

收到了处理肖力军【注：原信】的通知，我的意见如下：

第一、24日的党组会我未参加（原因大家是知道的。因为我明早就将出访，不能取消出访团早已决定的会），事先，也没有人通知我党组会上要讨论处理肖力军的事。因此，我不了解会上讨论经过及决定内容。我的意见是，对于一个人要进行组织处理（比如解聘、撤职等），要取冷静、慎重态度。因而，要我在一天之内做出处理决定，我还没有想清楚。为了创作上的错误而要撤掉一个人的职，是否妥当？我始终认为，肖力军的错误，是创作上的错误。如果他的作品触犯法律，应通过司法程序处理，然后再做出编辑部的相应组织处理决定，这样做才较为妥当。

第二、如果党组会上已做了决定，要立即对肖进行组织处理，我可以服从组织决定。但在下达处理文件时，请说明我对此持有保留意见。

第三、为了澄清到处散播的流言（比如说我包庇肖，我是"后台"之类），我虽一笑置之，但也必须再次申明：1、肖文章发表前，我一无所知；2、我对文章中的许多恶劣的描写是反对的；3、我在一次会上提出了要他作检查。在做出检查之前，先停止工作。但，我当时是避免了用"停职检查"这样的运动习用语句。至于后来见诸报端的一些话，并不是我的话，只能文责自负。

第四、我以为，肖的错误应作适当处理，但毕竟是内部矛盾，应当避免激化的做法。限一周内严肃处理的决定，对我来说有困难。因为我明早六时即出发，九月六日返京，七日又出发去美国（统战部的团），九月二十一日始能回来。因此我希望由干部部或书记处派同志到《中国作家》编辑部，召开会议讨论一下并听听大家的意见，最后提出一个妥善的处理办法来。

总之，我认为，那种急切做出组织处理，急于撤职、解聘的办法，效果未必好。这方面，也无妨听听作协其他一些部门和同志的意见。我衷心地希望事情不要越弄越复杂。我虽然即将退居二线，但我还是希望在退出领导班子之前，把我的心里话说出来，不是为了自己，而是为了作协。

敬礼

冯牧

我这些话本来是应当和达成和鲍昌同志谈的,但一来我行色匆匆,二来他们看来也没有时间和我商量,只好请你转达。

又及

这一次,唐达成对梁晓声真可谓倾心相许,倾力相助。
我问梁晓声:"唐达成给你回过信没有?"
梁晓声:"没有。"
我问:"你知道唐达成对你的信的反应吗?"
梁晓声:"知道一些,好像听说达成的情绪很激烈。"
我说:"岂止是激烈。"我把当时的情况说给他听。

为了一个作家眼中闪动的泪光

久仰大名二十年后,我第一次见到梁晓声。他与我印象中的性格发生了很大的差异。见面伊始,他给我留下很深印象的第一句话是:"我做人有个原则,就是没必要像老百姓说的'腰里横根扁担'。其实自己就是老百姓中的一员。我对人一向本着与人为善的原则。"一句话,已经与几封信中所散发的火药味出现了极大的反差。

我坦诚地对梁晓声说:"见到你,同我想象中的不一样。你身上似乎已经看不到当年唐达成跟我说的'风号大树中天立',那种顶天立地男子汉的形象。"

梁晓声没有惊讶,也没有反感,他还是平静地说:

"你到五十岁的时候,你还会有二十岁的冲动?对吧?没什么大不了的,它都不应该像吸烟一样越吸越长,我们吸烟是越吸越短,是吧?再仔细想,我把它说成续世,不可以总是续世恩仇,人就总是长不大嘛。

"我最近写一篇文章,就谈到,无论你任何人,任何报刊,只要不污辱及我父母的话,你们无论是编的,批判的,怎么去说我,随便。"

我插话:"能豁达到这种程度?"

梁晓声:"对,全部的随便。我为什么是这么一种观点呢?我往前看我的同行,古往今来,没有一个人,生为作家的不经历这些。"

我插话说:"你现在确实五十知天命了。"

梁晓声:"古今中外没有人。你比较起来会觉得,我们所经历的什么也算不上。鲁迅经历了多少?你再看先人的,同行之间的,从政治上,从其他方面,经历了多少?经历得太多了。左拉、雨果、巴尔扎克,都是伤痕累累,备受伤害。你没想想你的职业是什么?那么就淡然处之。他再编造不会编出你吸毒,编出你嫖娼,不会编出你跑官,对吧?人们对你总会有一个基本认识,各种评价最后终会达成一个客观评价,对吧?所以完全可以淡然处之。一个人就应该抱一种节约的观点,什么都要节约,一个人的时间、精力都有限,尤其到五十多岁,你还想写点好的东西,有质量的东西,你必须节约,一切无谓的事情,都不可来干扰你的学习和写作。许多事情你见得多了以后,不过是一种现象。比如说,屠格涅夫流亡法国的时候,左拉对他非常尊重,经常请到家里来,后来你会发现,屠格涅夫死了的时候,在他的日记中发现,他对左拉非常不敬的。说左拉根本没有写作的能力,左拉连一个三流的作家也够不上。等等等等,怎样去判断这个事情?文坛上左拉不会因为屠格涅夫的评价而不是左拉,我们也不必说屠格涅夫多么的虚伪,因为他肯定是在日记中写着自己真实的想法。这两者应该分开,他肯定是你左拉对我很好,这个我是不会忘记的。但我的感受,因为你对我好,我对谁也不去说,但我在日记里一定要写下来。应该这样去看问题。"

梁晓声的话离《无冕皇帝》远了。我重新拉回话题:"冯牧当时似乎很庇护他的部下萧立军?"

梁晓声说:"冯牧也是一个好同志,也是一个非常爱护青年作家的领导。冯牧出于他那个年龄,那个位置,他会对许多事淡化,再淡化,对吧?我们说有时候做人很难,就表现在这个人明明是不对的,可他又和你有这层那层的关系,使我不能明确地说出自己的看法。表现出一种暧昧。那么对于我呢?我觉得有些事是有是非的,冯牧在里面他要充当和事佬,不想谈其中的是非。而对于我,不谈是非对我就是一种伤害。达成和冯牧来比,很不一样。在是非面前,达成会亮出自己的观点。我认为,作为朋友,当我一旦亮明观点的时候,你应该维护我做人的尊严。因为如果朋友还不理解我的做法,又怎么要求别人去理解呢?这也是达成做人的方式之一。这可能也是后来人们认为达成也不够成熟,达成书生气。"

那一瞬间,我心中涌起一个奇怪的联想:梁晓声是又一个唐挚?那一瞬间,我心中还冒出个想法:人都在变化中,当梁晓声也变过来之时,你唐达成反而又变回去值吗?

唐达成那一阶段对我说："你看过杰克·伦敦的《马丁·伊登》吗？那是一部自传体的小说。写一个作家，用一生的拼搏，终于跻身于上流社会。可是当他的目的达到的同时，他的理想也破灭了。我现在对好多用生命的教训修炼来的东西也厌倦了。中国几千年文化中，不论'儒'也好，'道'也罢，其实从某种意义上，都可以作为一种处世之道、活命技巧来读。其实说穿了就是一种生存之术。有学者说，中国文化是早熟的文化，而且是极为早熟。少年老成的别义词是未老先衰。这种成熟的文化作为一种生存智慧，就使不精通这种智慧的人被称为'犯傻'。我们说一个人没有城府当然是说不成熟，可是如果说一个人极有城府难道就不是一个贬意词？一个人，是老道一些好呢，还是率真一些好？生瓜蛋固然不好，瓜篓了岂非更糟？辩证法和诡辩法只有一字之差，马克思主义和马赫主义都姓马。我不想用儒家有形的绳索束缚自己，我也不想用道家无形的绳索约束自己，我能不能活出个活脱脱的自我？"

但他很快自问自答："不行。不可能。因为我没有力量拔着自己的头发脱离地球。"

唐达成还说："人一生如果总是活得世故世俗，大概临死的时候，也不会死而无憾，而会死不瞑目。活着并不是为活着，总要追求有几次闪亮登场。也就是我们说的人生亮点。人生其实无须躲避崇高。崇高感是一个人的审美观。人生如何才算活得美丽？人总要向往崇高，向往辉煌。我想，即便如同灯蛾扑火，它也体现了一种追求。流星的一闪，胜过白矮星的永远。"

我从唐达成的话语中，察觉到他思维中的变化。

那次访谈中，梁晓声还讲到：

"我到他书房里去，我们坐下来，面对面坐着聊。他会有两点，他会很忧虑地看着我，他经常嘱咐我一句话：要学会保护自己。他在说这个话的时候，你会感觉到他非常地矛盾。第一呢，你会感到，他内心是极为赞赏你这一点的，可是他又会感到不能这么去鼓励你，晓声，你就这么走下去，我行我素，不去管别人怎么说。他觉得无法再对你说出这样的话。

"他对我是极为赞赏的。但是他有忧虑，他怕我会受伤害。因为他答应过我，所以他特别在乎我受不受伤害……"

梁晓声的话突然打住了。他久久地沉默着，好长好长时间。我看到了这个血性男儿眼中闪动的泪光。他在极力地控制着，男儿有泪不轻弹。但他无以掩饰年龄也更改不了的性情，梁晓声毕竟是性情中人。我曾有过一闪念：唐达成为保护一个作家，值得付出引来那么多微言非议的代价吗？而此刻，我却想：为了一个作家眼中闪动的泪光，值。

梁晓声一直低着头，变刚才的侃侃而谈为默默无言。他不停地揉着眼睛，当他抬了一下头时，我发现他眼眶下挂着泪花。他看了我一眼，不好意思地掩饰着："你喝水你喝水。你一口不喝？你自己倒。我不能给你倒。我烧了好几天。我怕传染给你。"说着，他又揉揉发红的眼睛，似乎是感冒发烧所致。

良友稿约

亲历•见证•发现•反思
修复记忆•书写个人史•为历史存真

《良友》丛书是一种连续出版的关注现代中国、呈现个人历史的人文读物。
《良友》丛书致力于民间视野的开拓，强调以感受映照人生，以事件折射时代；注重在时代历史进程的大背景下，表达独特的人生经历和生活体验。
《良友》丛书的文本是非虚构性的。人文视角、讲述方式、现场姿态是它的特征。
恳切期待您的赐稿。文字以朴实生动为佳，篇幅不限。一经刊用，即致稿酬。

来稿请寄：
山东省青岛市太平路33号青岛报业传媒集团"良友书坊"　　邮政编码：266001
豆瓣小站http://site.douban.com/121533/　　联系信箱：liangyoubooks@126.com

良友 liangyou

1950年4月30日吴奔星（左二）与黎锦熙（右二）、贺湝江（右一）、江静（右四）等摄于北京西单师大辞典处黎锦熙办公室前。

吴奔星1950年代日记

关于吴奔星

吴奔星（1913—2004），湖南安化县人，新诗现代化、民族化创导者。参加过湖南农民运动、"一二·九"运动；1933年考入北京师范大学国文系；1936年与李章伯在北平创办诗歌杂志《小雅诗刊》，在《现代》杂志、《诗志》、《新诗月刊》等诗歌杂志发表诗作若干；后在桂林师范学院、国立社会教育学院、武汉大学、南京师范学院等校任职；系九三学社早期社会活动参与者，1950年夏，当选九三学社首届中央宣传委员。

关于父亲土改前后的日记·吴心海

1950年到1951年，刚刚步入新中国的众多知识分子都面临着转变；对先父吴奔星来说，也不例外。

这段期间，先父先在北京重工业部"国立高工"教书，后到北京人民政府文教局工农教育处做编审，在很短时间为亟需提高文化水平的工农干部编辑了6本一套的中级程度的语文课本（后被河北人民出版社翻印，总印数达10万册以上）。语文课本编纂完成后，生性热爱自由的先父对坐机关的刻板工作感到疑虑，于是接受武汉大学的聘请前往担任文学院教授。结果，甫一抵达武汉，就和武汉大学文学院众多师生前往汉中地区参加土改运动。

"状元三年一考，土改千载难逢"（毛泽东语），本来和知识分子并无直接关系的农村土改运动，因为最高领袖的意见，不但中共中央分批组织知名民主人士去各地参观土改，众多高等院校的师生也作为土改工作团成员，直接参与了土改运动。

先父素有记日记的习惯。尽管1950年到1951年间，先父生活欠安定，工作变动大，人在旅途多，日记漏记情况较多，但在湖北汉中地区参加土改的经历，却基本完整记录下来。这一时期的日记，既反映了知识分子刚刚走入一个天翻地覆的新社会后其真实的心路历程，也是一段没有经过任何粉饰的历史侧影。当然，必须指出的是，日记虽然是最接近历史的初始状态，却因传主当时所处的客观状况的限制和主观情绪的掌控，具有强烈的个人印记，未必能够百分之百还原历史，对此，相信读者诸君自有鉴别能力和判断能力。

为了能够反映出先父的真个性、真思想，我在日记整理过程中秉持严格尊重日记手稿的原则，除明显错字加以改正、辨识不清的字迹加以说明外，没有做更改和删节。我所希望展示的父亲是一个完整的形象，而不是一个完美的形象。父亲在日记中所流露的很多缺点和弱点，是他那个时代知识分子身处特殊环境所显示的共性。不必因"为尊者讳"的古训而刻意隐瞒。我想，日记的整理和发表，先父在天之灵也会感到安慰。

1950年5月22日

接《察哈尔文教》编辑室18日来信，说该刊二卷四期正在征稿，要我写点稿子，在25日以前寄去。我找出二月前写的一篇文章，题目是《我在工业学校怎么搞写作教学的？》，下有小标题"发动课间文及课本诗的写作"。兴华根据底精抄到晚六时才整理清楚。大热天，也够她累的了。尤其遗憾的，因为她抄稿子，对小印的照管全交给了二嫂。小印坐在车中，二嫂洗菜去了，扑通一声，小印一个倒栽葱摔在石头上，左额肿了一大块，擦上消炎膏，幸免破相。不过，遗憾之余，也有值得欣慰的。邮局寄来了两本《新建设》，刊出了我的文章《试论中学国文课本的选编》。接着该社的勤务员又送来十万五千元的稿费，计小米百斤。兴华连说："不少，不少！"不觉喜溢眉宇。因为家中仅余五百元，如此款不来，又须借债，真是雪中送炭。至于文章发表了，倒平凡得很。（文见该刊二卷七期）

1950年5月23日

为了郑君嘱托的事，一黑早便起床，吃了两个冲蛋，五时半刘中立君来了，一同坐车到西直门火车站，七时十分开车，八时半便到了门头沟。门头沟是华北著名产煤地之一，除国营煤矿外，尚有私人开采的小窑，密布在盆地之中，如满天星斗。但闻解放后，多已停工。

门头沟周围也有好几里，小径迂回，缺少交通工具。因公接头，动辄要花费好几小时。

门头沟遍地皆煤，只要劳动，就可赚取生活资料。我们城里住惯了的人一到这里，便感觉到一股紧张的味儿。

下午四时回家。

小印今日十一周月，是按阴历计算的。今天是四月初七日，我们大家为他吃了寿面。

北京市文代大会即将于28日召开，我向老舍先生去了一个信，申请加入。

1950年5月24日

上午11时半，主任秘书马恩沛同志找我谈话，说部分同志对我在校[1]的时间太少提出了意见。我当面回答他：我除星期四以外，其他时间都在校。不在校的时间也花费在为同学们找教材、校改讲义或批改文卷。这些工作也就等于理工科先生们布置实验、指导实验一样。他们看不见我，正如我看不见他们一样。我话虽这么说，心理上不免一层阴影，教国文的人要想在工业学校生根是颇不容易的，还是迁地为良的好。

下午四时与雅彬[2]去中央看《清宫秘史》[3]。

昨天收到《人民日报》"人民文艺"的信，说我那篇漫谈"莲花乐"的文章，已转寄《光明日报》的"民间文艺周刊"[4]。如不用，已嘱马上退回来。

---

1. 重工业部国立高工。
2. 即吴奔星夫人李兴华（1921—1993），河南人。苏州国立社教学院毕业，曾在北京、苏州、南京任中学语文老师。
3. 《清宫秘史》是香港永华影业公司于1948年摄制的一部历史题材影片，编剧姚克，导演朱石麟，由舒适饰光绪皇帝，周璇饰珍妃，唐若青饰西太后，洪波饰李莲英。影片完成之后，便在香港上映。1950年3月在北京、上海等地上映。
4. 《漫谈莲花乐（上）》6月4日发表于《光明日报》副刊"民间文艺"第14期，《漫谈莲花乐（下）》发表于6月11日《光明日报》副刊"民间文艺"第15期。

1951年8月30日吴奔星与夫人李兴华偕女吴心京（当年3月5日出生）摄于北京真光摄影社。

黎先生[5]说，符定一（宇澄）[6]老先生托他找一位英文秘书，黎先生本要我去，我恐胜任而不能愉快，推荐了三哥[7]，并为他写了一份履历，交给黎先生。

1950年6月4日

于刚（陈泽云）[8]偕其爱人程绯英（陈德明）于午后三时来访。

1950年6月6日

今天是教师节[9]。下午二时参加乙班座谈会，我讲了几句话，同学们也一再表扬了我的教学成绩，黑板报也有一篇《我们的国文教师吴先生》。那样颂扬我，我非常惭愧。散会时，同学们把我和校长[10]等举起来，叫作"坐飞机"，我坐了两次。四十岁的人了，被孩子们举起来，真是返老还童了。

主任秘书找我了解情况，说重工业部来电话，卫生部有函给重工业部，因湖南会馆事了解我的情况[11]。

1950年7月9日

星期日，上午赴高工开会，至十时许赴湖大校长李达[12]先生处，他写了一个条子要我同中文系主任谭丕谟[13]通信接洽教课的事。

下午赴贺先生[14]晚宴。她宣布我十号四十大寿，等于替我邀请了客人，如胡庆华、曹鳌[15]、黎锦熙诸师友都打算来。

5.黎锦熙，湖南人，语言学家。吴奔星1933年到1937年在北京师范大学国文系读书时的老师。
6.符定一（1877—1958），湖南衡山人。清末毕业于京师大学堂。曾任清政府资政院秘书。辛亥革命后，曾任湖南省教育总会会长、湖南第一师范学校校长、北洋政府安福国会众议院议员、财政部次长、盐务署署长等职。曾创办衡湘中学。1949年出席中国人民政治协商会议第一届全体会议。曾任中央文史研究馆馆长、政务院文化委员会委员、全国政协委员等。
7.吴士醒，北京大学英文系毕业，后任山东师范大学外文系教授。
8.于刚（1914—1994），湖南长沙人。1934年考入北京师范大学文学院历史系。1949年后任周恩来总理办公室秘书、统战部副秘书长等职。
9.1932年，民国政府曾规定6月6日为教师节。1949年后曾沿用过一段时间。
10.1949年12月26日，重工业部部长陈云签署重人字56号令："兹任命高锡金同志为国立高工副校长。"
11.1950年，经北京市人民政府民政局批准，北京湖南会馆成立"湖南省人民共同财产整理委员会筹备会"，吴奔星担任筹备委员，协助主任委员黎锦熙工作。吴奔星作为"最负责任之督导人"，因触动把持会馆财产并中饱私囊的原有负责人杨继武的利益，遭杨继武唆使长班殴打。（见《北京会馆档案史料》，1223页和1230页，北京出版社，1997年）
12.李达(1890—1966)，字永锡，湖南零陵人。中国共产党内著名的马克思主义理论家之一。1949年任北京政法大学副校长；1950年至1952年任湖南大学校长；1953年至1966年任武汉大学校长。
13.谭丕谟（1899—1958），即谭丕模，文史学家。湖南祁阳人。曾任中山大学、湖南大学、北京师范大学教授。著有《新兴文学概论》、《文艺思潮之演进》、《中国文学史纲》、《宋元明思想纲》、《清代思想史纲》等。
14.即贺澹江（1907—1983），黎锦熙夫人。长沙名士贺长龄后人，祖母黄杏生是辛亥元勋黄兴的大姐。
15.曹鳌，湖南人，早年在长沙第一师范读书。研究回来告诉兴华，她说：一做寿又得花费百多斤小米，将来小印满周岁，又做不成了。我说：一定庆祝一下。

1950年7月10日

今天是夏历五月二十六日，我的生日。先两天，兴华买了一只大母鸡，同乡的朋友们误会我做四十大寿，上午送了许多寿面寿桃，陈列在会馆正厅中，俨然是一个老头子做寿的神气，很滑稽，也很难为情。

晚上吃饭连小孩子竟有三桌，帮忙的人最后还有一桌。

贺先生说：你四十年来没有热闹过的，热闹热闹也好。

记得齐白石老人在七十五岁时，舒诒为他算命，说他难得过去，他就瞒天过海，到了生日那天，说他是七十七岁，现在齐老已九十岁了。我现在实只有卅八岁，如果也可加寿的话，加一番就是八十岁，岂非变成老妖怪了[16]？

1950年11月1日

晨起复叶圣陶[17]一函，婉拒前往出版总署工作之约。

1951年3月5日

上午十一时四十二分，小京生于北京建华医院。

1951年3月21日

晚间贺先生以电话通知，《察哈尔文教》寄来六十多万元版税（657120元）。

1951年10月10日　星期三

上午八时访杨潜斋[18]，同赴教育学院[19]看蒋怀奇副院长，不晤；与周学根[20]、王凤两先生谈片刻，即过江，至汉口，赴永康里16号，访大刚报副社长曾卓[21]（庆冠），即在

古音韵学。吴奔星在北京师范大学文学院国文系读书时，曾任文学院助教。曾1949年后曾任内蒙古师范学院教授。

16. 吴奔星2004年去世，享年91周岁。

17. 叶圣陶（1894—1988），原名叶绍钧，字秉臣，汉族人，江苏苏州人，作家、教育家、编辑家、文学出版家和社会活动家。时任出版总署副署长。

18. 杨潜斋（1910—1995），湖北武昌人，毕业于武昌湖北省立文科大学，从事文字、训诂、语言学理论的教学与研究，曾任华中师范学院中文系教授、中国训诂学研究会副会长。

19. 指湖北教育学院。其时湖北教育学院聘请吴奔星为兼职教师。

20. 周学根，湖北人，曾任华中师范大学历史文献研究所副教授。

21. 曾卓（1922—2002），原名曾庆冠。笔名还有柳红、马莱、阿文、方宁、方萌、林薇等。原籍湖北黄陂，生于湖北武昌。1936年加入武汉市民族解放先锋队，武汉沦陷前夕流亡到重庆继续求学，并开始发表作品。1940年加入全国文协，组织诗垦地社，编辑出版《诗垦地丛刊》。1943年入重庆中央大学历史系学习。1944至1945年从事《诗文学》编辑工作。1947年毕业后回武汉为《大刚报》主编副刊。1950年任教湖北省教育学院和武汉大学中文系，1952年任《长江日报》副社长，当选武汉市文联、文协副主席。

曾处午餐。

饭后,与潜斋赴中国图书发行公司看书,买《人民文学》四卷六期及《新中华》第十四卷18期各一册,又买许杰[22]近作《鲁迅小说讲话》[23]一册。之后,赴一西药房买万金油一盒,始与潜斋告别。

在汉口一百货店为千帆[24]购胶底帆布鞋一双,价六万元。

返校时已六点,不及上山吃饭,即邀千帆夫妇、女公子及其老太爷在车站吃面。

千帆告我,土改工作团第一分团后日六时离校,明日当可准备一日。返舍后,将内衣裤洗濯,晾于靠椅。

1951年10月11日　星期四

下午听千帆说:去汉川的小火轮机件发生故障,明晨走不了,与其中途抛锚,不如后天走。

兴华八号的信,今天收到。

买了几枚鸡蛋,准备明天当早点的;明天既然不走了,就留着后天吃。

到俱乐部看报,见十月七日《人民日报》有雪原同志一篇介绍《铜墙铁壁》的文字[25],我正好在看这部十八万字的长篇小说,发现雪原同志的介绍只不过一点儿皮毛。

《说说唱唱》[26]来信说《永不掉队》没有表现主人公的心理矛盾,有些语言不太好懂。

1951年10月13日　星期六

昨晚彻夜未眠。四时起床整理行装,五时整请大师傅挑行李下山。乘汽车至江滨。搭郧县号小火轮赴汉川,八时许开头,下午三时许到埠,当在县委会休息。

晚饭系昨日所准备,菜已有败味,米中有泥沙,稗子特多,经开水一冲,即漂浮一层,颇难下咽,但亦勉强吞下,以资果腹。平常吃好了,这时正可锻炼一下。夜间五人同床,均睡地板。

1951年10月14日　星期日

下午二时张政委报告土改问题。张系河北人,曾参加地道战,久经锻炼的老干部。但他的口语,南人多不懂。此时汉川正召开各界人民代表大会,多工农代表。休息时,我问他们懂不懂,他们说十句懂两三句。这原因不外两个:南北距离问题及文化水平问

22.许杰(1901—1993),文学家、教育家、文学理论家。原名世杰、字士仁,笔名张子山。浙江台州天台人。
23.上海泥土社1951年出版。
24.程千帆,湖南人,古典文学研究专家,时任武汉大学中文系主任。

25.文章篇名为:介绍柳青的新作《铜墙铁壁》。
26.曲艺刊物。月刊,三十二开本。大众文艺创作研究会编辑,李伯钊、赵树理任主编。1950年1月在北京创刊,1955年3月停刊,共出刊63期。

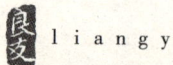

题，后一问题实由地主阶级长期剥削所造成的。因此，在农民分地之后，必有学习文化的要求。

下午七时，张政委召开座谈会，许多教员和同学都向张政委表示决心和不怕苦的精神。

发家书一通。

张政委（信）报告土改问题

本县土改刚开始。今天打算讲两个问题：

1. 为什么要土改？
2. 怎样进行土改？

今天主要是将本县的情况证明刘少奇同志的报告中所讲的道理。

共同纲领规定将对半封建的土地所有制，变成农民的土地所有制。因为我们国家的土地所有制不合理，所以要改变。乡村中占人口不到百分之十的地主，竟占据百分之七八十的土地。他们以占据的土地，长期地剥削农民。本县是老区，曾在各个革命时期作为根据地，但基本情况并无变化，封建势力仍占用大量土地进行剥削。农民年年交课借债，几年之后，竟将土地卖出去了。有一个萧姓地主，五十年间以剥削方式得来一百亩田。

解放后，进行过减租反霸，但基本情况还未改变。今天地主阶级仍照在县中操纵村级政权。十一区和平乡有所谓八大金刚、四大天王、一只猴子、一只老虎，都是吃人的。正如刘少奇、邓子恢同志所说的：上层解放了，下层并没有解放。

以上是从封建的一面看情况，基本上没有变化。

再从农民一面看看：百分之九十的农民仅占百分之二三十的土地，人多土地少，就得靠其他办法过活，如砍柴、捕鱼……长年劳动，吃不饱，穿不暖。本县今年因没有倒土，农民生活情况较好。

多数农民掌握少量土地，就无法发展生产。正如邓老所说：封建势力严重地束缚了生产力的发展，农民一方面无法供给工业所需的原料，一方面又无力购买工业品。因此，土地不改革，直接影响生活，间接影响了工商业的发展。如果农民分了田，这些问题便都能得到解决。

封建势力不推翻，就形成生产上的障碍，如果不经过激烈的阶级斗争，土改变成和平分田，结果是明分暗不分。如果进行了土改，就对国家的工业化创造了基本条件。以上算是第一个问题。

消灭封建要彻底，但是不要闹。

1. 首先依靠贫农，因为土改是为了贫农。贫农是乡村中无产阶级、半无产阶级，他们是乡村中受压迫受剥削的最下一层。他们坚决勇敢、积极彻底，土改是阶级对阶级，只有依靠乡村中的无产阶级——贫雇农去反乡村中的非无产阶级，土改才能彻底。

要依靠贫雇农，必须首先满足他们的要求，至少适当地满足他们，他们没有生活资料、生产资料，不满足他们就无法依靠、不能依靠。同时，使他们往其他方面打主意去了，满足贫雇农的要求必须限制在反封建的范围内，不得反资本家，反工商业。

土改中间必须贯彻总路线——依靠贫雇，团结中农，中立富农，孤立地主，有步骤地消灭封建地主阶层。

对地主阶级是劳动改造，但劳动改造前，必须首先打倒其威风，不打倒他，他便不服从劳动改造。

对一般地主是没收五大财产，不要吊打非刑。

在一乡有些恶霸地主关在牢中，有的当审判官，有的诉苦，当作一种被审判时的准备工作。

有些地主要自己的女儿跟村级干部搞"皮绊"，这是最辣手的一套，地主阶级又奸又狡。

所谓依靠贫雇农是依靠他们的坚决主张，彻底行动，事实严明，不斗争就不成就。解放后，地主阶级逃避斗争，分散财产，他们装成穷相，穿件破衣，你如果不在划阶级时斗争他，就扣不上他地主阶级的帽子。当时靠贫雇农孤军作战，也是不行的。必须要坚决团结中农，贯彻中贫农是一家的原则，因为中农也是受压迫受剥削的。但是不能依靠他，依靠他就易发生妥协现象。团结中农是保护他的财产，不必要他参加什么会。至于中立富农，原因是富农一般的是站在地主一边。富农是乡村中的资产阶级，在某一阶段，他在生产上也起了一些作用。不过富农中也有反动富农，也有属于恶霸的，不能当一般富农看待。所谓保存富农经济，不是单纯地为了保存他的财产，主要是为了保存中农。正如毛主席所说：富农站岗，中农睡觉。这不但是方法问题，应看作政策根据。

2. 城区的民主改革在土改时期暂时停止，因为全县有五十万人口要进行土改，领导上不够分配，精力不够，加以还要修堤。

3. 抗美援朝、镇压反革命，继续贯彻。

4. 修堤工程计划在土改期间尽量缩小。

5. 建立坚强的领导，成立县的土地改革委员会，由政府有关部门的人员参加组成之，约11至15人。

1951年10月15日　星期一

晚七时开联欢会。

1. 首先张政委致开会辞。

2. 接着农民代表讲话（四位）。

3. 接着工人代表讲话（一位）。

他们形象忠厚，语言朴素，一致要求土地，彻底翻身。

4. 部队同志讲话。

5. 汉川土改队同志讲话。报告双庙乡土改情况，汉川土地一般分散，唯双庙乡较集中。

6.八区农代讲话。说过去被踩在脚板心里过日子，残酷极矣。

7.又一农代讲话。

8.又一农代讲话。

9.又一农代讲话，年约五十以上。

10.又一农代讲话，慷慨激昂。

11.又一农代表示感谢毛主席。

12.城关镇市民代表讲话。

13.一区农代讲话。

14.工人代表讲话。

15.全体工人代表讲话。

16.七区工代讲话。

17.又一农代报告某保长压迫人民情形。

18.六区农代欢迎土改团。

19.又一农代讲话，控诉地主恶霸。

20.又一农代报告地主分散财产情形。

21.九区农代报告地主恶霸情况。

22.又一农代表示希望之意，他是二区，介绍该区恶霸地主。

23.一机关代表说明汉川情况并表示欢迎之意。

农民代表的话，尽管词句不连，但抓住他们一星半点，玩味不尽。

1951年10月16日　星期二

上午八时座谈内容：

1.襄河对汉川人民的经济生活的影响以及汉川人民政治生活的特点。

2.如何充分发动群众。

3.团结问题。

程：汉川人民因水兴关系，居无定所，安土重迁的思想比较少。

赵：今年堤未溃口，使人民对政府的信心提高了一步。

阮：①联欢会的优良影响。

②农民存有小□²⁷天的思想，我们表示决心——□□不走是不必要的。

③语言问题。

下午二时半各小组汇报，由张政委酌答。

张政委解答问题（下午八时）

1.如何发动群众。

2.怎样叫做斗争？

3.政策问题。

4.中心工作与一般工作的矛盾如何解决？

5.整顿作风，加强团结。

1.如何发动群众：

三条路线：阶级路线、群众路线、组织路线。

阶级路线：依靠贫雇，巩固地团结中农，中立富农，有步骤地消灭封建。

光三同三心还不够，必须为贫雇农办事，满足他们的要求。不满足则不能依靠。中农思想上是向着地主，想做地主，但由于

27　字迹不清。下同。

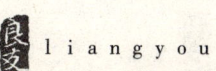

被压迫、剥削，往往复成贫农，因此，这个阶级最不稳固。

对中农不排斥，不打击，不伤害，就能巩固团结。保护他们而不侵犯他们。如有中农当过保长的，拉过壮丁的，只能做政治斗争，不能做经济清算，否则，犯了错误，就要退还、赔偿、道歉。

富农是乡村中的资产阶级。他的生产好，不但对他家好，同时也对国家好，因此，不能打击他。不过，中国的富农带有很大的封建性，因为富农也有做恶霸的，也剥削别人。他请长工，封建性很大，他一时一刻都没有忘记向地主阶级发展。富农中有反动的，有老实的，要区别对待，反动富农与地主同样：武装解除，财产（经济）清算，威风（政治）打倒。

没收反动富农时，别忘了为他家属留一份。

至于老实富农，便不能如此，只能征收其出租土地。

如能正确执行，便能中立富农。

必须依靠贫雇，才能团结中农，才能中立富农，才能打倒地主（封建）。

群众路线：多数群众的自觉自愿制度。

当群众不知不觉时，我们的任务即是教育启发。

当群众要行动的时候，就要导入正轨，向正确方向发展。

反对尾巴主义及先锋主义。应当站在群众当中，领导群众，把政策教给群众。

从群众要求，从群众水平出发，才能使群众自觉自动。听、看、分析（调查研究）是了解群众要求及水平的方式。然后教育启发，提高一步——即提高其阶级觉悟。

划阶级有三条道路：

1.干部划群众，怨声载道。

2.少数划多数，一声吼的办法。

3.以上二种非群众路线，必须大多数群众起来划，三查三诉。

三查：查发家史，查劳动，查隐瞒，对敌人是查，对自己是诉，其实还不止三查。群众自己划，多半是互相比较。

组织路线：即访贫、问苦，扎根串联，一步一步组织群众，不致使地主阶级混入。同时，可自然地解决宗派斗争，当然，最基本的还要加强阶级教育。

由这种组织路线搞起来的队伍，才可自觉、互信、公信。（有大家信任的领袖）

根子的条件：苦大仇深，常年劳动，作风正派。

对根子的要求：

1.敢反映情况（包括诉苦）。

2.敢于串联。

建立感情的办法：

1.不怕吃苦。

2.帮助生产。

3.发扬优点。

由访贫串联而来的群众就是干部，再由

他们审查旧农会，去假留真。

　　进村时就应直接走访贫串联的组织路线，不是走干部路线。做到群众敢说话、敢斗争，就达到了目的。

　　发动群众最容易发生包办代替强迫命令的毛病，必须注意避免。办法是：

1. 我们做，群众看。
2. 群众做，我们看。
3. 群众做，我们指导——检查、督促、帮助。

1951年10月17日　星期三

上午七时半张政委继续报告。

发第二封家信。

一中队到英山乡，由二区区委王清和同志领导。

晚八时在月光下开联欢会，互相鼓励一番。

1951年10月18日　星期四

上午十二时乘云梦号轮船由汉川赴马口[28]，水程卅里，开到马口后，尚须步行八里才到英山乡。

今天大概是黄道吉日吧，襄河两岸抬花轿娶亲的有好几起。张政委说，地主造谣：未出嫁的姑娘不能分田，因此农村中嫁女的特别多。

28　湖北省汉川市马口镇。

船到系马口已一时半，在镇公所休息，各分盐烧饼三块。三时整，徒步出发。到英山乡口，即有妇女会、小学之腰鼓队郊迎。到二区政府时已四时，四中队师生们已先到。

晚饭后参加黄冈乡都霸大会，斗争恶霸王公立。他相当狡赖。人民初步算账，要他拿出谷子218石，他只承认80石，还要两月交还。他很想藉此拖过土改关。据说他还有血债，可能予以镇压。

1951年10月19日　星期五上午

二区区委王清和报告。

二区五万三千人的翻身，都落在我们肩上。一切要从团结上实现我们的光荣任务。困难是最初与农民见面，但有办法克服。今天报告一下在黄冈乡取得重点的经验，只是介绍些实际情况及决定人员如何分配的问题。

先请黄区长报告情况：

我也只了解大概，详细了解要靠大家去了解。我来此一年半。

本区田少人多，共有七万五千多亩田，每人平均一点五亩天。因此人民不能全靠土地生活。靠北平原部田地较多，每人平均有一亩八九分到二亩二三；南半部平均只有一亩二三分。老百姓除了靠田地外，只有靠襄河，将生产所得运往汉口。南半部人民除土地吃饭外，秋后多半到嘉口、宜昌、沙市一带卖糖，做其他小买卖生活，另一部靠南面一条小河直通汉口做小生意。

本区共有六个乡，均有乡政府、妇女会，也有发展了青年团的，也有好几个村子开始组织了贫雇团，实行反霸。有十四个村人员不纯，多半贪污，一部分包庇地主，一部分是国民党的连排长和壮丁；一部分是流氓，虽搞过减租反霸，但利益不大，只涉及他们的亲友。

本区自解放后，□□水淹人民生活还差不多，有山有湖，旱田与水田相仿，有两大特点：

1.群众对共产党对人民颇有了解，在大革命时代相当出名，有两□一老，湖北农学院长童氏即本区人氏。革命失败后，人民大受摧残。因此，现在人民有顾虑，不过，小一些。他们怕我们走了，他们不得了。

2.解放后，国民党的地下组织有一专员，现已枪毙，其他的国民党的□□军统、中统人员颇多，镇反时本区被捕杀者也多，已杀七八十人，关者100余人，已捕而未判者二千多人。被镇压的起码杀过四五人，甚至二三十人的，杀一两个人的，尚在关押。

另外，地主阶级非常狡猾、顽抗，没有一个地主老老实实把田地拿出来的。直到今年秋征，地主还在对抗，甚至公开抗拒或暗害干部，或最终操纵。现在好一点，有一些老实地主已经退押，但大部分还未退。今天秋征，上级指示：自觉自愿完成任务。本区三百万斤，现已交足二百五十万斤，比去年情况好多了。群众认识到多交一点粮，政府就多能给我们办点事。特别是迫切求分田，完成土改。

人和乡：去年曾搞过一次重点，已镇压了两个恶霸地主。有妇女组、共青团、民兵、农会，有八九十个干部。恶霸姓王的，已镇压两个，现在还有一个。

英山乡：恶霸已杀了八个，对地主的打击还不够，他们非常顽抗。前几天（十四）正开代表会，他放火，跑了，他说：毛主席他都不怕。他是看了黄冈乡的土改声势浩大，他不服气。他的□□兄弟劝他，他也不听，最后就把自己的房子烧了。由此，可知地主阶级顽抗非常坚决。

晚上重新调整小组，把五组改为四组，每组并加入农民代表四人。分组后，由一同志介绍英山乡情况，之后，各组自由漫谈，以天气特冷，提前结束，打算明晨漫谈。早饭后，即到分配的村湾去看地形。

1951年10月20日　星期五

上午九时赴檀树湾、汪家沱、西山湾、廖家嘴、卢家嘴等处。有一贫农为卖花生数斤，谢以三千元。

多数老百姓对土改毫无认识。我们去了，他们以为是查户口的。有农民干部告诉他们：是来帮助你们翻身的。他们似乎不懂翻身一词。我就建议他：干脆说帮你们分田的好了。千帆说：工农干部喜欢掉名词，知识分子下乡处处□名词，倒很不错。

晚七时谈今天下乡的工作，并就领导问题，吃住问题等交换意见。

1951年10月21日　星期六

上午八时检讨昨天下乡访贫工作。第一分组较深入，所得材料较多；第二分组公开向农家表示了借住之意。

早饭后王政委报告进村后交代政策、说明来意时，应贯彻依靠贫雇的路线。对中农富农也要说明，即使地主来打听，也该予以说明。见什么人说什么话。我们的目的是发动群众，如果是单纯的访贫问苦，将陷于鼓励。

我们要表明：打不倒地主不走，分不到田不走，贫雇当不了家不走。

我们要说明来意：土改以及有关土改的政策。

要说明保护谁，消灭谁，靠近谁是光荣，靠近谁是耻辱。

中农是骑墙派，两边倒。

妇女工作在发动群众时最重要。

要建立农村的统一战线，打倒封建。

晚饭后迁至贫农杨金香家。

1951年10月22日　星期日

昨晚与缪肃庭（琨）[29]兄同睡一榻。半夜忽然下雨，幸喜不大，只有麻烦西蒙同志至□□□。

上午七时半才起床。八时许吃早饭，农民的米比区署的好些。吃的菜有腐乳、腌豇豆、炒咸菜、酸萝卜片，都是自作的。农民说：他们很少到市上去买菜。我们吃起来味道颇佳。

上午十一时召开本小组所属各村湾的群众大会，地点在乡公所。到的贫雇农约有五十多人，还有地主三人。首先由乡长王香林作介绍，接着是小组的工作人员讲话，到十二时才散会。

本湾（植树湾）有农会代表余东甫及妇女代表何云芝。

晚间贫雇会发言要点：

1.别怕地主（该打、关、杀）。

2.不要为地主做事。

3.打破情面。

4.妇女也要起来。

5.分田以后的好处。

1951年10月23日　星期一

---

29. 缪琨，江苏东台人，古典文学研究专家，文革前执教于武汉大学中文系，是"五老八中"的"八中"之一。1942年考入武汉大学文科研究所文史学部学习，获文学硕士学位。入武大后任讲师，文革后不久逝世。曾与程千帆合编《宋诗选》（古典文学出版社1957年版）。

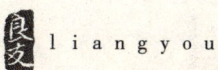

早饭后，各分组汇报昨晚贫雇农会议情况。会后与缪肃、阮宝洲[30]赴马口。送信、购物，并吃了一些点心。

晚饭后，赵君奇[31]传达中队汇报结果。

贫农余小和之妻报告：她家正在整修房屋，地主廖本林愿赐予他一些砖修补。她问可不可以用？我们对她这种作风表示欢迎，并且予以鼓励，因为她已初步树立了阶级意识，知道了地主与她们是敌对的阶级。

我们的房东贫农杨金香夫妇也有些觉悟。他说：在你们没来时，我们不敢批评地主，现在我们敢说话了。有一地主名叫汪杰，解放前，我们碰着他，总是叫"汪叔叔，上哪儿去？"他总是鼻子里答应：恩。架子很大。现在呢？我们相见时，总是他先来打招呼：杨大哥，上哪儿去？对我们非常客气。

我们说：这不是他们对你客气，而是因为你们翻了身，做了主人，他要垮台了。

他问我们说：解放后，地主对我们倒还客气。解放前的苦处，十多年前的苦，口还能不能说呢？

这就说明他有苦未说。我们当然鼓励他们说。但是夜已深了，等以后慢慢启发。

---

30. 阮宝洲（1927—），湖北红安人，1953年毕业于武汉大学中国文学系。历任中师教导主任、副校长、教育学院教务处长，鄂州市副市长兼任职业大学校长。
31. 赵君奇（1927—1983），湖南湘潭人，时为武汉大学中文系学生。后任武汉二中语文老师。

这一个贫农本质是好的，常年劳动，作风正派，态度积极，可以作为开展农民群众运动的根子。

缪公问杨金香：你对分田有无信心？他说：有，你看我已写在爱国公约上吗？的确，他家的爱国公约贴在神龛上。

1951年10月24日　星期三

上午赴新屋台看一组诸同志，十二时回来。千帆适自区上来访。

下午七时半开贫雇会，到贫雇男女八九人，目的在启发他们的阶级意识，申诉对地主的仇恨，以便组织他们对地主展开斗争。

发言要点：

1.表扬余小河（并不以狗腿目之，暗藏不如明分）、杨金香、何玉芝。

2.民兵看守地主分散财产。

3.重申不为地主服务的思想，提高觉悟程度。

4.分田地区并不限于本湾。

5.过去的仇恨都可清算，举汪杰为例。

贫雇农经过启发后，纷纷发言，有的诉苦，有的检举地主廖本林分散的财物，有的表明与地主并无牵连。一般都表现了觉悟程度在逐渐提高。

1951年10月25日　星期四

偕缪公赴童家岭访周大璞[32]先生。回时参观英山小学。

下午赵君奇传达中队部汇报情形。

自在武汉接兴华十月九号信后，已半月未得家信。

1951年10月26日　星期五

下午七时开中贫农会议，发言提纲：

1.为什么要团结中农。

A.中农贫农是一家。

B.中农也是被压迫的，由中变贫由贫变雇。

C.中农只有靠拢贫农才有生路。

2.反破坏、反分散、反隐瞒、□□□。以章家□为例，查□。

3.贫农中农对工作队的招待不必铺张。

廖本林欠余子清堤工卅多个（1949至1951年总数）。

1951年10月27日　星期六

得兴华函，家况康宁。

晚开根子会。

1951年10月28日　星期日

上午召集地主廖炳林、汪天新之子训话。

十一时半与缪公赴马口，送家信一件，并小吃一顿。

下午七时开中贫农会议，贫农余小河报告廖炳林有放火阴谋。经贫农全体决定，扣押区署，当即执行，由千帆随民兵押解而去。

1951年10月29日　星期一

上午千帆带来自武大转来信件多起。

下午汉川文工团在童家岭用汽灯表演连环图画，第一个叫土地还老家。中休时，王政委及程千帆向群众讲话，接着又演《鸭绿江上的血泪仇》，系根据王明希的《渔夫恨》唱词所绘，说明者照念原词，群众多不领会。

1951年10月30日　星期二

函复孙乃蓉、卢南乔[33]并致书三哥。

晚看汉川文工团演出汉戏《小放牛》及《九件衣》。

1951年10月31日　星期三

晚在乡公所开全乡积极分子大会，由千帆作报告。中休时，各组分别小组漫谈。

32.周大璞（1909—1993），语言学家。出生于河南省固始县李店乡周围村一个没落的地主家庭。生前曾任武汉大学中文系教授、系主任，古籍研究所所长。

33.即卢振华（1911—1979），湖北黄冈人，吴奔星北京师范大学国文系同班同学，后任山东大学历史系教授。

1951年11月01日　星期四

得兴华函，内附《语文教学》及《人民日报》函各一件。

晚开中贫农会议，当场将汪家沱恶霸汪杰捆送区公所。汪杰与上次所捆之廖炳林一样，当被捆时神色自若，蛮不在乎，岂其貌视法纪乎？拟系一般所谓假象乎？

余小和之妻熊氏告我，廖炳林还有一个木制蒸笼及长板凳一条在她处，并说她前所报告用地主廖炳林之砖一共三千块，约合人民币四五万元。她家这次盖房子，因经济困难，橡皮当短少四分之一，因此房屋不能全部落成。

张秋实来函，报告她已将我的通讯处告诉伊兄拱贵矣！

1951年11月02日　星期五

兴华寄来首批报纸——光明[34]，十月廿五——廿七，共三份。

晚间在王家祠堂开全乡贫雇代表大会，同时，在各湾开中贫农会议，收集地主恶霸廖炳林及汪杰的罪证。

25日的《光明日报》读者来信一栏，有齐心君对我编的中级语文课本第二册一个长征女战士的回忆提出意见，说蛮地、蛮人应加修正。我已草拟说明之复函一件。

1951年11月03日　星期六

兴华十月廿九自京来函，今天收到，总计行程需要五日。

人民文艺丛书之一《永远前进》[35]，只差一篇就看完了。以"改造的开端"和"幸福"二篇最好，因为这二篇读后留下了深刻难忘的印象。

晚间成立贫雇小组，选举正副组长及代表共三人。

1951年11月04日　星期日

上午查封地主廖炳林的财产。在仓下搜出地契，在稻草堆中搜出麻油三瓶。说明地主阶级最不老实。

晚开贫雇小组联席会，有贫农刘树索、吴树清、余运海等诉苦。刘有吃肉的故事，余有鸡子被杀的故事，都是被地主压迫的事实。吴有地主对他改口的故事，是翻身后的新气象。吴浑名洋哈巴，又叫斋公，女人是瞎子，都不叫名字径呼瞎子。今天吴查封地主汪杰财产时，汪杰的老婆公然叫他树清哥，叫他老婆金梅姐。

又有刘树棠反映，毛主席领导我们翻身，扯掉家神（历代宗祖），挂起毛主席像来。

这些新人新事，都值得写成作品。

---

34. 指《光明日报》。

35. 刘白羽、生木等著，新华书店1950年8月发行。

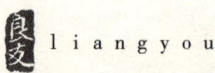

1951年11月05日　星期一

下午开妇女会,有杨老太诉苦。

气候转冷,明日须穿毛裤矣。

1951年11月06日　星期二

昨夜开始大雨,今天中午稍停,至晚饭时又开始下着。

谭元堃[36]同志来函,告以工农教育处语文研究工作基本停顿,希望我于明春回京大力开展。

余小和新屋落成。他的老婆说:往日住茅屋,下雨的时候根本感觉不到,直到漏雨时才能挪动被褥。现在住瓦屋,雨一下就听到叮咚的声音,就是漏雨,也可以事先预防,同时也知道哪儿漏,哪儿不漏了。她说后,非常感谢毛主席带来了好光景。的确,暴风雨来袭,他们就事先知道消息了,不像先前要等雨淋到头上才知道。

晚开贫雇会议,何玉芝主席。她是一个文盲妇女,居然能说话,并且非常有条理,真是难能可贵。会议的内容是决定斗争地主恶霸汪杰。

1951年11月07日　星期三

上午与老缪赴马口理发并取款。

晚开中贫农会议,讨论明天斗争恶霸地主汪杰的事。

1951年11月08日　星期四

早饭后全乡斗争汪和清(杰),结果他答应了20天内交出一千万元。

晚饭后开贫雇农会议,总结上午斗争会并启发贫雇农如何诉苦斗争。

晚上的会,首先召训地主廖炳林的老婆及其姑娘,然后开会,最后留贫雇小组商讨。这样一个布置使会议胜利结束。

1951年11月09日　星期五

自接兴华上月廿八日来信后,已快半个月了。《光明日报》也只收到三份,不知是病了,还是出了什么差错?

晚开斗争会,斗争童家岭地主童叔根及他的嫂嫂(她掌握家庭经济)。他们相当狡猾,结果不如斗争汪杰那么好。

今天一早幺婶娘余刘氏喊着:吴先生,我加入贫雇小组行吗?这证明贫雇农的政治觉悟正在提高。我答应她:欢迎。等贫雇小组讨论后决定。

早起,屋后鸟声嘈杂,鸟的种类相当多,有的还很美丽。古人说:好鸟枝头皆朋友,落花水面亦文章。经过月来的体验,觉得这两句诗决非农民的情感,只充分表现了封建士大夫的闲情逸致。

36　谭元堃,西南联大毕业。时任北京市人民政府工农教育处副处长。后任北京市教育局副局长、北京市成人教育研究会顾问、北京联合大学首任校长。

1951年11月10日　星期六

收到兴华十一月十五日自京所复家信及《光明日报》6份（10.28-11.3）。

正午赴汉江寄家书一件。

晚开贫雇小组会议，农民们对余子清老汉与地主廖炳林瓜葛不清，展开了热烈的批评。

1951年11月11日　星期日

千帆出示陈登恪[37]先生致其一函，抄附中南区教育部致学校函一件，原文如下：

奉中央教育部十月十二日函开：据北京市人民政府文教局报告称：今年八月武汉大学未征得该局同意，迳自洽聘该局工农教育处干部吴奔星，此属无组织无纪律的现象，一则影响工作，二则使人事处理上造成紊乱。为防此现象，特请你部酌情处理，并促吴奔星速返北京市文教局工作。因特转知你校，希望吴奔星速回北京市文教局工作，并盼见复。

正午斗争恶霸童延龄，晚开中贫农会议。

1951年11月12日　星期一

晚间继续斗争童延龄。

首先童梁（喜贞）氏说话：你卖了我的媳妇，半夜三更灯笼火把来抢，使我没得吃的，你真狼心狗肺！你卖了九十三块。

其次是余王氏诉苦：他没有屋住，要大家捐钱给他造房子。他的牛吃人的庄稼，不但不赔礼，还要人家陪小心。他逼人卖田，他说解放军来了，你们会吃草，国民党在，穿吃□□。

辛未年：我欠他两吊钱，他把我的床搬去了。

恶霸说：人民政府不兴打人。

大家说：恶霸也不打？

贺澹江来信希平等对待孩子，并□为金、心二儿添置棉衣。

张启佑来信借款二三十万元。

1951年11月13日　星期二

早饭后，在区署开干部会议，廖一志报告：

贫雇小组十五个，组员218人。

全乡2402人。

昨天缪公等特赴县城参加拥干会议，约十至半月。

从区上回来，顺便买了24枚鸡蛋。

1951年11月14日　星期三

早饭后，缪肃庭（琨）赴汉川县城开会。

37.陈登恪（1897—1974），古典文学研究专家，武汉大学中文系"五老"之一。诗人陈三立第八子，史学大家陈寅恪之弟。字彦上，江西义宁（今修水县）人。1928年，闻一多出任武大文学院院长，陈登恪受到聘请，前往武汉大学外文系任法语教授，后任系主任。后转任国文系教授，教授唐宋小说，曾任文学院院长。1949年后，为武汉大学中文系教授。

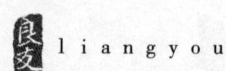

函复张启佑并写家书一件。

晚开贫雇小组会，收集地主廖炳林的材料。

1951年11月15日 星期四

今天收到兴华一信及所寄4-9号的《光明日报》。兴华说：贺先生要借五十万元，黎先生也准备借，加以金筑、心村不听话，弄得她大伤脑筋。

贺（黎）先生自家收入近二千斤小米，也要进行揩油式的借款，实不应该，思想上大有问题。

晚开贫雇小组会，继续摸廖炳林的底。

1951年11月16日 星期五

晚间召开斗争廖炳林的苦主会，并召见其他地主老婆问话。

赴汉江寄家信两件。

1951年11月17日 星期六

上午十二时开会斗争不法地主廖炳林及其老婆童芹芝。群众算剥削帐共一百一十二石四斗。他虽答应两星期交清，但又找不到保人，仍旧交押。

1951年11月18日 星期日

昨晚打好"白石湖是人民的"一文的腹稿，只是白天无暇执笔。

晚开贫雇小组会讨论：

1. 今后斗争对象。
2. 反地主拖抗。
3. 反地主分散财产。

下午傅先保同志的未婚夫来找她到区上扯结婚证，傅同志不允，拟解除婚约，理由是结婚妨碍了革命。我为他们判决：土改后结婚，双方同意，欣然而散。

傅先保是一位天真、朴实、可爱的女同志，由于她参加了我们的工作，使我们接近了、带动了妇女，随而更深入地发动了农民同志，顺利地完成了土地改革的艰巨的任务。她在我的心目中，留下了难以遗忘的形象。我想试一试，通过她的婚事，写下她和我们相处的一段历程，为土改，为私交，留个永恒的纪念。

1951年11月19日 星期一

贺先生来信借款，兴华来信说她已拿走50万了。小印曾病两周，听说现已好了。

土改以后再结婚吧

我们才下乡的那几天，地主阶级就大造谣言，想阻挠土改工作的顺利进行。使农民群众，特别是妇女不敢接近我们。谣言的内容是：

"土改队多半是年轻小伙子，都是来搞老婆、搞皮绊的！"

虽然经我们在群众大会说明来意，表明政策之后，谣言终归是谣言，并那样起到预期的作用；不过妇女，特别是少妇、少女，对我们多少怀有戒心，开会时样子多不自然，妇女晚上开会更不愿踊跃到会、发言，有时还要提前回家。

为了推进工作，区委会派了几个本乡生长的妇女干部来我们队伍工作，分配到我们组的是傅先保同志。

傅先保同志矮个子，圆脸孔，上身是干部服，下身是普通裤子，穿一双头子上绣了花的布鞋。她今年20岁，是离此十来里的舒家村人，从小没上过学，认不了几个字，写自己的名字，都是七歪八斜的。今春减租退押时，她表现得很积极。为了培养女干部，区委调她出来做土改干部。在我们来二区之前，她曾在十一区搞过十来天的土改试点工作，多少取得了一些直接经验，调到我们组后，分配给她的工作是深入地发动妇女。她已主持过两次妇女会，还敢说话，只是一说就脸红。由于文化低，满口是"坚决要翻身、解决打倒地主阶级、中贫农是一家，坚决要团结起来，妇女坚决要解放，……"词汇的变化少，坚决二字特别多，讲话好比喊口号，内容虽没有一贯的条理，对妇女多少起一些鼓励的作用。我们暗地不免发笑，但都避免外露，不断地鼓励她，就这样学习下去，总会讲话的。的确，由于她的话简单，变化少，农村妇女反而容易记得，到现在都会跟着喊口号，口头上也流露出一些新名词。同时，妇女们对我们男同志也敢于接近，不像初开时那么拘谨了，这不能不说是傅同志的功劳。

时间一久，我们也同她说些笑话。在汇报、学习，或者吃饭开始前，一见傅同志进来，同志们总喜欢说：坚决革命到底，坚决要翻身……她也知道是说她，大家就不问原因笑开了。起初她不习惯，后来也就随声附和：坚决要什么了。她很虚心，除了向我们学习政策，如土改法、新婚姻法，还向我们学文化，每天要我写一句简单的实用的话，如：拥护毛主席，拥护人民政府，为人民服务之类。她照着写，学会了，再换别的。经过十多天，她已会写不少的字了。

不过，大家虽混得很熟，总不敢问起她的婚事。我们都以地主阶级所造的谣言为鉴戒。但这里的风俗，多半是指腹为婚，并且一般的都是早婚。有时，我们有必要问起农民们的儿女婚事，也曾顺便问她一声，她脸一红，我们知道局面僵化，便不约而同地说一句：坚决要革命！哄然一笑，轻松了尴尬的场面。

有一天，赵同志告诉我，区上发生了一幕悲喜剧：有一对未婚夫妇要扯结婚证，被刘秘书教训一通。这对未婚夫妇，男的是旧港村的许希富，女的就是傅先保同志。我这才知道早一向提到婚事时，她脸一红的根源。原来她从小就许配了许家，不过，直到今年才见面。半年前许家要求完婚，傅家表示同意。当事人双方见过一两次面后，也同了意。男方准备腊月二十日结婚，特邀女方到区上办结婚手续。这时区委书记和区长都到县城开扩大干部会议去了，由刘秘书当家。刘秘书对傅先保同志说：你现在是干部，事先未征求组织同意，中途抛弃工作，要去结婚，想想看，对吗？

刘秘书的嗓子相当大，傅同志一听之下，红脸得像猪血，一声不响地走了出来，气冲冲地对男的说：不结婚了！男的受了当头一棒，也就没有好声气地回答：不结就不结！

"那么，你退八字好了，另外再找吧！"

"找就找！找不到算我倒霉！"

双方你一言，我一语的，闹得不欢而散。

我听到这里，就对赵同志说：傅同志这么对待问题，不太好。我们该帮助她合理解决。

话还没停板，傅同志来了，我就向她说：

"恭喜，恭喜！"

她一愣，说："什么呀？"

"你不是扯过结婚证书了吗？"

"见了鬼！"她嘟囔着嘴，一屁股坐下，对赵同志说：

"赵组长，请给我写个信，告诉我妈，说我不结婚了，要许家快退八字！"

我说："你太急性了！有问题该好好解决。如果你从前同意，现在因为当了干部不同意，也还是可以的。你不是学过了新婚姻法了吗？那上面不是说结婚须男女双方本人完全自愿吗？……"

她不等我说完："我就是不同意，一不做，二不休，要闹就闹到底。"

"那岂不是坚决要不结婚了吗？"

她一听"坚决"，忍不住又笑了起来。

赵同志说："那个男的我见了一眼，非常体面呀！"

傅同志突然把头低下去了。

我说："你不必急于解除婚约，免得将来失悔！我推想你对他还有相当的感情，只是因为结婚与革命发生了冲突，才心血来潮地要求解约，是不是？……"

我说到这儿，看她一眼，她的嘴角泛起忍不住的笑痕，然后继续说：

"你的意思我晓得：不结婚吧，那个男的实在又值得你留恋；结婚吧，又怕他不准你再出来当干部，左也难，右也难，不能两全其美。经刘秘书一说，你就坚决要他退八字了，是不是？"

她的头更加低下去了。我说：

"为免将来懊悔，你何不说服他不要性急，土改以后再结婚呢？"

她说："婚期之差个多月，他家什么都准备好了，乡下人脑筋旧，什么都图个顺利，坚决不答应，我就只有坚决要退八字了！"

赵同志说："你左也坚决，右也坚决，就让你坚决下去吧。"

我们三人一笑就分散了。

三天以后，日头快偏西的时候，我从鲁家嘴经过山西湾正要往檀树湾去的时候，见山西湾寡妇雷英家门前拥挤着一堆妇女、小伢,迎面走来傅先保同志,手上拿了一把牙刷和一支牙膏。她说刚去镇上发信转来。我才知道她真的请赵同志写了信。她说完,很快地向雷英家跑去,因为她就住在雷英家中。我刚走几步,忽听一声轻微细长的"吴先生",带些焦躁与秘密的气氛。回头一看,傅先保同志正向我招手,许多妇女也正朝我看。我有些糊涂了,加以傅同志又跑来,把身子向我身子擦,把头向我头部挨。我不知怎么回事,倒有些难为情起来,一直等她向我耳语:"那个人来了!"

"哪个人?"我知道她的确有话跟我说,这才平静下来。

"还不是大前天那个人!"

"哦!……"

我会意了,脚步不由自主地跟着她走。

"在哪儿?"

"坐在雷寡妇家,听说好半天了。"

"你打算怎么办?要不要我去跟他谈谈?"

"好吧。"

"你的意思究竟怎样?答应他么?"

"不,还是要他退八字,我才向家里发了信的,也是这个意思。"

"真这么坚决?"

她把我一推:"要去就快去,别扯远了。"

于是我向雷英家走去,扒开封住门的妇女走了进去。许希富坐在竹椅上,头扎包巾,身系腰带,脚蹬草鞋,显得挺精神,挺自然、大方。在乡下,这样的后生是叫人喜欢的。他看见了我,站了起来。我让他坐下,我问他的姓名、年龄,然后靠着他坐下,表示我是土改队的工作干部,故意问他找傅先保同志什么事。

他说:"还不是那个事?"

"什么事?"我笑了。他似乎奇怪我还不晓得他们的事吧,瞟了我一眼。这时傅先保同志也从外面进来,坐在我的后面。我掉头问她:"他说的那个事,是什么事?""我哪晓得,问他吧。"

我盯着许希富。他说:"我和她下月二十日就结婚了,想和她到区上去扯结婚证书!"

"哦,大喜,大喜!……"

我的话还没说完,傅先保从后面把我的凳子推了一下,以为我没有照她的意思说话,她不满意。

"请你向我谈谈几个问题吧:你家是什么成分?你们订婚多久了,见面几次了?彼此印象如何?结婚以后怎么办?"

他说:"是中农,从小就订了婚的。今年春天,毛主席派来工作队搞减租退租时,我们才开始见面,连这次,也只四回。"

他说到这里就停住了,显然对于我的"彼此印象如何,结婚以后怎么办"的问题答不上来。于是我说:"才见四回面就结婚,是不是太急了呀?"

"往日老辈们结婚，是一回面也不见的；我们见了四次还少呀？"

真出乎我意料之外，这个二十岁的小孩说得如此合情合理，使我对他感到兴趣，而且觉得他相当可爱。旁观的妇女也都笑了起来。但我故意难为他地说："傅先保是我们土改队的干部，干部结婚除了本人同意外，还得我们允可，区上才能批准的。你懂不懂得？"

"懂得！"我掉头又问傅先保："你同意了吗？""没有，没有，今早我还发了信回去的！"

许希富不等我说，就抢了过去："怎么没有？前两回见面你都同了意，怎么翻了？当了干部说话就不负责任了哇？"我怕他俩直接争论，就叉开他们的谈锋："不是说话不负责任，在结婚前，彼此都还可以考虑，如果不同意，随时都可表示意见。你也是一样。现在在你们的面前有三条路：一是如期结婚，二是以后结婚，三是解约。你们都有权利自由选择。"接着我向傅先保说："你究竟怎样？"她说："还是要他退八字，我要搞工作！"

我以为她在这儿可能会说一声坚决要革命，哪知她避免了。说明这个女孩子随时在学习，而且在进步。我处在这一对可爱的少男少女间，决不能作左右□，只能作和事佬，因为我体会到女方的思想感情的矛盾——她是对于结婚与工作都感兴趣，有孟子鱼我所欲也，熊掌亦我所欲之势，二者不可得兼，只有硬着头皮说一声退八字。其实我想是可以得兼的。于是我对男方说："你呢？""我当然是走头一条路，要结婚呀！""她为了搞工作，不愿结婚倒是好的，我想她一定是怕结了婚就不能出来当干部了！""结了婚出来当干部，我也不反对！""那么，就不必忙呀！何不等几个月再结婚？""我家新衣也做好了，花轿唢呐租妥了，并且给了定钱，如果一拖延，定钱就糟蹋了！""真的吗？""真的。"旁观的妇女也就为他解释，说预定花轿先交定钱，是这里的风俗。于是我就说："定钱损失了是小事，晚几个月结婚，少一个人吃饭，不就省出来了吗？"

"婚姻大事，老人家都希望吉利一些，改日期不好的！"

旁边的妇女都点着头说："是呀！他说的在理！"

"改日期固不吉利，退八字不是更不吉利吗？"

旁观的妇女都笑了，许希富却沉默着。于是我向他说："你们千百年的好事，我们土改队本来是赞成的。不过，现在的工作正紧，要她去结婚，本也难得抽出时间来！"

"先生！你家看能不能要她请短假，结了婚就出来工作。"

他从旁观的人口中晓得我是大学堂里的一位先生，就加了先生的称呼，样子显得非常诚恳，同时也有些焦急不安。他是极想如期完婚的，所以才这么让步！

"你先说请几天假，我再征求她的同意。"

"先生说好啦！"

"还是你自己说。"

他硬要我决定，我也硬要他决定，争了半天，最后我才笑着说："又不是我结婚，我怎知道你们要几天才合适呀？"

全场的人哄笑起来，傅先保同志脸又通红了，重重地推了我的椅子一下，并且说："都给我出去，算了，算了，不谈了。"

男方看情势不好，连忙说："您看一个礼拜好吗？"

我正预备说话，傅先保抢去了话头："一天也不行，干脆退八字好了！"她的表情相当严肃，我只得掉过头说："好事情好好商量，别性急。"接着又向男方说："三天怎么样？"

男的正在考虑，在场的一位妇女说："先生，我们这地方新姑娘要三天才卸妆，请三天假怕不行吧？"

我想：女的一天假也不愿请，你还说三天假不行，怎么办呢？于是我就向男的说："第一条路怕是走不通了，我们试着走第二条路，推迟几个月再说怎么样？"

男的默不做声，显然是不愿意。

"你说我们这二千五百人一乡的土改重要呢？还是你同她两个人结婚的事重要。"

他觉得我把问题提得如此尖锐，默不做声是抗不住的事。同时，旁边又有一位妇女说："先生说得对！傅同志是领导我们开会的唯一的女同志，她如果走了，我们就不能开会了！"

"是呀！傅同志一走，我们就开会不成了呀！再说：结婚日期是可以往后推的，我们的土改是不能推迟的。"

旁边的妇女都点头赞同，异口同声说："是呀！"

满屋子充满了声音，许希富知道默不做声是抗不住的，但又没有理由驳倒我和妇女们的话，仍然默不做声，头部低下，眼睛朝下看着！我于是抓紧时机对男女双方说："大家都别嚷了，都听我说：如果你们不同意，我就走了，由你们自己商量去。"

我稍微停顿了一下，几十双眼睛向我集中，特别是许希富把头一抬，张大眼睛看着我，焦急地不知我将说些什么。

"你们两人都不要坚持了，我们人民政府对于订婚结婚都是很慎重的，随便结婚或解约都是不好的。为了使结婚不妨碍工作，又为了□□□□。我以为土改完成以后再结婚。土改并不要多久，早则今冬，迟则明春，三五个月的事情。那时，男家缺少唢呐，我们土改队发动学校打腰鼓扭秧歌送傅先保同志去结婚，你们大家看这个办法可得可不得？"

我话还没讲完，在场的妇女小伢一声吆喝：可得！像喊口号似的，充满了乐观的气氛。男女双方也都笑了。我问傅同志："还要退八字吗？"

她高兴地说："好吧！就照您的办。"

我又向男的说:"同意不同意。"

"同意!"

他看见傅同志那么坚决,也只得说一声同意,表面虽带笑容,内心当然有许多思虑在搅扰着。为了安慰他:"你尽管相信我们,到时候一定可以完婚!你是中农,她是贫农,中贫农是一家,你俩更加亲密。你安心耕作,我保证傅先保同志永远是你的爱人,决不会跟别人闹皮绊,……"

我话未落音,傅同志使劲把椅子一推,几乎使我翻了个筋斗,引起一片笑声。我顺势站了起来,送许希富笑嘻嘻地踏上归途。妇女们瞟着他的背影说:"好后生!"等我回头再看傅先保,她也是一个背影对着大家,正向着墙暗笑,脖子都红了!

1951年11月20日　　星期二

昨晚肠胃不适,失眠颇久。

晚开贫雇小组会,讨论搜集廖德清的罪证问题。

会后,余小和余芝芳来谈,只能斗廖德清帮国民党匪帮抽壮丁的事,至于人命案子情形复杂,恐不能归咎廖德清一人。

取保

太阳快偏西了,千多人的斗争会场面还是热烈紧张。苦主的苦水越吐越多,情绪越来越高。掌握会场火候的土改干部,看这样发展下去不免发生吊打现象,同时算算,剥削财也已超过了贫雇小组摸底的数字,再斗争下去,数字一大,拿不出来,地主只有一死,果实拿不到,空斗一场,倒是于群众不利的事。土改队程队长就示意斗争会主席贫农汪全新快点把斗争会结束。

汪全新党员(是贫农成分,经过区委及土改队有意的培养,果然能掌握会场了)他脚蹬草鞋往方桌上一跨,正对着跪在地上的不法地主廖炳林和他的老婆童芹芝的眉眼,十个脚趾好比十把匕首,看起来是那么威风。他首先把斗争会做了一个总结,接着宣布了剥削账是五百石零九斗谷子,然后说:把廖炳林押回民兵中队部,放他的老婆回去取保,保证廖炳林随传随到,限期交清。说完,并问群众同意不同意。他的话刚落,四周人潮汹涌,一片吵嚷:"就是他老婆拐嘛!这样放她回去,太便宜了她!"

"主席,我的材料多着呢!闷着一肚子气没出呀!"

"喂!我们这里还有十多个苦主根本就没有开口呀!"

"这样结束,地主的婆娘倒快活了,难道我们闷着一肚子气回去不成!?"

"……"

你一言我一语,搅成一片,弄得主席汪全新下不了台,连忙商量程队长和其他干部如何满足苦主的斗争要求,使他们出一口气。经过几分钟的商议,最后决定地主老婆也要取保,派民兵牵着她,等找好了保再放她回去为她的丈夫找保。工作队的同志和斗争会主席团是预料得到她是找不到保的。这样决定并非是农民们的报复倾向，而是使她沿门请保，让群众发泄一下阶级仇恨。当汪主席把这个决定向群众宣布时，会场响起了震耳的掌声。

集体的斗争刚结束，个别的斗争场面随着展开了。

地主老婆童芹芝走在前面，民兵余子方手牵着绳索，像牵着一头牲口，在后面跟着，时而发出嗤嗤快走的声音。

东西南北的湾，不是她的亲戚，就是兄弟、邻居或者她认识的人。今天来斗争她们夫妇的也正是这些人，而且争先发言的，还是姓廖的人，甚至是她丈夫的同胞兄弟。因此，天色并未黑下来，但她总觉前路茫茫，向哪家去讨保呢？走着想着脚步不禁又放慢了，但不为情面的嗤"快走"之声，又不容许她走得太慢。

她是童家岭的人，从小读过几句死书，过惯了小姐生活，而童姓又是这一乡的所谓名门望族，更培养了她的娇气与傲气，开言就骂，举手就打，动手打人已成了她的习惯。在旧社会，童姓还出了几个恶霸，家丁仗着人多势大，横行乡里，谁也不敢惹，谁也高攀不上。如果有人与童姓结了儿女亲家，那是几辈子都引为荣幸的事。如果有人得罪了童姓，或是在童氏坟头上拔去了一根草，那就会遭殃，重则拆屋取瓦，驱逐出境；轻则被打得头破血流，还得赔罪。童芹芝自打嫁了过来，二十年中谁不巴结？她想哪个见了他不叫幺爹，见了我不叫幺娘？哪个见他不哈腰，哪个见我不拱手？想不到今天弄得这片田地，被人牵着去求保，见它妈的鬼了，不如死了倒干脆。但一想想家中还有五个小孩，最小的已有半天没吃奶了，心思急转：死不得，死不得。仍然拖着酸软的八字脚一步一步走着。

走过了几家门口，想进去又缩了回来。她想：哪一家没受过我的气？哪一家想保我呢？还是去找炳林的三位哥哥吧。——老大老二是贫农，老三是富农，唯一的读书人。于是她向廖家湾走去。边走边想：刚才的斗争会，他们三个也都参加了吗？大爷二爷还斗争了他呀！这样一来又失去了信心，脚步又走慢了。看看天色不早，心头充满着恐怖，聊以自慰地想着：可能他们刚才是假斗吧，也许是为了各避嫌疑吧？不过真斗假斗，总算是骨肉之亲，不能不顾念一下手足之情吧。于是鼓起勇气往前走去，哪知刚刚走到廖家湾，忽听一片关门声，老大老二早关上了门，只有老三来不及关，站在门坎上跟她扯嘴，说来说去，老三倒有些顾念手足之情，想为弟媳保一下，但又有些顾虑，怕人说他和地主有牵连，正犹豫间，听见隔墙喊叫："老三！你已读了几句书的人咯今天不是常听你说大义灭亲吗？到时候了呀？还跟他罗嗦什么？"

三爷如从睡梦中清醒过来，连说："不行，不行！"

吧嗒一下把门一关，掼了地主老婆一身的灰！她在失望之后，真想死，但又没有勇气。在民兵的催促下，折回来向山西湾走去。过了几家，想想都是仇视她的，望都不敢望一下。经过余寡妇的门口，看见余寡妇的婆婆在用□□打荞麦，她灵机一动，连忙问声好儿，装着傻笑，露出两个已失时效的酒涡。当她正与老太婆提到做保的事情时，余寡妇从屋里跑出来："娘，你别慈悲了！难道您忘了那回事么？"

随着又转向地主婆说："真是狐狸精，你害得他好惨，还好意思要我们做保！走，快走，不走，我就叫贫雇小组的人来了！"

原来余寡妇的丈夫雷安成十年前在廖家当小工，年终结算工资约莫有廿来块光洋。她不存好心，想拖赖不给。一天早上，她正抱着小孩喂奶，同时端着一碗饭在吃着，看着雷安成从旁走过，忽然故意把碗摔在地上，吧嗒一声，随着大嚷：

"快来人呀……

廖炳林还在睡懒觉，从床上爬起，连问咋回事。她就说："安成这家伙不规矩，老看我脸上，还顺手把我胸口摸了一把，把饭碗也碰到地上摔碎了。"

廖炳林一声冒了火，分文不给还不说，一阵拳打脚踢，使雷安成昏迷过去，口吐鲜血。当时是国民党反动派当权，八字衙门朝南开，有理无钱莫进来。他吃了哑巴亏，有苦说不得。自此以后，吐血的毛病老是诊不好，不到三年便死去了。余寡妇每到过年就想起丈夫来，但是十多年来敢怒不敢言。刚才开斗争会，又没轮到她，闷了一肚子怨气，到这时候才吐了出来。

地主婆碰了一鼻子灰，一声不响地赶快走，眼睛已无勇气望一些有人烟的地方，不知不觉翻过一个山坡，来到汪家沱，一连又碰了几个钉子。走到从前在她家当过长工的吴树清家门口，灵机一动，不觉站住了。吴树清在旧社会替她家当了七八年的长工，解放前几年才结了婚，两口子带着四个孩子辛辛苦苦度日，因为人很忠厚，别人要他干啥就干啥，因此，人家叫他哈巴，又因为他的眼睛由于从小哭多了，起了一层白朦，灰白灰白的，又添上一个洋字，叫他洋哈巴。他的老婆桂贞也是瞎眼，大家称她是瞎子婆，挖苦她：天生的一对，地生的一双。自打解放后，大家都改了口，称他树清哥，称他老婆叫桂贞姐或者树清嫂。唯独廖炳林同他的老婆不改口，以为看着他长大，看他成人，看他立家，又在自家做了七八年的牛马，值不得抬举，仍旧一贯地叫他洋哈巴、瞎子婆。家里缺人手时，总是说：去把洋哈巴叫来；小孩子要做衣服，也总是说，叫瞎子婆来做几天。而且总是大模大样、不知天高地厚似地粗声粗气。因此站了半天，不知如何开口，叫他们诨名当然不行，称哥称姐又说不出口，踟蹰好久，为了解除手膀子上的嘛索，早些回去吃晚饭，喂孩子，也只得放下架子，露出两个褪了色的酒涡，轻轻地叫一声：

"树清哥！"

吴树清正低头淘米，一听声音很熟，知

道是她，装聋做哑，故意不理，头也不抬，直等到她叫第二声，才在鼻孔里"嗯"一声，直通通地说：

"这里没有树清哥，只有洋哈巴！"

她忍着气，对着在灶台边烧火的树清嫂叫了一声："桂贞姐，忙啥？"

桂贞吐了一口痰，来长声音说："哪里有什么桂贞姐啊，这里只有瞎子婆！你找错了门吧。"

吴树清夫妇照样工作，她像冷水淋背，皮肉麻细细的，走开了。

她再也没有勇气请保了，脚步越来越慢，但是民兵余子方的催促声，却越来越凶："妈的，快点，你吃多了好的不觉饿，我可要回去吃夜饭了！"

最后走到檀树湾余子清家门口，余子清本来是跟地主家有来往的，曾经结拜过干亲家。今年春上减租退押后分果实时，群众说他是狗腿子，没有他的份。他老夫老妻睡了三天三夜，气得不得了。土改队来后，成立贫雇小组，他请求了几次，仍没有被批准。不过，干部们还是在争取他，教育他，曾对他说：只要斗争廖炳林夫妇时他表现得好，可能批准参加。果然，今天在斗争会时，他诉苦得很好，涕泪俱下，大大改变了群众对他的坏印象。但地主老婆以为他一向是最忠实的走狗，今天的斗争肯定是假的，所以一走到他的门口，心眼似乎亮了，这是她最后的一线希望啊。可是，出乎她的意料之外，她还没有张口，余子清已经迎面而来，翘起两撇胡子，恶狠狠地对她说：

"你害了我一辈子还不够！？我再给你跑腿，我们老两口会饿死呀！你不要做梦了！砍掉我脑壳也不得为你做保！"

说时，他还把头一偏，伸着右手掌当着是刀样地比划着脖子。

这一下，真把地主婆吓昏了。往日的余子清哪是这样呀，自己吃饭时，余子清替她抱小孩；一早起还给廖炳林倒夜壶，哪一样不伺候得毕恭毕敬。想不到他今天来这么一手，这是什么力量使得她的忠实狗腿子变了，她真想不通，步伐又走慢了。经民兵一催，心一横，狗急跳墙，回头对民兵说：

"子方哥，干脆请您保一下吧！"

说时，一脸苦笑，又露出那两个可耻的酒涡。

子方一听急了："狗日的，不要脸的老妖精，老得要进棺材了，还想迷人啊。老子要揍你！"说着，一面用劲把绳索往后一拉，痛得她叫了一声"哎哟"。赶着她像赶牲口一样，向工作队走去。

太阳落了西山，天色也黑了下来。队长的临时住处在贫农杨经香家。好像大家早就知道地主老婆要来似的，大门被先前在斗争会上没有发言的苦主挤得水泄不通。

这时，地主老婆在群众中间低着头站着，队长正要讲话，忽听一个戴红领巾的十三四岁女娃大喊：

"毛主席万岁！中贫农团结起，打倒狐狸精！"

大家跟着喊起来，紧张的场面又造成了。

队长是一个党员，深恐群众乘机乱打，想抓紧时间讲话，先要群众肃静一点，然后指着地主老婆的鼻子说：

"找到保了没有？"

地主老婆低头用眼睛扫射了一下周围数不清的腿和脚，感到异常的恐惧，吞吞吐吐地说：

"没有。"

于是队长开始训话了：

"两千多人的一个乡，连一个人都不敢保你，看你×到什么程度！如果再不向人民低头，人民就不宽大你！……"

"不是为了小孩，我倒宁肯……死……"地主老婆抢着说，"死"字说得几乎听不清。

"等我说，不要强辩，不是看在小孩子的份上，早给你关起来了。以后你要老实点，不准乱说乱动。既然找不到保，就交全乡人民看管。"队长说到这里，又向群众说：

"这样办行不行？"

"行……哟……"

一阵掌声，冲散了大家多少年来的怨气、闷气。大家瞪着眼，看着地主老婆的背影消失而且沉落在无边的黑暗中。

1951，11，20，晚十一时

1951年11月21日 星期三

昨开中贫农大会，根据群众要求，将恶霸廖德清扣押，其罪状有四：

1.为国民党匪帮买卖壮丁，滥收壮丁费，剥削人民。

2.逼死吴修甫之姊。

3.逼迫旁嫂王秀英扫地出门。

4.借廖氏修谱，贪污2100光洋。

1951年11月22日 星期四

昨晚彻夜大风，至今晚未息。半夜因须大便，以怕冷，不敢起床；忍无可忍，终至起来，便后才算睡了一会儿。

正午起忽飘雪粒，继以雪花。屋子以瓦薄，经风一吹，雪花入内，地无干土，桌凳雪白一层，扫去片刻，又是一层。床顶却有油布一张，不然，将无处安身。

早开拥干会，以天冷，身心不适，请假未去。

1951年11月23日 星期五

早起，室内雪深寸许。床顶油布上落了一大层，直等藏身雪窟。幸雪止，不然，势必迁居。

得兴华函，知贺澹江又将三百余万元哄骗而去，借给一豆腐铺，此实鬼话。

晚开贫雇会。

1951年11月24日 星期六

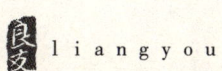

中南文联于黑丁[38]同志并转诸同志：

我于今年9月中旬应武大之聘，自京南下。留校只二十日，又出发土改。仅就近与徐懋庸[39]、丽尼[40]、毕奂午[41]、曾卓诸同志晤谈，不及过江赴文联访问并请教，非常遗憾。

读《长江日报》，中南文代大会由胜利开幕到胜利闭幕，盛况空前。虽未亲自与会，亦能字里行间作概括的体会。特向诸同志的辛勤筹划和伟大成就致亲切的慰问与热烈的祝贺，并为中南文联成立及巩固与发展而欢呼。

土改期间，曾写成诗歌、通讯、小品各数篇。为响应文联的号召，争取诸同志的指教，特先抄呈小诗一首，看能作《长江文艺》补白之用否？专致

敬礼

附诗一首

签名

上函寄中南文联于黑丁同志，并附《原野载不动大家的欢喜》一诗，请他及其他同志提意见，作为《长江文艺》的补白。

为了寄致兴华、贺先生及杨经理的信，于上午十时许偕阮宝洲、崔鸿烈二同学赴马口，先在得月茶楼喝茶，在茶楼上请阮同学将上述之函及诗誊清一并投邮。喝茶后，并一同赴一小馆吃蒸牛肉和蒸鱼，有腥味，颇不适口，较之前数日吃的馄饨差远了。

1951年11月25日　星期日

早饭后汇报工作。我向工作组作了对于廖德清事件的看法和做法的报告。

接黎师[42]及秋实[43]函。

晚开贫协小组成立大会。

我要跟土地一同呼吸

——土改诗抄：记一个翻身长工的话

---

38. 于黑丁（1914—2001），原名敏道，笔名于雁，山东即墨苏口村人（今属丰城镇）。作家。曾任武汉中南文联副主席、党组书记，中南局宣传部文艺处处长，中南作家协会党组书记，《长江文艺》主编，河南省文联主席、党组书记、名誉主席。
39. 徐懋庸（1911—1977），浙江上虞下管人。早年参加大革命运动。后到上海，与鲁迅相识。1933年参加中国左翼作家联盟，任常委、宣传部长、书记。1938年赴延安，同年加入中国共产党，后任抗日军政大学政教科长，晋鲁冀鲁豫边区文联主任、冀察热辽联大校长等职。1949后，任中共武汉大学党委书记、副校长，中南文化部副部长、教育部副部长等职。1957年被错划为右派。
40. 丽尼（1909—1968），原名郭安仁，生于湖北孝感。1930年前后到福建，先后担任《泉州日报》副刊编辑。1949年后，历任武汉大学中文系教授，武汉中南人民出版社编辑部副主任、副社长兼总编辑，广州暨南大学中文系教授，并为《译文》（后改名《世界文学》）编委；"文革"中受到迫害，1968年殁于广州。
41. 毕奂午（1908—2000），河北井陉人，诗人、学者。曾任天津南开中学教师，清华大学中文系教员，武汉华中大学中文系讲师、副教授，1949年后历任武汉大学中文系教授，湖北省文联副主席，武汉市文联副主席。

---

42. 黎锦熙。
43. 张拱贵之妹。

往日，我一去种地，
就满肚子气，
由年头到年尾，
风里，雨里，雪里，
三百六十个日子，
没有哪天塞饱过肚皮。
地主们鞋干、袜干、脚干，不下地，
计算租子差不了毫厘，
一不如意就把我来出气，
骂的祖宗十三代彻了底，
年终结帐，七算八盘还要倒找他的利，
真是岂有此理！
我只有白瞪眼，干着急。

现在分了财产和田地，
这才像苗儿生根、花儿有蒂，
不像浮萍飘摇在人家的塘里。
我好比糖果塞满了嘴，
说不出什么滋味，
只晓得甜水渗透了心底，
挤出了满肚子闷气，
从今后，生产要特别努力，
交公粮，不拖拉一分一粒，
余钱剩米捐献买飞机，打美帝。
啊，土地就是命，
我要跟土地一同呼吸。

1951，11，25，晚

1951年11月26日 星期一
上午李周二兄来此。
下午参加何建光家茶会。
地主拖拉应交之款项，晚饭后由贫雇小组审问情由，曾加捆绑。

1951年11月27日 星期二
下午草拟《思想的改造应以感情的改造为起点》一文，明日再修改一次。

1951年11月28日 星期三
曾卓来函，剪寄《大刚报》所发表之刘庆芳所作《采棉花》一诗及稿费一万五千元。

又接兴华函，满纸辛酸，只怪金筑及心村不听话，真是没有办法。我对兴华健康感到绝大的忧虑。

上午赴王氏宗祠开会，途中见一牛车碾米，好奇心使我坐上一试，牛突走，把我摔倒，左臂左腿内部隐隐作痛。

1951年11月29日 星期四
上午十二时在王氏宗祠成立英山乡农民协会，汉川新华书店马口支店派一女同志方见厨当众推销通俗书刊，我买了一本《湖北文艺》。

1951年11月30日 星期五
下午从贫农妇女刘英青口中记录《苦心

歌》一首。

阮宝洲代抄《思想的改造应以感情的改造为起点》一文完成。

整理《感谢毛主席指示了方向——土改诗抄：欢送会》一诗。

1951年12月1日　星期六

早饭后赴马口，将《思想的改造应以感情的改造为起点》一文投寄《长江日报》，并欢迎老缪他们自县城开会归来。

从傅先保、童传芳二同志口中记录民歌《十想》——对封建的包办婚姻不满的一首歌谣。

刘庆芳背诵《人民诗歌》上的一首民歌：

水车车水骨骨响，
叶子好比是人民，
龙头好比共产党，
叶子绕头龙头转，
水车车水骨骨响。

1951年12月2日　星期日

得兴华上月廿七日信，对于贷款事表示不致收不回来，要我放心。

千帆自养鱼乡返回，出示西彦[44]一信，他在皖北土改，表示暂时不能离开浙大到武大来。

下午三组划阶级，有一王举庭是教书的，群众划他地主，他硬不承认，只承认小土地出租者。后来承认：我是地主，我是地主。另一群众说，他说：国民党错，有吃有喝；共产党好，人人吃草。于是大家一致认他是地主。

杨近香长女培芳病笃，彼夫妇甚为着急。

1951年12月3日　星期一

昨夜因杨培芳病危，我与老缪睡而复起者再，黎明为近香夫妇哭醒，以为气绝，迫我等起床，见伊尚有一口气，即为代请马口谭永祥大夫来村诊治，晚复请其注射Cyclacillin[45]一针，病势虽稳定，但尚未脱危险期。

刚就寝不久，闻哭声，知培芳亡故，悲戚的空气，充满室中。

1951年12月4日　星期二

昨晚一夜没睡好，闻杨氏夫妇哭儿之声，亦不禁泪水盈眶。

早开拥干会议，由王政委报告。

接兴华11月29日自京来示，说贺先生因我去信责备借款之事，到家大发雷霆。

44.王西彦（1914—1999），浙江义乌人。1937年毕业于北平中国大学国学系。历任福建永安《现代文学》月刊主编，桂林师范学院、湖南大学、武汉大学、浙江大学教授，上海作家协会专业作家、副主席。

45.氨环烷西林，抗生素。

拥干会后，开指导员组长会议，千帆报告下一阶段的地点问题，全队开四乡：丁集、白石、大嘴、旧港。我组在旧港，最远，当时我曾提出意见，表示应重新按情况决定，曾发生争议。

小组会后，千帆出示陈登老来函所抄中南教育部来函之附件，谓呈奉中央教育部令：称我误认革命阵营中尚有所谓自由职业者存在，并令学校与北京市府协商汇报。

1951年12月5日　星期三

得兴华函，说师大出版部找我算账（为《鸭绿江歌》），欠一百廿六万九千（一百二十陆万玖千玖百元），原款数不明，显见又是贺先生捣鬼。已函复兴华。

1951年12月6日　星期四

函天津语文教学社张道良[46]同志，请其代恰大众书店，核算《鸭绿江歌》书款，并表示前寄之稿件如内容有问题，可不刊出。

上午面对面划阶级，晚又召开贫农大会，对划阶级作准备工作。

千帆上午来此，还来26万元。

46.张道良，天津人。副编审。曾任《中国公论》月刊编辑部主任，《光华日报》、《光华周报》、《大地周刊》、《新生晚报》总编辑。1949年后，历任天津大众书店经理，《语文教学》月刊主编，天津通俗出版社编辑，天津人民美术出版社审读。

1951年12月7日　星期五

《文艺报》第47、48期有一篇记爱伦堡[47]、聂鲁达[48]与中国作家的座谈一文。爱伦堡以为，一个作家对待自己的创作要严肃认真。他说，苏联作家安得列夫有一次就创作问题请教列夫·托尔斯泰时，托尔斯泰回答说，写作有三个条件：第一，写作必须出于内在的必要的愿望，如没有这种愿望，就一定不要写；第二，一个写作计划已经成熟了，写作的要求很迫切，这时候，应该竭力压制这种愿望，能不写，那还是不写的好；第三，如果一定要写，就必须尽所有的力量去完成创作，千万不要为稿费而写作。

他又说：青年作家是很难从学校培养的，最好的办法就是生活。

他认为□□生活，一定要对生活有很深的了解。

爱伦堡说：在生活中常有这样的事，起初似乎不知谈什么，而到了谈得正起劲时，却要分离了。

这句话好有人情味。我们刚到乡下和农

47.爱伦堡（1891—1967），苏联新闻记者、作家。爱伦堡和聂鲁达1951年9月15日至10月10日来华访问。
48.巴勃鲁·聂鲁达（1904—1973），智利诗人。少年时代就喜爱写诗，16岁入圣地亚哥智利教育学院学习法语。1928年进入外交界任驻外领事、大使等职。1945年被选为国会议员，并获智利国家文学奖，同年加入智利共产党。后因国内政局变化，流亡国外。曾当选世界和平理事会理事，获斯大林国际和平奖金。1952年回国，1957年任智利作家协会主席。

民谈不来,到谈得来时,土改任务已完成了,要分别了。

聂鲁达是诗人。他说,现在我们还生活在一个诗歌世纪,诗的音节在诗中是不可少的,但法国有些革命诗人,他们的诗作里,有时连标点符也没有,这可以说明,一首诗,押韵也好,不押韵也好,有标点也好,没有标点也好,主要是在诗的内容。

他认为马雅可夫斯基的诗的最特殊的优点,就在于他是毫无保留地用诗来为政治服务的。

1951年12月8日　星期六

早饭后英山小学以洋鼓洋号列队,送我组7位同学赴旧港。我和农民们送他们到黄冈乡□家□上船。

接信张拱贵[49],说乃父死于狱中。

1951年12月9日　星期日

赴马口送信:一致许德珩[50],一致张拱贵。顺便买了七尺学生蓝及龙头细布和棉花一斤四两,请一张姓成衣店做一件民族形式的棉袄,约计88000元。

晚赴汪家沱开会,协助张天望划阶级。

自马口回时,与缪、李、陈等乘小舟渡过白石湖,每人仅500元,其乐不亚于西子湖畔,而其价则不可以道里计。风景无价,特人为之耳。

1951年12月10日　星期一

得兴华六日所发信,说她二伯同姑妈于三日上午到达北京。

1951年12月11日　星期二

魏克全[51]来函并转来九三、何贻焜[52]、王学奇[53]等函件。

早饭后农民们没收地主旺杰、汪天新、廖炳林财产。农民有宗派思想,本湾农民不免有一二人包庇地主,故意多留财物。晚开农协小组会,予以检讨批评。

---

49. 张拱贵(1918——1999),湖北省罗田县白庙河乡南宝山人。语言学家。1934至1937年在武昌读师范。1937年考取北平师范大学中文系。抗战期间,先后入西安大学、西北联合大学、西北师范学院,受业于著名语言学家黎锦熙。1941年毕业,留院任助教。1942年,兼西北大学讲师。抗战胜利后,任北平大学讲师。1946年任苏州国立社会教育学院副教授,兼国语专修科代主任。1950年任无锡苏南文化教育学院副教授,同年8月加入九三学社。1952年任江苏师范学院副教授。1955年以后,先后任南京师范学院、南京师范大学副教授、教授。

50. 许德珩(1890——1990),字楚生,江西九江市人。政治活动家、教育家、学者。时任九三学社中央主席。
51. 魏克全,时任职于武汉大学。
52. 何贻焜(1908——1959),湖南衡阳人,1937年毕业于北京师范大学国文系,为吴奔星同班同学。曾著有《亭林学说述评》(正中书局出版社,1945年11月)。
53. 王学奇(1920——),北京人,北京师范大学国文系毕业,元曲专家,为吴奔星学弟,两人1951年曾合作出版《鸭绿江之歌》(诗歌加相声)。

1951年12月12日　星期三

由学校转来顾学颉[54]、王宝昌函。

上午赴童家岭参加没收事。

晚开农协小组会议，为追索廖炳林欠款，曾将其狗腿子廖中堂捆绑对质。但中堂坚不承认。

1951年12月13日　星期四

今日在中农余冰清家吃饭。早饭后赴区署，收察哈尔文教及九三社讯各一册，张□□函一件。

晚开农协小组会，检讨此次没收优缺点。

赵少奇自旧港来，依前所工作。

1951年12月14日　星期五

开农协代表会，后脑发痛，会未终了即返舍休息。

君奇他们到金家台汇报，晚宿金香家。

1951年12月15日　星期六

今天在廖子山上全乡阶级站队，到群众约两千人，站成口字形，地主面向群众跪着，富农靠贫农中农坐着。会后有英山小学腰鼓及陈木匠湾妇女的秧歌表演。

1951年12月16日　星期日

早饭后，与肃庭兄上马口发信，并取回棉袄。

晚开农协小组会，选举农协代表十人。会后并处理余宗泽家之婆媳纠纷，一致决议：由代表于明日说服双方进行分家。

1951年12月17日　星期一

早饭后，开农协代表会，选举分配委员，成立分配委员会。

晚开会调查田亩。

处理林叶英脱离其婶母的抚养，重回其生母的怀抱的问题。

余宗泽及少儿媳魏美方已于今日分家。

1951年12月18日　星期二

上午在区署开分配会。

接兴华函，并转来中国图书发行公司抄录读者对《鸭绿江歌》意见一纸，说必须作者道歉后始能结账。

阮宝洲自旧港来此，参加晚上的农协会。

1951年12月19日　星期三

复兴华函，并附致师大出版部函一件。

开妇女会，选举组长副组长。

晚开农协小组会。

54.顾学颉（1913—1999），湖北人。古典文学家。北京师范大学国文系毕业。历任国立西北大学、西北师院、湖北师院、民国大学讲师、副教授、教授及人民文学出版社高级编辑。

1951年12月20日　星期四

兴华来函并转来师大出版部催索王学奇欠款函一件。

自昨晚起，妇女们于开会前练习扭秧歌。农村妇女的灵魂解放，此为起点。

1951年12月21日　星期五

昨晚打好《火葬地主阶级》一诗的腹稿。早上誊于本子上。

上午至王家祠堂开分配委员会，适千帆自丁集来，曾就我之重返北京一事交换意见。

晚开贫雇会，打通贫雇农思想，使他们认识应以团结、互助互谅的精神进行分田、分屋、分果实，以免地主阶级从旁笑话。

1951年12月22日　星期六

早起召开贫雇小组会，决定没收地主廖炳林房屋。

下午开妇女会，对分配事作思想发动，并由各妇女表示态度。

晚开贫协会，讨论房屋分配及如何征收小土地出租者余天保田地问题。

1951年12月23日　星期日

早饭后全乡开会，追悼在朝鲜牺牲的志愿军汪某，汉川县府送米七百斤慰问烈属。

1951年12月24日　星期一

早饭后赴区署商讨贫雇农分田标准，每人约一亩二分。会毕，偕千帆返舍。

晚开农协小组会，评议中贫农分配果实的等级。

今天在廖炳源家吃饭，其子媳亦约定明日在她家吃饭。她说：她是被婆婆赶出来的。如果我们不吃她的饭，她婆婆会瞧她不起，过去被压迫的仇恨就难于清除。我们为她的话多感动，只有答应吃饭，想不到吃饭还有政治意义。

近几日，每晚开会后，例有农民邀约消夜。今晚又在林家消夜，由其媳及幺姑娘煮鸡蛋汤圆给我们吃。

1951年12月25日　星期二

天气突变，刮北风。

已半月未得家书。

晚间讨论中农抽补田地问题。

1951年12月26日　星期三

白天开会讨论贫雇农应抽出多少田地，晚间正式分田。一般贫雇农得到田地都说：阴沟里箆片翻了身！或者说：禾场里打谷，有那一日！到今天为止，土地改革可以说胜利完成了，大概还有一星期就可离此返武汉转京。

1951年12月27日　星期四

赴区署汇报，决定明天开农代会，讨论

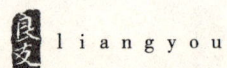

分田分果实问题。

自接兴华十三日函后，即未得书信，可能是收到我的信迟了。

1951年12月28日　星期五

收到兴华十二月廿四信，说二伯在廿五日回去，使我不能见到他老人家，非常遗憾。家事复杂，要兴华一人处理，也于心不安，决于半月内返家。

早开农协会，讨论分配果实及田地问题。

本地干部王道华同志的讲话中，有许多农村中的俗语及歇后语值得学习。如他说："荷叶包鳝鱼，溜了。"这个歇后语，便很有文学意味；如他说，"女儿穿娘的鞋，老样子"，也发人深思。

1951年12月29日　星期六

张拱贵妹秋实来函，说赵澍宜[55]代寄的十万元已收到。

55.赵澍宜（1925—），湖南省湘潭人。1951年参加工作．后任武汉大学历史教师。

早饭后在区里开会，商定分配果实的等级问题。

晚间开始大雪，停开农协会。

1951年12月30日　星期日

早起，遍地白雪，深数寸。

早饭前开农协小组会，讨论后补丁等七家，请求小组追认。会后又率领妇联小组赴汪家沱处理彭贤超之妻受其姑虐待事。

王道华同志自昨晨起腹痛如绞当抬至马口就医，亦不明根由。今日仍疼痛，恐系盲肠矣。

1951年12月31日　星期一

兴华来信，说师大出版部对《鸭绿江歌》的发行不负责任，反推到李经理个人名分上，孤立地看问题，真是岂有此理！

今日雪霁，明日可望天晴，归期当在不远。

晚间开会，商讨明日庆祝元旦及选举乡长事宜。会中，王道华到来，想彼肠疾已渐痊，领导文英、早英、仙芝等妇女唱歌，劲头甚大。

1980年蔡楚于薛涛井前

地下文学现场中的"诗魂"

李亚东

为了参编一部《中国现代汉语文学史》，为了自己承担的"文化大革命中的地下文学"章节的写作、修订，我专程深入到成都市档案馆，翻阅那些发黄的卷宗，见到了1970年本地诗人蔡楚被"反革命集团"时的"交代"、"审讯记录"等，大量涉及"歌颂爱情及发泄个人主义的反动诗"。此次"田野调查"基本消除了我的疑虑，而对"地下文学"的历史真实性不再怀疑。今天写这篇文章，就是想跟人分享、讨论。

蔡楚（本名蔡天一）先生的有关档案编号：145—1468—1272。以专业眼光看，1970年的"反动诗"档案，不仅是他本人一九六〇年代从事独立写作的一份有力而真实的证词，对于后人走近二十世纪六、七十年代中国地下文学现场，也是不可多得的珍贵史料。

一、文本

从1970年1月12日到6月13日，二十五岁的青年蔡楚仅个人"交代"，就写了三十九篇。能够落实的罪状，也就"写反动诗"、"偷听敌台"两项，主要是前者。由于档案不能复印，我做了许多笔记。其中2月3日交代的，是此前写的反动诗。3月12日又补充交代。下面是2月3日"交代"全文。为保持文献材料的真实性，尽量原文照录。个别不好认的字词和标点，也照猫画虎。办案人员所加的符号、横线，一并保留并说明。它能帮助我们做些判断。

最高指示

坦白从宽，抗拒从严。

66年，文化革命初期我向工作组，把我所写歌颂爱情及发泄个人主义的反动诗作了交代，现交代如下：

《赠某君》（指我初中时的一个同学，62年时在成都16中读书）

看到你青春的欢乐，
便感到我年少的忧郁，
却似激荡的廻水，
记忆从我心中流过。

可曾记得那油光的书桌

明亮的教室里坐着你我，
两年的携手并进、
给我们结下了一颗友谊的硕果。

而今你在灯下攻书，
我却只能站在凄清的河边，
眼望着滚滚东逝的流水，
叹息人生青春的蹉跎。

看到你青春的欢乐，
便感到我年少的忧郁。
你可知道在我心中升起了多少憧憬？
升起了多少寂寞！

《给你》
锦水流不尽的诗意，
使我难以离去。
绵长晶莹的柔波，
把我的心儿紧系。

那明星伴着媚月，
究竟是天经还是地义。
为什么在这寂寞的时儿，
我就想起了您？

想起了你，
夜色更加沉寂。
沉寂中不见你天真的面容，
不见你我感到窒息的哽噎

锦水流不尽的诗意，
使我难以离去。
不，不是柔波把我心儿紧系，
明月下久忆你深情的黑眸。

《别上一朵憔悴的花》△
别上一朵憔悴的花，
毅然地走出这可怜的家，
小妹垂手睁闪着眼睛，
弟弟悄声问我："你还回来吗？"

走出这可怜的家，
我默念着："别了，亲爱的妈妈"，
你的儿子到社会去了，
我会为人民辛勤劳动——对你作最大的报答。

脚踏在蓝天的祥云下，
浮想又象云片似飘荡
多么想看落叶的飘飘，听西风的飒飒，
求知的眼儿睁得老大、老大。

别上一朵憔悴的花，
毅然地走出这可怜的家，
只因为旭日挥手向我示意，
我迈步奔往那希望的朝霞。

《乞丐》△
为什么他喉咙里伸出了手来？
是这样一个可怜的乞丐，
彻夜裸露着在街沿边，
蜷伏着、他在等待？

褴褛的衣襟遮不住小小的过失，
人们骂他、揍他却不知道他的悲哀，
自从田园荒芜后……
这双手原可以创造世界！

从此后他便乞讨在市街，
褴褛的衣襟、颤抖的手、人们瞥见就躲开，
没奈何，抢！……几个小小的饼子，
到结果还是骨瘦如柴。

冬夜里朔风怒吼，
可怜的乞丐下身挂着几片遮羞布，
这双手原可以创造世界，
他等待着呵，蜷伏着，他在等待。

《无题》
梦里常萦系一张笑脸，
萦系着美丽的过往，纯洁的初恋。
友人们常说是应当珍惜，
在这寂寞的夜晚和白天。

那时我从未想到有一个花环，
会题上我痛绝的追忆，忘情的冷淡——
心温柔地腾跳，
当我们十七岁那年。

交代人

土建中队

蔡天一

70年 3/2

大概2月3日不能算完，3月12日又补充了一首：

……到大邑后，我还为孙从轩歌功颂德，写了一首诗来美化他，这首诗如下：

悼

——写在一个骨灰盒上

两旁雕满了呆板的荷花，

过往的一切都全部装下，

正中嵌着你昔年的小照，

这就是你静寂的永远的家。

可是我忘不了我们共同的语言，

那是一只高亢的亲切的歌——

用斗争去迎接生活，

生活就是一匹驯服的骏马！

二、自述

除了"反动诗"文本外，蔡楚还写了大量交代，"说清"每首诗的写作过程、背景及立意，乃至自己的诗歌写作路数。当然，未必就那么毫无保留；在那种情况下，肯定要自污、狡狯或言不由衷。但是可以想像，想侥幸过关是不可能的。所以今天来看，不妨说是一个写作者在特殊环境、特别条件下写的另类"写作谈"。

有关内容，主要在3月8日、3月12日、5月6日、5月12日、6月13日的"交代"里。应该说这些交代，比较全面、也不无重点地"说清"了他及"反动诗"的各方面——应该说明，有时相当不厌其烦：

3月8日的交代，围绕2月3日的几首诗。从交代的顺序看，似以《乞丐》、《别上一朵憔悴的花》为重点，《乞丐》为重中之重。因为涉及到这首诗处，专案人员在下面划了横线：

<u>62年至64年，我写的反动诗，其中尤以《乞丐》一首最反动。我当时受反动的修正主义文艺路线的影响，要写所谓的"生活真实"。加上自己的反动本质，就认为街上的《乞丐》是社会造成的，我在这首反动诗中反复强调"这双手原可以创造世界"，说明《乞丐》本身可以靠双手劳动，而却落得田园荒芜、流落街头。我这首诗大约是63年初写的，这首反动诗，恶毒地攻击了新社会，起到了为帝修反摇旗呐喊的作用，这是我的罪恶。</u>

《别上一朵憔悴的花》是我63年8月调成都砖瓦厂前写的，当时我一心想读大学不成，我反动父亲又给我灌输华罗庚、何其芳都没有正式进大学，靠自己苦攻、自修，成了数学家、文学家的，我反动父亲还谈到他也是每天吃锅魁进图书馆自修后来考取学校才有了前途的。在那段期间我天天到图书馆自修，想个人奋斗，将来成个诗人、文学

家,但家中的经济条件不允许我不工作,我母亲每天都同我吵闹,要我去工作,不然就要我离开家,不供养我了。我没有办法,到办事处要求做临工,63年8月调我到砖瓦一厂做临工。我由于日夜攻书,身体很弱,并感到天天在家吃受气饭,现在能离开家,踏入社会工作了,于是写了《别上一朵憔悴的花》这首反动诗。我把自己比作憔悴的花,把家说成可怜的,这都是反动的。

《赠某君》,蔡楚说是写给初中一位同学的,后来听说考取了四川外语学院。"我这首诗也是反动的,认为自己青春蹉跎了,光阴虚度了,(初中时学过《明日歌》)抒发了腐朽的资产阶级个人主义苦闷、寂寞的感情。这首反动诗是62年写的。"《无题》是64年写的,《给你》是62年写的,都是写给当时女朋友詹××的,因对方家中不同意断了来往,"事后我病了两个星期,好了之后很后悔,就写了《无题》这首反动诗,在诗中我自感寂寞,把白天和夜晚都说成是寂寞的,这是很反动的。"

3月12日这天,蔡楚提交了两篇,一篇围绕《悼——写在一个骨灰盒上》,一篇反省写作道路和所受影响。现摘要如下:

……我写这首诗,是说孙从轩死了,装在骨灰盒里,骨灰盒的两旁雕满了呆板的荷花,孙从轩生前的一切都随着他的死而过去了。但是孙从轩的精神是不死的,马克思说过"生活就是斗争"。孙从轩生前在文化大革命的斗争中,曾经积极地为捍卫毛主席的革命路线而斗争,这是我们共同的语言,而在我们的生活中积极参加了为捍卫毛主席的革命路线的斗争,就会战胜困难,赢得胜利。生活就会象一匹被驯服的骏马一样,载着我们奔向共产主义。我写这首诗美化了孙从轩,也美化了我自己,……由于我参加革命的动机不纯,是为了自己个人的前途,

1967年参加四川石油大会战(前左一蔡楚)

所以就搞不好革命，对谢朝崧等人的反革命罪行不敢揭发（虽然我说过他们那样做不对），怕揭发出来触及自己过去的罪恶，影响到自己的前途，而对自己过去没有牵连的人我就揭发了、上纲了，对自己的错误和罪恶却不交代，我这样的革命是假的、反革命的，一遇风浪，我也就可能为了个人的前途而投入反革命的怀抱。……我诚恳地向广大人民群众低头认罪，并在今后的工作中老老实实接受广大群众的监督改造，重新做人。

关于写作道路、所受影响，大概是追问的重点。3月12号、5月6号、5月12号、6月13号几天交代，都围绕着它。3月12日写：

通过同志们的批判，我认识到自己爱好的文学是资产阶级反动的文学，自己所写的诗是为帝修反服务的反动诗。在我62年进图书馆自修那段时间，谢朝崧给我介绍了五四运动时的诗人及作品，特别是反动诗人戴望舒的作品《戴望舒诗选》，谢朝崧介绍说写诗首先要懂得音韵的美，其次要懂得意境的深远。由于我资产阶级个人主义的反动世界观的共鸣，我看了这个反动诗选，就认为戴望舒的诗确实写得好，念起来音韵铿锵，体会起来感情深厚（实际上是资产阶级的反动感情），我于是就模仿戴望舒的诗写出了自己的反动诗，如"看见你青春的欢乐，便感到我年少的忧郁"，是模仿戴的"看到你朝霞的颜色，便感到我落月的沉哀"写成的，逐步使自己堕入了反革命的泥坑，写出了反动诗篇。除了自己到图书馆去自修外，谢朝崧还借了许多修正主义的书籍给我看，我自己受毒很深，一心要想成为中国新诗坛上的一颗巨星。在解放后的诗选中我又喜爱看郭小川、贺敬之的诗选。虽然我也写过歌颂党和社会主义的诗，但这种感情不是真实的，总认为我写的反动诗才是艺术价值最高的诗，……我所写的歌颂孙从轩的诗，一方面美化孙从轩、美化自己，另一方面我所采取的文学形式也是资产阶级的音韵和谐，我自己认为我这首诗，政治性同艺术性都很好，而用无产阶级的文学艺术来检验我这首诗也是一钱不值的，当何蜀看到我这首诗批评我沿用了五四时期反动的资产阶级的晦涩的艺术形式时，我还不服气，认为自己是旧瓶装新酒，没有错。现在认识起来，我写这首诗头一段词汇消极，整个诗为无产阶级政治服务的态度不鲜明，歌颂的对象并不是完美的无产阶级的形象，而是站在私人的感情上来加以美化，也是非常错误的。

5月6日，专门检讨《乞丐》，自污中委婉自辩：

<u>62年，我写的反动诗《乞丐》，当时我思想上受反革命修正主义文艺路线的影响，要写生活的真实，要敢于揭露现实生活中的阴暗面。</u>当时国家遭受到暂时困难。我在街上（东大街）买包子吃被抢走了。我的思想上想，为什么街上会出现抢东西的乞丐呢？我想在学校里时政治老师教我们说："人定

胜天"。政治老师还说:"到1962年,我国的生活水平,将随着第一个五年计划的完成而达到每人每天有半斤肉、半斤糖,和饭后水果等。"我想现在已经是1962年了,为什么反出现了这种情况呢?当时国家遭受到三年自然灾害、遭到暂时困难,我想说是自然灾害造成的,这个理由不通,因为人是能够战胜困难、改造自然的,不应当把困难的原因归于自然灾害,而应当检查一下,我们在农业问题上是否犯有错误,是否真正用我们的双手去战胜困难。我从思想上就怀疑党在农业问题是否犯了政策上的错误,而走了弯路。1961年,我在工农师范学校读书时,曾和全校同学一道到龙泉驿的八一生产队去支援劳动过半年多,看到了农业战线上这个生产队的欠收情况和当时社员的生活困难情况,而我从报上看到的农业战线的消息,却说亩产几万斤的水稻,我想亩产几万斤每亩才60平方丈:怎么可能?因此我就认为,这是浮夸的,因此就产生了街上出现乞丐,不是自然灾害造成,而是人为的。而是我们在农业问题上走了弯路而造成的这个反动结论,这样下去就不得了。我在反动诗《乞丐》中用文学的手法,把乞丐描写得十分可怜,因为田园荒芜而流落街头,出于为了生活被迫去抢几个饼子,到"结果还是骨瘦如柴"表示了自己对乞丐的同情,并指出"这双手原可以创造世界",企图说明人本身可以用劳动去创造世界的,乞丐是无罪的,他在饥饿与寒冷中等待着党和政府迅速改变农业上的状况,使乞丐能用自己的双手,使自己自食其力,这样我就反动地把乞丐出现的原因归到了社会,归到了党在农业问题上犯了政策错误。恶毒地攻击了新社会和伟大的党。当时对出现这些现象的原因还是弄不清楚的。……

5月12日,全面检讨"为什么我会写出反动诗、收听敌台呢?",按照那时的"检讨"八股,无非从两个方面:一是反动阶级根源,一是接触的人、读的书、受的影响等。现摘要如下:

为什么我会写出反动诗、收听敌台呢?从自己的反动阶级根源来检查,我父亲在旧社会,是反动的军校教官,是骑在广大劳动人民头上的老爷,虽然他与当时的反动统治有狗咬狗的矛盾,也对我们谈过蒋匪帮的反动腐败,但解放后,他对党和人民政府,仍然是不满的,认为没有重用他这类资产阶级知识分子。在反动家庭,从小就给我们灌输,知识是万能的,要苦读书,将来成名成家、光宗耀祖,他的反动思想又是很矛盾的,是同刘少奇的读书做官,和读书无用同出一辙的。60年以后他探亲回家,又教我们将来不要去爱好文学艺术,凡是与政治有关的工作都很危险,象我们这样的家庭出身,最好是学一门技术,当工人、农民一辈子安安稳稳、毫无忧郁。……那段时间,我对我的反动父亲,划不清界限,站在同一反动立场上,对他十分同情和崇拜。他自我吹嘘满腹经纶、一肚子诗书,年轻时能背诵一千多首唐诗、宋词等,现在也能背几百首,每次写信回家不是语云,就是子曰。他既十分自负、猖妄,又非常自悲,以为他大材小用了。而我则继承了他的反动劣根性,对他同情,对自己也感到成绩好、有天才,就是出身不好,就考不起学校,在自修的个人奋斗中十分苦闷寂寞,对自己的前途悲观失望,站在我反动家庭与个人前途的反动立场上必然地就产生了对党的政策的不满和怀疑,对社会上的一些现象也就产生了反动的结论。所以我会写出反动诗。

另一方面,从我当时接触的人、读的书、接受的影响来看。我所接触的人是谢朝崧这一类反动的资产阶级知识分子,他们吹捧我年轻、有天才,16岁便能写出好诗来,……当时我到省图书馆看了不少五四时代资产阶级作家的诗文选。如:闻一多诗文选、蒋光慈诗文选、冯至诗文选、王统照诗文选、汪静之的诗集、"惠的风",郭沫若的诗选"女神",何其芳的诗歌选"预言"等,还看了许多外国资产阶级作家的作品,如:普希金诗集,莱蒙托夫诗集,托尔斯泰的"战争与和平","复活",泰戈尔诗选。等等。(也看过一些较好的书,如鲁迅先生的文选。)但由于我的世界观是反动的资产阶级的,所以接受了许多修正主义的毒素,成为资产阶级的继承者、接班人。……

通过伟大的无产阶级文化大革命,特别是通过同志们对我的批判,我充分认识到,我收听敌台,就是里通外国的反革命罪行,我写出的反动诗,就是恶毒攻击党和社会主义制度的反动诗。

三、场景

加上这一节,我有点犹豫。没有征求蔡楚本人意见,把他"交代"(注意非"揭发",文体有所区别)与文学领路人谢朝崧"接触"、来往的内容予以披露,会不会对他造成某种伤害?却又不想割爱。毕竟这个文本太珍贵了!近年来,关于"文革中的地下文学"、"文化大革命中的地下读书运动"、"一九六〇年代的文学追忆"之类,人们写了许多,我们也读了许多。可那都是时过境迁,才写出来发表的。而6月13日交代,属于原生态、现场报道。

我想,假如超脱一点的话,则它不止属于当事人,也属于庄严时代,属于历史文献。——写好了呈蔡楚审阅,他如不同意再删?

最高指示

坦白从宽,抗拒从严。

交待

我与谢朝崧接触得较多的时间是62年至65年那段时间,65年8月我参加石油会战后,只是我因事回家才同谢接触。因为在那段时间内我接受他的资产阶级文艺观同人生观的影响较深,文化革命中又不能主动划清界限,所以他叫我去吃茶、吃饭我也就去了。谢朝崧借过一本《戴望舒诗选》给我看,戴望舒是五·四时代后期的所谓"现代派"的作家,这书是解放后出版的。书的前面还有吹捧戴望舒是爱国的坐过日本人的监狱的序言。而从现在来看,戴望舒的作品都是资产阶级的无病呻吟、悲观丧气、怨天尤人的反动作品,并不能在当时的青年中起进步作用。我自己在国家困难时期看了这本诗,在自己个人主义的心灵中引起共鸣。当时的我,也是悲观丧气、无病呻吟的。因此模仿戴望舒的诗,写出了自己的反动诗作。谢朝崧崇拜"唯美派"的诗人,他对我也介绍这一类的诗,我当时年轻,渴求知识,听他对我讲这些诗,觉得很新奇、很美。慢慢也就成了这些反动诗人的崇拜者。谢朝崧说过:"写诗要音韵铿锵、和谐的美。意境要深远,要余味深长,做到余音绕梁三日不绝。"

谢朝崧对我介绍五四时期的诗人及作品。其中他吹捧徐志摩、闻一多、郭沫若是三大诗人,徐志摩的"再别康桥"、郭沫若的"黄浦江上"、闻一多的"死水"、戴望舒的"雨巷"、何其芳的"花环"是五·四以来写得最好最美的诗。因为这些诗百看不厌,能够流传百世。他在艺术上追求的是"唯美"、在政治思想上是追求超阶级的爱同美,吹嘘超阶级的"人性"及爱情是永恒的主题这一套资产阶级文艺观。谢曾说过,"胡适的作品在五·四以来的青年中影响是很大的"。他根本不看为哪个阶级服务、追求超阶级的"真、善、美",我中他的思想的毒害,也是较深的。

谢经常评论中国作家,及外国作家的作品。说什么,托尔斯泰是世界的良心,泰戈尔的诗作表现了最深沉的母亲的爱。而"五·四"时期的谢冰心,就是中国的泰戈尔。同谢接触的尹金奇等更比他高出一筹,看过的这类书更多。在谈论起这类作家及作品时更是口若悬河。

用伟大领袖毛主席的光辉著作《在延安文艺座谈会上的讲话》来对照,谢朝崧等人对我宣扬的正是资产阶级的、修正主义的文艺观。我自己接受了这些毒害,写反动诗,成了资产阶级的继承者、接班人。

在人生观上,谢对我宣扬"只要能写出一本成功的书,或诗选,就能成名,成名后就吃得开了。有些作家出名是因为一本书写得好,其它的作品并不怎样,因为成名了,打个屁都是香的"。还宣扬:"写出一本好的作品可以得到很多稿费,甚至上万元,这样既有名誉、地位,又能进一步深造学习了。"我即努力自修,希望自己能在新诗坛上成名成家。

通过伟大的无产阶级文化大革命,我认识到自己所走的道路是危险的,堕落下去,一定成为一个道地的反革命,我决心用伟大领袖毛主席的光辉《讲话》来改造自己的世界观文艺观，使自己能重新做人。能在今后的日子里，不犯罪、不作恶，少犯错误。为党和人民的事业、为社会主义建设贡献自己的力量。

    交代人
    土建中队
    蔡天一
    70年，13/6

四、辨正

  看到四十年前"反动诗"档案，不能没有感叹、不能没有思考。所有这些今天看，有何"反动"可言？可能否得出相反结论，今天看它没有意义、没有价值呢？肯定不能。我们做"知识考古"，意义在哪里？还有，深入现场对我们这些历史学爱好者，会有哪些启迪？

  还是先扣紧题目，讨论蔡楚先生的诗。

  其一，蔡楚一九六〇年代的写作，真实性上没有问题。

  当然就具体作品言，不能没有分析、辨证。比如写于60年代初的《乞丐》，究竟哪一年写的？目前有三个版本："我这首诗大约是63年初写的"（3月8日）；"62年，我写的反动诗《乞丐》……我想现在已经是1962年了，为什么反出现了这种情况呢？"（5月6日）；及"公开出版"的纸质本（我看到的是1993年电子科技大学出版社所出，蔡楚、陈墨诗歌合集《鸡鸣集》，与2008年中国文联出版社所出《别梦成灰》。仔细对照了，两书诗歌系年是一致的），该诗后标注时间"1961年12月"。当然出入不大，究竟哪个准确？想来该是"后起"纸质本。关键在5月12日交代，"他们吹捧我年轻、有天才，16岁便能写出好诗来"一句。作者1945年出生，16岁是1961年。当然62年初，也不妨模棱成61年冬。可对年轻作者而言，16岁写出一首好诗与17岁时写出，我们知道意义不同。那为什么两次交代，写作时间有所提前？我猜想是一开始时，他想避免给人"年纪那么小就如此反动"的坏印象。人的记忆在反复锤炼，作者也在反复考订。

  《别上一朵憔悴的花》较复杂。3月8日交代，"是63年8月调成都砖瓦厂前写的"，而且过程很具体，"把自己比作憔悴的花"。问题在于，标题"别上"怎么能说通？2008年12月8日，蔡楚先生跟笔者邮件讲，"《别上一朵憔悴的花》是64年，街道上逼我下乡的感慨"；2009年4月9日邮件更讲：当年"交代"不一定都真实，那时避重就轻是能理解的。他认真写：

  ……《别上一朵憔悴的花》是1964年时，小天竺街道办事处的周主任和派出所的董所长逼我上山下乡时的矛盾心情的写真，他们威胁我若不去就送我去劳教。当时我身体有病，到川医附属医院诊断，医生出具了

"风湿性心脏病"的证明才避免了下乡。"交代"中把"你的儿子到农村去了",改成到社会去了,年代也改早了一年,就是害怕被上纲为攻击上山下乡运动。想想看,只有上山下乡才可能戴花,就会明白我的指向是上山下乡运动。

总之,我六十年代初开始写作是事实,具体的写作日期不一定完全准确。

——该怎么看呢?一般情况下,伪"地下文学"、假"潜在写作",倾向于把自己写作说成越早越好,可蔡楚先生坚持此诗比档案中"交代"晚一年。网络版《别梦成灰》更在诗后标注"1964年10月"。看来此事他很在乎。经过多种材料、综合判定,我现在倒向了作者意见。理由么,有几点:一是1964年,全国大张旗鼓推动上山下乡。像蔡楚么出身不好的青年,不受胁迫基本不可设想。而从专案人员在此诗标题后加的小三角符号看,《别上一朵憔悴的花》在"反动"程度上,似乎与《乞丐》同类。二是作者那时,确实有那种危险或嫌疑。据档案中小天竺派出所《蔡天一的单行材料》(整理时间:1964年12月24日):在18岁时蔡已有"主要犯罪事实":一是收听敌台广播,散布广播内容;二是大肆造谣破坏,攻击污蔑知青上山下乡运动等。其中有一条:"今年上半年,蔡污蔑青年上山下乡运动说:'好多学生都跑回来了,下农村是受罪,农村是啥广阔天地。'"如真的"上纲为攻击上山下乡",在那个时期,将"吃不了兜着走"。三是不要忘了,就在蔡楚被关押、审查的同时,南京知青任毅因为一首《南京知识青年之歌》,也以"创作反动歌曲、破坏知青上山下乡、干扰破坏毛主席的无产阶级革命路线和战略部署"罪名被捕,最后"一曲知青歌、九年牢狱罪"。而且人们还说,在那草菅人命的年代,这简直算是一个轻判。如果考虑到此类"上下文",则作者交代时避重就轻,对本人是刻骨铭心的。

其二、对照前后版本,则蔡楚诗歌文本几十年无大改动。馆藏"交代本"与后来纸质本确有不同,很难说是"重要修改"。

略微细看的话:《无题》只有一处标点位置挪动,可以说原封不动。《乞丐》、《给你》略有改动。《乞丐》的标点符号,有几处不一样:"彻夜裸露着、在街沿边",在句中加了顿号;"自从田园荒芜后……"、"这双手原可以创造世界……",后面加了省略号;"没奈何,抢!……几个小小的饼子",标点调整成"没奈何,抢几个小小的饼子……"。句子方面有两处变化:交代中"褴褛的衣襟,颤抖的手,人们瞥见就躲开",变成了"不住颤抖的手,人们瞥见便躲开";"他等待着呵,蜷伏着,他在等待。"变成了"长夜漫漫,他在等待!"应该说,更凝练了。《给你》一诗有六处改动,五处属于细微的:题目改为"给zhan","媚月"改为"眉月","您!"变成"你?","天真的面容"变成"纯真的笑容","不,"变成"不!",都属于推敲的性质。只有末句，"明月下久忆你深情的黑眸"，变成"波光里你的倩影光灿熠熠！"属于什么性质呢？

相对而言，《悼——写在一个骨灰盒上》变动较大：题目变成了《题S君骨灰盒》，"雕满了呆板的荷花"去掉"了"，"一切都全部装下"变成"一切都轻易地装下"，"静寂"改成"死寂"，"高亢的亲切的歌"变成"亲切而高亢的歌"，都属于锤炼的性质。只是结尾两句完全换了："用斗争去迎接生活，生活就是一匹驯服的骏马！"变成"再见吧，妈妈……祝福我们一路平安吧……"，基调从高亢变为亲切，为什么有这个"重要修改"？而且，既然此诗是题在骨灰盒上寄托哀思的，应该说无修订之必要与可能？且存疑。

《别上一朵憔悴的花》，两个纸质本都未收入，《别梦成灰》网络版倒有。基本改动不大："小妹垂手睁闪着眼睛"，成"小妹垂手睁圆着眼睛"，一字之改；"弟弟悄声问我：'你还回来吗？'"，成"弟弟悄声问我：哥还回来吗？"，一字之改，直接引用没了；"我默念着：'别了，亲爱的妈妈'"，成"我默念着：别了，亲爱的妈妈"，也是直接引用没了。要说最大不同，则交代中"你的儿子到社会去了，／我会为人民辛勤劳动——对你作最大的报答"，变成了"你的儿子到农村去了，／我将勤奋地为祖国添砖砌瓦"。关于这个，孰是孰非，前面已经涉及。我倒觉得，作者的"后设阐释"能够成立。为什么呢？"增砖添瓦"是那个时代的流行词。而"到社会去"给人感觉怪怪的（因为严格来讲，很长一段时间，所谓"社会上"是个负面的词）跟"报答母亲"之间，会有什么关系？

总体讲，蔡楚先生六十年代的作品比较成型，前后说不上有什么影响整体立意、风格的大修改。至于个别语句、标点方面的变动，只能被认为是苦吟、推敲的体现。属于中国古人"吟安一个字，捻断数根须"的性质。而且我觉得，有无那些更改，其实无关宏旨。

所以，他的这些诗，当然"属于"六十年代。

其三、他的诗没在官方刊物发是事实，在一九六〇年代他也没有涉足"地下刊物"。但不能认为，他的写作是"潜在写作"。他不是放在抽屉里的。多的不讲，起码他的《乞丐》在圈子里得到了阅读，起码他的《悼》得到了何蜀的"批评"，起码他的前面六首诗，在风雨如磐的1970年惊动了"组织"，起码他的这些反动货色"通过同志们的批判"。显然不是潜在云云，而是产生了影响的。

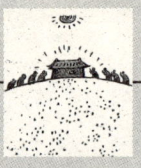

西北大学对面的陕西作协

一个"逍遥派"的风雨兼程

杨闻宇

  1964年初秋,我侥幸考入西北大学中文系(汉语言文学专业)。我家在西安城东北方向二十多里外的农村,西北大学则位于古城西南角城墙外侧。城墙残缺,高高的豁口上长满了比人还要高的槐榆树丛。我们的宿舍在三楼,坐在窗口,苍凉的明代城墙一目了然,槐丛间燕雀弹射,拉出一条条转瞬即逝的黑线。西北大学是贴城最近的一所大学;其位置也能证明这是一所老牌学府(当时从大学的数量而言,北京居全国第一,西安第二)。1924年夏天,鲁迅先生在西北大学讲过学;后来翻修旧礼堂,从墙根下掘出了少帅张学良刻的石碑,单是这两条,让西安别的大学就望而却步,不敢与这座遮罩在绿树浓荫里的学府比肩论辈了。

  学校中心广场西边有座槐树林子,尽是一搂多粗排列有序的洋槐,春深时花白如雪,香氛宜人，各系的学生全部坐进林子里听报告，开大会，也只能占去林子的一个角落。

学生主要来自各地乡村，一月口粮三十三斤半（女学生三十一斤），从衣着上看也属于布衣群体，带来的床单被子多为家织布，个别蓝格子床单上还打着补丁。那时节对入学者政治审查很严，我们这个年级六十二位同学，党员三几个，团员多数，家庭成分最高的也就是富裕中农，在农村算小康人家吧。入学伊始，同学们对各自的晚自习就抓得很紧，听课认真，自习时做摘录卡，晚间自习，有人早早到图书馆阔大宽敞的自习室占位子，晚上熄灯后才悄悄摸黑回到宿舍。"图书馆"三个字是侯外庐先生的手笔，馆长名叫袁世海，精瘦，面有疤痕，一条腿，拄一根木拐进出，人说他是个从枪林弹雨中出来的老红军。

中文系的学生自然要写文章，谁个写的文章只要是变成为铅字（校报也行），同学们就刮目相看，认为这就相当于小鲤鱼跃过了龙门，全系稀罕，很不简单。那时提倡"又红又专"，"红"指政治，"专"指业务，政治教员总是告诫大伙不要走"白专"道路。"白"与"红"相对而言，中文系学生之"白专"指的就是成名成家的思想，一本书主义或者想当一个作家，与"又红又专"是背道而驰的。我们这些来自乡村的学子，老实木讷，知道要好好学习，认真读书，哪有过什么成名成家的念头呢？问题是，读书有成之日，"学而优则仕"，成名成家则很可能是要走的第二步棋。

学校里在这儿为学生们打的是"预防针"，而且这"预防针"打得很紧，我们年级还专门前往城北关外的龙首村参观过阶级教育展览馆，大门上有醒目的十个雕刻大字"朱门酒肉臭，路有冻死骨"。下笔如有神的诗圣杜甫，千余年前就对"阶级斗争"进行过提炼概括了。

平静如水的生活不到两年，1966年5月，"文化大革命"忽然掀起来了。全校停课闹革命，学生与教职员工分成"造反"与"保皇"两大派系，大字报铺天盖地，高音喇叭上辩论激烈，全国整个文教事业被说成是一条黑线，我们这些在校的大学生算什么呢？不就是黑线上的小爬虫、小蚂蚁嘛！刚刚弄清"白专道路"是怎么回事，自己怎么就被归到黑线上了呢？造反派一哄而起，教授、副教授统统遭到批斗，文科知名教授单演义因为陪同过鲁迅，研究鲁迅几十年，平素与人交谈，三句话不离鲁迅，1957年由长江文艺出版社出版过《鲁迅讲学在西安》，也被造反派押着在校园里游街示众，身材魁梧的单先生不服，用洪钟般的声音质问造反派："你们平时总说我不学无术，现在怎么又变成反动学术权威了呢？"造反派用巴掌击他的大脑袋，不准他胡乱呐喊……鲁迅是文化巨人，连研究鲁迅的教授也横遭凌辱，可见这文教战线的颜色实在是说不清楚的。

柳青、杜鹏程、王汶石这些知名度颇高的作家，住在陕西作家协会，作协与西北大学隔一条马路，城里的造反派将这些作家挂上牌子押上卡车游街示众，更是隔三差五常见的事儿。中文系学生见此情景，还敢走什么"白专道路"吗？曾任国务院副总理的习仲勋就被关押在我们下边（学生宿舍二楼）的一间小屋里，偶尔被人监视着进出时总是捂个大口罩，押上卡车示众时，我们才能一睹真容。老革命也一下变"黑"了，成了"黑帮"，而西安城几条大街早就变成了"红海洋"，我们这类大学生应走的红色之路，应当从何理解呢？我眼前一片迷茫。

"文化大革命"要"横扫一切牛鬼蛇神"，还要"涤荡一切污泥浊水"。比我低一级有个来自韩城的女学生薛巧凤，人长得好，进省城上了大学更为爱美，可家里穷，没钱制衣服装扮自身，爱美走邪，一念之差，她便窃取同学晾在宿舍外边的漂亮衣衫。"文革"起来了，造反派里的女生将她拉在大饭堂门口的苹果树下，逼她站在中间，一圈的麻绳上搭着从她床下搜出的花绿衣衫……实在不堪凌辱，第二天，她踅到校外乡村的菜地里，跳井死了。那年月人命危浅，学校里常有自裁的人，薛巧凤进大学才两年光景，从黄河边上进入这座老牌大学，青灯寒窗十余载，多么不易！

"文革"之先，我因为假日回家与村里的社教工作队理论过几句，工作队给学校写了公函，认为我阶级立场大有问题，系上党支部对我施加过几次压力，让我检讨。"文革"起来了，学校停课，对立的两派对我都不感兴趣，俱认为我在政治上不干不净，看看大字报之余，我只好闭门读书，读"毛选"，读鲁迅的书，也给《红楼梦》包个红皮儿反复翻阅。班上的造反派发现我居然敢看《红楼梦》，以批判的锋芒对我扫了一翅膀："现在是什么时候？我们班上还有人敢偷看《红楼梦》！《红楼梦》是什么书？谁不知道！这号人就是'逍遥派'，从本质上讲，'逍遥派'就是不革命，就是厌倦这一场文化大革命。这号人，比'保皇派'还要坏。"说是这样说，"保皇派"作为一个对立的派别死死咬着他们，他们对我这个"逍遥派"才顾不上采取措施呢。"造反派"的这一套，我也看出来了，故也不很在乎。这样的大学下一步办不办还是个麻缠事儿，等你们胜利了，掌权了，我大不了回乡下吃牛种地去。我家人老几辈子，都是庄稼人。我能考上大学，本就稀里糊涂的，父母乡亲不当回事，我自己也说不清何以能够考中。像我这样的人假如不当"逍遥派"，转过身去当"保皇派"，你们"造反派"不更要拧下我的脑袋吗？！人在被逼到绝境上时，反而觉得到处都是路。虚荣心强者意志脆弱，我才不跟着薛巧凤去跳井哩。

那些日子里，进城开批斗大会，或者庆祝"最高最新指示"的发表，每周总有个二三次，用五合板做成的"将无产阶级文化大革命进行到底"的漆染红字，每个字就有上百斤重，需八个人轮换着在队伍里抬着前进，进西城门，穿过西大街、钟鼓楼、东大街，从解放路折进体育场或新城广场，来去一折腾就是一整天。我的任务是换抬这比人高巍的红字，一个秋冬下来，两个肩头白花花的，家织布棉袄磨破了，露出棉絮来了。念书写字，最常磨破的是右肘底弯，现在因为革命而升级了，上肩膀了。造反派将我封为厌倦革命的逍遥派，足证其蛮不讲理。

更难堪的是到了后期，工宣队、军宣队刚刚进校之时，班上有几个造反的吵吵着要成立"贫协"："农村能成立贫农协会，大学为什么不能成立？不能成立本身就是修正主义！"班上同学多数出身于贫下中农，就团支书赵春华与两个委员（符洲和我）以及为数很少的几个同学是中农与富裕中农，"贫协"讲究斗争对象，而班上没有地富子女，我们几个不是理所当然地升级成"地富反坏"了吗？！亏得工宣队头儿说学校不是农村，不能生搬硬套，乱提口号，将这一倡议给否决了。

另一件事是中文系的一个厕所里出现了什么"文字狱"的反动标语，全系师生查对字迹，后来才听说不知怎么弄的落实到了我的头上，那时节因"反标"案被视为现行反革命而遭逮捕、被枪毙的可是时或见到，我从农村来，读书有限，哪里懂得"文字狱"是什么意思呢？我那时通读了《鲁迅全集》，抄了一厚本自制的《鲁迅语录》，装订得齐棱四正，同宿舍的一位好友悄悄取走了这个手抄厚本，供给工宣队秘密地核对字迹（我疑心，他这行径也是被指使的）。天可怜见，这事听说最后被否决了，我自己也闹不清自己是怎么逃过这一劫的。当时只觉得，平时要好的同学都以异样的目光望着我，举止不大自然，言谈闪烁其辞，不愿与我多说什么。人一生危险处就几步路，问题是莫名其妙地命悬于一线，太险恶了，太玄乎了。对这桩"恨别鸟惊心"的往事，30多年过去了，我也不敢轻易对人谈及这样一番经历。从刀刃上过来的人，总感到刀刃暗暗地在逼视着自己。

四年光阴，就这么噩梦似的过去了。"九大"以后，中学生上山下乡，"广阔大地炼红心"，我们这批大学生怎么办呢？从学制上讲，是该毕业了，而"黑线"所教出来的学生，怎么能往社会上分配呢？（上级谁敢拍这个板，谁就有放毒之嫌。）学校的教授、领导全让造反派给打倒了，人不人鬼不鬼的，驻校的工宣队按毛主席说的，是掺进学府里的"沙子"。"沙子"与新成立的革委会无计可施，只好组织学生到城郊的工厂、农村去接受工人阶级和贫下中农的"再教育"。我在西安搪瓷厂、棉纺第四厂、西安电力开关厂分别干过两三个月，工厂师傅质朴可亲，就是让我们随着干活儿，一点也没有指教或者"教育"我们的意思。开关厂一位师傅有天与我闲聊，问我你们学校有工宣队吗？我说有。他说道："我们厂也派出过工宣队，听说进驻到交通大学去了。"我试探着问："这些能进工宣队的师傅，是咱们厂里的优秀分子吧？"他笑了笑："什么叫优秀分子？好工人走了谁下车间干活？厂里领导又不是傻瓜，才舍不得放走好人哩。不少渣滓、滑头、懒虫，都趁这个机会给塞出去了。"我一时目瞪口呆。

去罢工厂下农村，我与一位同学被分配到兴平县窦马大队十八小队，位置正好在汉武帝陵的南畔。帝陵高巍，又处于原坡之上，第十八小队一个小小村庄，仿佛被遮蔽在龙椅之下，像一只脚踏子。庄稼人与工人是一样的劳动者，可亲而质朴，重活苦差是我俩主动寻着去干的，我是农民出身，觉得与在我的家里下地干活没什么两样。

扭扭捏捏地拖到1970年夏天，我们在大学整整六年了，上边才让进行毕业分配。有困难、有背景的少数同学主要是分回原籍，去当中学教师。80%以上的同学"学工学农"已经学过了，现在该去"学军"了。我被分进了华山脚下、渭河滩上的解放军华阴农场，所有的学生连队编制，连排干部包括司务长皆由现役军人担任（是从各野战部队抽调上来的）。军队干部真能吃苦，六七位军人率领百余名学生组成一个连，挖泥、抬土、盖房、掘大渠，割麦之后放火烧荒，秋凉时下水割芦苇，晒麦子时在场里扛二三百斤的麻袋，将全连百十号人带得风风火火，生龙活虎。全农场1500余名大学生，负责的军队干部少说也在百人上下，六七万亩的荒滩，各类庄稼（小麦、高粱、玉米、花生、油菜等等）确实长得茁壮喜人，当地老百姓啧啧称赞。我惊异从北京、上海、天津、武汉、沈阳、南昌各地来的大学生，男男女女，城市里出身的也为数不少，为什么就这样地坚忍能干，吃苦耐劳。稍加思忖，我更加惊异人民军队不愧是一所"大学校"，大熔炉，能那么迅速地冶炼出一炉炉像样的好钢来。

学生人数太多，自己动手盖简易房的前半年，先借宿在农民家的柴房、磨房里，白天扛一把锹出去干活儿，早晚或雨天，与房东时或相见。从分到农场之日起，依循"文革"前的毕业惯例，每月发给我们的工资是48.50元。有一天，同班的同学外出干活了，房东大爷见我一个人在收拾晾晒全班的被褥，便踅过来与我搭讪："小伙子，你们这伙男女学生，是咋回事嘛？成天穿得破破烂烂，让解放军管着，风里雨里下地干活儿，都是苦活重活，外表看像是劳改犯。可是每个月又发给每个人四十八块半的钱，比以往下来的下放干部领的薪水还多。我们村里人想来想去，闹不清你们这是咋回事。"

大爷银须白发，静静地望着我。我说："我们上大学时，学的知识全是坏的。现在送到部队农场，让解放军重新对我们进行教育。我们要脱胎换骨，重新做人。"

大爷摇摇头："从来不见你们看书呀。一天到晚下地干活，不写字不看书，还算什么教育？"

"干活就是接受教育，用身上的汗水洗刷我们的思想、灵魂。"我诚恳地表白。

"你这是胡说。我们人老几辈子干活种庄稼，整天流汗，难道成天算是受教育、洗刷灵

风华

1943年,翁香光、张沅吉在朋友的喜宴上。

　　1942年2月1日,三十一岁的张沅吉和二十三岁的翁香光在上海国际饭店二楼举行婚礼,证婚人赵叔孺,男方介绍人张聿光,女方介绍人钱瘦铁,主婚人是新人的父亲张锡和与翁瑞午。婚礼上还来了一支五重奏乐队,乐队的钢琴手是陈传熙,提琴手为李德伦。

　　两位新人相识于袁仰安、赵家璧主持的上海良友复兴图书公司。新郎是《良友》的助理编辑,新娘是公司的文员。这场姻缘持续了近半个世纪。1990年,张沅吉辞世;而今年九十三岁的翁香光依然生活在永嘉路的老房子里。

与糜春晖 刘汝醴 两兄同在南京从悲鸿老师习画时

严樵
一九三一
深秋

1931年,张沅吉与画友刘汝醴、糜春晖在南京的合影。

一九三五年七月廿日
随傅师访南京育
青山学校安法之时
由安陪严翰侯俦
师外尚有七友廉
春晖兄立傅师没
者尽该校另一教师
惜忘其名

张沅吉在文艺方面极具天分，绘画、摄影、音乐、金石均有造诣。1930年代，曾在南京中央大学追随徐悲鸿学习绘画。

南京：String Quartet
Ist V. 沈承明
IInd V. 杨振锋
Va 张沅吉
Cello 祁文桂

1930年代，张沅吉曾在南京参加音乐团体乐群社，并与沈承明、杨振锋、祁文桂组成弦乐四人组。1937年9月4日，弦乐四人组增加陆华柏共组雅乐五人团，在广西省政府礼堂举办了桂林首场专业音乐会。

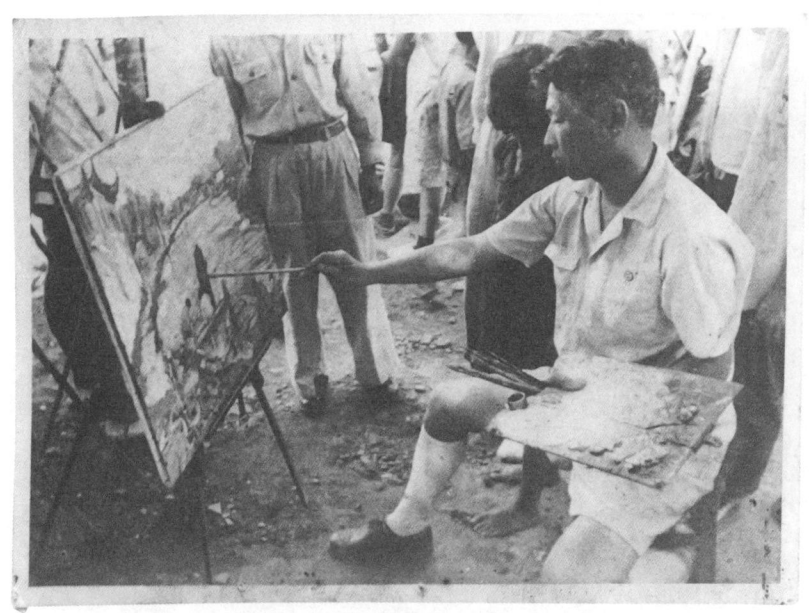

张沅吉街头作画。年代不详。

1940年代初,翁香光在上海良友复兴图书公司。

1948年，张沅吉曾供职于南京中央社摄影部；1949年后，在上海华山医院从事医学摄影。

1949年后，张沅吉称自己的居室为"四琴斋"。

1940年代初,翁香光在上海良友复兴图书公司。

为《良友》拍摄公园编织图,右二为翁香光。

翁香光、翁重光、翁文光三姐妹摄于重光大婚时。

1940年代，翁香光在张沅吉绘制的油画像前。

张沅吉、翁香光夫妇与大姐张维桢、大姐夫罗家伦等家人的合影。

一起走过。

一起走过。

张沅吉为翁香光创作的油画肖像。

相关文字参见《外公的琴声》

魂吗？干活儿也是吃苦，又怎么能代替读书呢？"

大爷把我给问住了。他一面拔出烟锅抽旱烟，一面听我说话。我说："老大爷，你不懂大学的事，也不懂这场文化大革命。这场革命提出教育革命，还要'斗私批修'，要我们通过艰苦劳动，狠斗自己头脑里的'私'字。"

老大爷悠悠地吐一口烟，笑了："我不懂这，也不懂那。我们这儿离华山近，可我懂得什么是狮子、老虎。"

我说狠斗"私"字，他怎么理会成"狮子"了呢？这老人八成是文盲。

老大爷照旧说着自己的话："毛老人家把刘少奇、邓小平给斗垮了，刘、邓就是狮子；斗倒了狮子，会出来老虎，林彪那个'彪'字，虎带三刀，你从电影上看看他那个长相，不是比狮子更厉害的一只老虎吗？！"

这个大爷哪里是什么文盲呀！我怕他再说出什么出格儿的野话，忙借故走开了……

后来，我们搬出了村舍，住进了农场里自己动手盖起来的芦苇房里。因为我是学中文的，连里调我当了文书，住进连部。一天黄昏饭前，通信员冯光复（湖北人，交通大学出来的学生）盯我一眼，递过一封电报："祖母病危，速归。"

呀！我眼前一片晕黑。因为父亲遭到农村"社教"运动的冲击，经不起风波的祖母早在六年前便病倒了，听说我要下农场，沉绵难起的祖母一定要姑姑扶她下床，一步一挪地把我送到家门口，干瘦的身子勉强倚住旧歪的门框，多皱的唇儿剧烈地抖了几抖，昏花的老眼里溢出了两滴泪水，什么话也说不上来……

手捏电报，我头涨、胸闷。农场锻炼，规定是不许回家探亲的。我窝下头跑过远远的水渠，躲进一塘芦苇背后，向着西方的家乡号啕失声！在还是三尺童子时，拽着奶奶单薄的衣襟，一路采摘着艳艳的野花去走亲戚，日暮返回，半道上我也抢过她那枣木拐杖，一溜烟儿先跑回家，进门就向母亲表"功"："奶奶后边走哩，我帮她先扛回拐棍啦！"奶奶那一双小脚也太疲倦了，步履蹒跚，而今终于是走尽了自己的里程。眼前如焚如血的落日，大似车轮，渐渐接近了地平线，正在消隐……潇潇然一阵西风袭向芦塘，我哽咽得喘不上气来。

忽然，一只手从背后轻轻扳在了我的肩头。回过头来，是冯光复和两位军人，一位是脸膛微黑的指导员张怀新，一位是场部的政工干部贾建勋。

"回家去，回去见见老人。"指导员看看腕上的表，"现在不到七点半，九点五分有一趟客车从山底下过，还来得及。"

老贾将一个鼓鼓的军用挎包塞给我："下了火车还要赶路，后半夜天凉，这儿装着馒头。动身吧，我和小冯送送你。"

我的神经已经有些木然，随着他俩在蔓草小道上奔波起来。眼前两尊身影晃动着，是陌生的，又是温馨的。远处是黑黢黢的华山，夜色笼罩下来，两尊身影与山影几乎要融为一体时，老贾撤亮了手电筒，一道光柱那么强烈，白花花地照亮了坡上丑陋的歪脖子槐树，扫过了野草凄迷的半塌的坟包。

赶到小站，三个人通身汗水。站小，列车只停两分钟。山风阵阵，山麓上的苍苍古树扑抖着横伸的枝叶，发出海潮松涛似的吼声。"速去速回，见一见老人就归队。"风里传来老贾的呼喊。火车一声长鸣出站了，我抱着绵绵的挎包，包里的几个暄软的馒头还是热的，脸颊紧紧贴住车门的玻璃：渭水上空有几颗稀疏的星星，车站外那黑森森的丘陵丛莽间，一支电筒的光芒明明灭灭，朝着空漠的荒滩上移动……一声长长的呼啸，列车转个急弯，黑乎乎的巨大山体掩遮过来，什么也看不见了……我的脑海里浮现出一句不知是谁说过的话："没有情谊，则斯世不过是一片荒野。""情谊"二字，是浮漾在尘海里的"珍珠"，"天意怜幽草"，荒野有灯光，这"珍珠"，它并不限制于狭隘的天伦之间。

泪别祖母的新坟返回连队不久，即发生了"九·一三"事件，林彪一家三口从飞机上摔死在外蒙的温都尔汗。听说他们是搞政变谋害毛主席才如此下场，立即使我想起了不远处村庄里那个房东老大爷说过的话：斗倒了狮子，会出来个更厉害的老虎。古圣哲说是"礼失而求诸野"，华山底下这位村野老人的见地，显然在我辈以为饱学的"臭老九"之上。远处巍峨的华山顶上云遮雾罩。五代宋初有个很有学识的道士陈抟，后来移居于华山之巅，宋太宗赐号希夷先生，传说他在山上与赵匡胤下棋，赢得了这一座西岳华山，后人赠给陈抟老祖的联语是"开张天岸马，俊逸人中龙"。千年已过，西岳岿然，山下这一位须发皓然的的房东大爷，与云里雾中那位陈抟老祖会不会有什么瓜葛呢？

"九·一三"事件后，组织上开始在学生连清理"五·一六"分子，"五·一六"是文革1966年掀起时的纪念日，"五·一六"分子当然指的是当年的造反派里的佼佼者，部队派人私下里内查外调，调查结果，反而查实我在校时是个地道的"逍遥派"。"文化大革命"进行到这一步，当年的"逍遥派"就更逍遥了，我有一种浑身解放的轻松之感。倘非连队文书而脱不开身，我兴许会是某一内查外调小组的成员，到外地去开开眼界哩。

农场两年期满，部队需要选留几个学生入伍。一位军队的干部问我："你想不想穿军装留在部队？"

毫无思想准备，我竟然嗫嚅起来："我的家庭成分偏高，父亲曾是个'四不清'，我在这场大革命中也积极不起来……"

"这是组织上考虑的事儿。你只要首肯同意，我们就安排办理别的手续。"当我穿着一身帽上缀有红五星的崭新绿军装回到村里时，乡亲们惊诧万状，平时很熟的父老兄弟，驻足而望,老半天说不出话来。面对乡亲,我当时神情木然,却显不出多少喜色。事后才回想到:这大概就是古人所说的"衣锦荣归"吧,比我八年前考上大学更为引人惊羡……

这身绿军装,一穿就是三十多年,后虽改为文职人员,依然戎装在身,可谓是当兵当了一辈子。1964年入学,1972年入伍,我的大学学历可算为八年以上才符合实际。"文革"中学校停课,我们文科学生与大伙一起走上社会,经风雨,见世面,实际上是走上了真正的大课堂。命运之手委实微妙——这天翻地覆的一堂课是许多人用痛苦、血泪和生命为代价登上讲坛给我们来"上课"的,我们从中懂得了什么是革命与造反,什么是深沉的历史与政治,明白了花花世界,何谓"红"、"白"……

四十多年过去,弹指一挥间,当年一块进入大学的六十二位同学,多已年届古稀(有十位同窗已经离开了这个世界)。栉风沐雨,同舟共济,我今生今世忘不了他(她)们;而他(她)们呢,也许有人早就不记得我了,因为大学八年,我是平凡普通的一个学子,沧海一粟兮长河一滴,毕业离校前夕,且又匆匆地变易了用过多年的名字。

《良友》闲章

1960年代北大历史系师长素描

欧阳文

20世纪60年代,我有幸考上北大历史系,虽然两年后就邂逅了"文革"这场浩劫,众多师长们的风采还是令我终生难忘。

原来我以为,大学里的老师都是教授,个个都是才高八斗、学富五车、衣冠楚楚。出乎意料,他们绝大部分都很朴实,一身中山服,态度平易近人,和蔼可亲。无论什么装扮的老师,都会透出不同程度的学者气质,都有着不同凡响的故事。

依然讲"猴变人"的老师孙淼

给我们上课的第一个教师是孙淼老师,这是一个相当朴实的中年汉子。他1960年北京大学历史系毕业,司职于北大历史系中国古代史教研室。中华文明的起源、先秦史是他的专业特长和研究方向。远古时代、中国猿人是他的课,也许是这段历史就缺乏感性魅力,也许是他的课讲得相对平淡,也许是我的专业思想还不那么牢固,也许是"猴变人"听过好几遍了,总之,让我感到索然无味。那些什么旧石器、新石器、陶器、铜器、铁器等等,虽然都是专业必修课,可我这样对此不太感兴趣的学生,实在打不起精神听。

后来,他组织我们去周口店北京猿人展览馆参观,倒是给大家留下了比较深刻的印记。当时同去的还有考古专业的老师,讲了贾兰坡等我国著名的考古学家发掘周口店北京猿人的来龙去脉,以及北京猿人头盖骨如今仍然不知去向的历史之谜。这倒激发了我们学习历史的兴致。

这次参观还有一个插曲:结束参观的返途中,路过卢沟桥,孙淼老师应同学们的要求停下来,让大家参观这座铭刻着中华民族优秀儿女浴血奋战反抗侵略的历史名桥,由于时间紧迫,大家匆匆忙忙在桥上浏览了一圈,就按老师规定的时间上车出发了。可是回程走了一多半,考古专业的同学们忽然报告,说怎么没有看到王绵厚同学?孙淼老师急忙让两辆大巴全部停下,查找这个同学,果然没有。有个同学说,上车前看到王绵厚正在仔细端详"芦沟晓月"的碑文,是不是过于专心致志,没有听到喊上车出发的声音?"王绵厚丢在卢沟桥了"的消息马上传遍了两个大巴。只见孙淼老师着急得脸红脖子粗,与另一个老师还有学生干部急促地商量着怎么办?回去一辆车接,这辆车上几十个同学的晚饭就赶不上了,不回去,把他撂下怎么办?后来还是家在北京的几个同学说:没事的,卢沟桥有通往市区的公共汽车,他肯定会乘坐公共回来的,只不过会晚一会。孙淼老师他们也没有别的办法,只好与我们继续乘车返校,但是他一路心事重重,一脸忧虑。到学校分手时,孙淼老师一再叮嘱考古专业的同学,王绵厚同学一旦回来,请马上告诉他。果然不出家在北京的同学所料,我们回校不久,王绵厚就也回来了。大家都虚惊了一场,我们也都看出,最担心的还是孙淼老师。

"道路以目"的张传玺

张传玺老师给我们留下的印象比较深。他给我们讲的也是中国古代史先秦史这一段。这位老师为人谦和,幽默风趣,丝毫没有架子。他讲到西周周厉王暴虐,老百姓民不堪命,闲话蜂起,怨声载道,周厉王变本加厉,实行敢言者杀无赦的暴政,找来一个卫巫,让他"监谤者,以告,则杀之",致使一国之内熟人相见,也不敢交谈,只能"道路以目"。讲到这里,他还学着当时的情景,在讲台上表演起来,逗得大家乐个不停。

他是山东日照人，曾在山东大学中文系及历史系学习，1956年考到北京大学历史系攻读副博士研究生，师从著名历史学家历史系主任翦伯赞，主攻秦汉史。以后就留在北大历史系任教，并成为翦伯赞的助手。

1958年到1959年，他曾参加全国少数民族社会调查，并担任云南潞西县遮放区傣族调查组组长和武定、禄县彝族调查组组长。讲课时，他曾给我们谈到他们当时调查的情况：不少少数民族还是过着非常原始的生活，实行的还是刀耕火种的生产方式。还谈到国内历史学家们对要不要保留这些少数民族的原始生活方式，观点不一样。一派认为，为了便于研究，应当使这些少数民族的生活方式生产方式继续保持现状，否则就会给古代史的研究带来无法挽回的损失；一派认为，人类社会的发展不能人为地阻挡，不能为了少数专家的研究，就让那么多的少数民族依然生活在几千年前的极端落后状态中，那样，太不符合马列主义的人道主义了。大概是他阅历比较丰富，加上深厚的专业功底，所以他讲课非常放松，广征博引，妙语连珠，深入浅出，生动活泼，听他讲课的确是一种享受。

"文革"开始后，由于他是翦伯赞的助手，也是没完没了地写检查。好在他早年参加革命队伍，没有什么历史问题。后来他一度被放到我们中国史班参加文革活动，大家在一起无话不谈，相交甚深。有一段时间，工人、解放军宣传队让我们给他们提意见，我们经过认真讨论，毫不客气地指出：关键是他们一定要相信群众，尊重知识，尊重知识分子，并以此为主题，联名写成一篇东西，得到了他们的认可，称道我们一针见血，击中要害。

1970年我回北京参加同学婚礼，曾去张传玺老师家里看望他，他与夫人热情地留我用了午餐，他还送了我一个当时流行却比较罕见的领袖纪念章。再见面就是1998年5月北大百年校庆了，我们到人民大会堂参加党和国家领导人出席的庆祝北京大学成立一百周年盛典大会，邂逅相遇，相谈甚欢，抚今追昔，感慨万端，我们还在会堂外面合影留念。历史系的纪念大会，我们又相聚在二院古色古香的院落中，中国史专业的同学们都争相与他合影。

后来得知，"文革"后，张传玺老师做的头一件大事就是为著名历史学家、北大副校长、历史系主任翦伯赞平反。1978年，北大当局还要宣布学校关于翦伯赞的审查结论——仍然是"四人帮"时期做的结论。听说这个消息的翌日晚，张传玺老师去找北大主管落实政策的党委副书记，想阐明自己的观点，不想却碰了钉子，这位副书记翻出翦伯赞的档案材料，称他的结论是白纸黑字，铁证如山。张老师在极度失望之后，又下决心把这件事做到底。他联合了其他七名教师，又起草了给校党委的一封信，然后在

1969年作者在北大读书时在未名湖畔

一位老教授的率先支持下，找了其他人一一签名，又送到那个副书记手中。然而，一个星期之后，"八人上书"渺无音讯。张老师斗胆在北大三角地贴出6000字名为《翦伯赞同志革命的一生》的大字报，要求为这位历史学家公开恢复名誉。大字报轰动了整个燕园，其影响甚至波及到海外。北大党委正副三位书记全部到现场观看，并于当天撤销了原"翦伯赞专案组"，成立了新的专案组，张传玺老师也在其中。他根据专案组的决定，起草了两份为翦伯赞平反的文件，送交校党委。他还把大字报底稿打印了300份，分送翦伯赞生前的同事、友人等，扩大影响。张传玺老师还采取了一个特别的行动，把大字报送到北大历史系学生、中国历史博物馆馆长胡德平那里，想通过他向他的父亲、时任中组部部长的胡耀邦"告御状"。

胡德平欣然答应，并很快就有了反馈：让张老师三天之内写出有关材料。两个月后，消息终于来了：时为党中央副主席的邓小平同志批示："我认为应当昭雪！"北京市委、北大校党委迅速落实。张老师及其同事的努力终成正果，受到不公正待遇十二年之久、含冤自尽的马克思主义历史学家翦伯赞终于恢复了他应有的名誉。在这个过程中，给北大校党委上书的八个人特别是张老师功不可没。

红色教授田余庆

教我们魏晋南北朝史的是田余庆教授。田先生祖籍湖南湘阴，生于重庆，读过湘雅医学院，曾在西南联合大学读政治学，1950年毕业于北京大学历史系。他主要研究中国古代史，专攻魏晋南北朝，是我们所读主要课程的主要教材《中国史纲要》（翦伯赞主编）的编写人之一。印象中他当时身体状况不是很好，个子不低，总探着腰。他不苟言笑，不怒自威，表面上很严肃，但讲起课来声音里却透着和蔼。也许我对这一段历史不太感兴趣，所以他给我们上课的详细情景已经不太清楚了。但记得他在当时也算得上红色教授，是共产党员，对自己要求很严格。毕业前夕，我们历史系到当时的房山县霞云岭搞"战备"和"教改"，他也去了。那时他已经四五十岁的人了，身体又弱，竟然和我们这些二十多岁的小伙子们一块参加劳动，这里下地就是上山，山路弯弯，崎岖难行，常常一边是峭壁，另一边就是悬崖，空人行走都让人胆战心惊。可田先生和同学们一样背着背篓运粪运棒子，经常汗流浃背。他的行为经常得到系里领导者工军宣队的表扬，可是我们却时常为他的身体为他的拼命而担心。

他教我们时间较短。近年来，有名人曰：有田余庆在，北大历史系就还在。话虽然过了些，也足见他在北大历史系的地位。

性情中人汪篯

汪篯教授是我终生难忘的一位先生。他与田余庆一样，是1958年以后北大历史系确定重点培养和使用的"又红又专"的教授之一。他教授我们隋唐史。汪先生高个子，白皙脸，戴一副金丝眼镜，知识分子气质很浓。讲课时兴致盎然，滔滔不绝，口若悬河，洒脱不羁。据说六三级有一次上唐史课，他的助教一位青年教师主讲，他本来是听课的，有同学提问，他见青年教师回答得不甚理想，自己就跳到讲台上，眉飞色舞越俎代庖地开讲起来，全然不顾那位助教尴尬的神色。还有一次，他讲唐代文学，由于他太热爱太熟悉了（北大中文系著名古汉语专家王力教授自称汪篯会背诵的唐诗比他多），讲起来天马行空，信马由缰，规定的课时时间只讲了很少一部分，没办法，只好跟下面上课的同系教师顾文壁说好话，好在顾比他年轻，无可奈何，只好让步。结果一而再，再二三，唐代文学他整整讲了六个小时！他一边讲课，一边抽烟。他的烟瘾十分了得，常常是上课开讲时用火柴点上一根香烟，然后就不停地讲，不停地抽，这根未尽，那根接上。整节课不知抽多少根烟，火柴只用开头一根。他抽的是"大前门"，当时已是高档的了。同学们叹息：一个月得抽掉多少钱啊！我的座位在前面，看得很清楚，他夹烟的食指和中指上半部分被烟熏得焦黄焦黄。在下面辅导我们功课结束闲聊时，我们说他身体瘦弱，弱不禁风，他却炫耀说在清华读书时，曾是清华大学篮球队的五虎上将之一，谈起此事眉飞色舞，津津乐道。

他所讲的史学观点，我印象最深的有两点：一是特别推崇武则天，认为这位中国历史上的第一位女皇帝非常了不起，大唐盛世武则天功不可没。谈到史学界有人对武则天宠信男宠多有诟病，汪先生极为不满，他认为，这完全是男尊女卑陈旧思想在作怪。他曾在课堂上激愤地说：男性皇帝三宫六院七十二妃，理所应当，天经地义，女性皇帝养几个男嬖怎么就大逆不道了呢？为武则天打抱不平的忿然心态溢于言表。二是对农民起义的作用之一是推动封建皇帝实行让步政策从而促进了社会生产力的发展给以充分肯定；他对唐太宗也十分赞赏，称道他的文治武功，称道他的"贞观之治"，称道他的纳谏如流。他很得意地谈到，他曾给中央党校高级领导干部班讲过《论唐太宗》，后来形成一本小册子，还拿给我们看过。

他说过他是陈寅恪的得意门生，还常常介绍陈先生有关史学的学术观点。后来才知道，汪籛先生1916年生于扬州，1931年考入省立扬州中学，1934年考进清华大学，1938年大学毕业时因成绩优异被推荐到西南联大跟随陈寅恪从事历史研究。两年多里，他一直住在陈家中，协助陈著述或修改书稿。有时，还提一些不同的见解，有的意见还被陈采纳。在陈的众多弟子中，汪籛是才华出众的一个，陈对他一生的影响最大，他的学术思想都打有陈的烙印。一年后，汪又考上北大文科研究所，1947年又回到清华陈的身边，直到陈南下中山大学。而汪先生1950年加入中国共产党，接受马克思主义教育，成了一个虔诚的马克思主义者。

正是由于此，解放初期，国务院周总理曾经派他拿着中科院院长郭沫若和与陈寅恪关系不错的副院长李四光的两封信，到广州中山大学邀请陈老先生，担任毛泽东主席已经亲自委任的中国科学院中古史研究所所长，陈老先生却提出两个条件：一是中古史全所人员不宗奉马列主义，不学习政治；二是请毛公（毛泽东）和刘公（刘少奇）给一允许证明书，以作挡箭牌。陈老先生提出如此惊世骇俗的条件，主要是对郭沫若先生有意见。不知汪先生对陈老先生交谈时讲了些什么，总之是话不投机，陈老先生对汪先生此行很不满意也很不客气，公然对汪先生说：你不是我的学生！这样，作为共产党员的汪籛此行当然只能铩羽而归。有知情人说，陈老先生这样做，是他对研究历史做学问有自己的一套想法，他认为，特别是研究历史，一定要有自由的意志和独立的精神。

1959年汪籛先生由于所谓右倾机会主义受到批判，为此他瘦了几十斤。1962年，他在中央党校作《唐太宗》的学术报告，讲到唐太宗在贞观时期一开始注意听取不同意见，励精图治，创建了有名的贞观之治，但是后来，他躺在贞观盛世的功劳簿上，好大喜功，骄奢淫逸，所以谏臣魏征四次上疏，劝谏唐太宗幡然醒悟，居安思危。有人把这与当时的国内形势联系起来：由于毛泽东主席的一系列错误决策，反右，大跃进，总路线，人民公社，加上自然灾害，和苏联赫鲁晓夫的投井下石，出现了1959-1961三年困难时期。言外之意是说汪先生影射现实，这给汪先生施加了不少政治压力。还有一点，有人批判他宣扬和坚持让步政策的史学观点是反对伟大领袖毛主席。因为当时史学界有个孙达人，独树一帜，对史学界历来公认的让步政策的观点，提出异议，说封建统治者对农民起义从来就没有过让步，只有反攻倒算。这个观点被毛泽东所肯定。1965年12月

21日,毛泽东在杭州对人说:"现在有个孙达人,写文章反对翦伯赞所谓对农民的'让步政策',在农民战争之后,地主阶级只有反攻倒算,哪有什么让步?"对此,我们记得汪籛先生认为,学术问题,应该实行百家争鸣的方针,都是一家之言,可以互相争论,也可以互相包容。总之是没有肯定毛泽东的说法是最高指示,可以盖棺定论。

"文革"一开始,就有人在汪先生的家门口贴出批判他的大字报,汪先生接受不了自己苦口婆心教诲的学生对自己的污辱,为时不久,1966年6月7日,身为北大历史系副主任、知名教授的汪籛先生就在家里服毒自尽(喝敌敌畏)。送医院抢救无效,三天之后,这位史学界的隋唐史专家,才华横溢的学者,就与世永别了。当时还被定为自绝于人民自绝于党。这是"文革"开始后北大历史系非正常死亡的第一人。现在想来,不禁令人唏嘘不止!如今人们只能读到先生的《隋唐史论稿》《汉唐史论稿》两部论文集,而不得见这位性情中人的音容笑貌了。

宋史泰斗邓广铭

讲授宋辽金史理所当然的是邓广铭教授了。这是所有给我们讲课的老师中职称最高、学问最大、年纪最长的先生,当时他是正教授,在宋史研究方面乃领军人物,已经近六旬的高龄了。

邓先生与诗人臧克家、李广田是山东第一师范的同学,中国共产党第一次代表大会的山东代表王尽美是他的学长。受闹学潮影响而被学校开除的邓先生,1932年考上北大史学系,1936年毕业,他十二万字的毕业论文《陈龙川传》深得胡适先生赞赏,故而留校担任了中国文学研究所助理和史学系助教。在这个平台上,邓先生如鱼得水,收获颇丰。先后发表了《辛稼轩年谱》《稼轩词编年笺注》、《宋史职官志考正》、《宋史刑法志考正》等当时颇有影响的著作。陈寅恪先生对他也很赏识,曾为他的《宋史职官志考正》作序。他也很受傅斯年先生青睐,从傅斯年那里学到许多学问。他写的《〈辛稼轩年谱〉及〈稼轩词疏证〉总辩证》发表后,学术界为之瞩目,胡适、傅斯年、陈寅恪等大家都为之好评。夏承焘先生正在写《唐宋词人十家年谱》,其中涉及辛稼轩年谱,看了邓先生的这篇研究成果,给邓先生写信说:"看了此文,辛稼轩年谱我不能写了,只能由你来写,我收集了一些资料,可能你都看到了,如你需要,可寄给你。"

邓老先生给我们讲课时不紧不慢,不温不火,语调平缓,偶尔也激昂或幽默一回。他对宋代历史人物的研究,首推民族英雄岳飞。他是1943年到1946年在复旦大学史地系任教时就出版了《岳飞》一书。后多次增补,并改名为《岳飞传》。在史学界,岳飞是不是爱国民族英雄,历来争议很大,反对派主要说金国现在都是中国的组成部分，把岳飞抗金说成是爱国，岂非是说金国不是中国的了。邓先生是肯定派的力挺者，他认为，这些问题应该历史地看，两宋时期，金国与我们就不是一个国家。不能因为现在是一个国家了，就否认岳飞抗金的爱国本质。开始学习宋史不久，我就在图书馆借了邓先生《岳飞传》这本书，原来以为是历史小说，翻开一看，是一本学术著作。但它还是有一定文学性，不像一般的历史学术书籍那么书卷气，让人觉得枯燥难读。读了一遍，受益匪浅。邓先生的这本书把传记写作提高到学术水平，正是他的重要贡献。辛弃疾是他着力研究的另一个重要人物。他推崇辛弃疾的文学成就，更称道这位山东老乡的豪爽性情，爱国情怀。他的《辛弃疾传》是我们学宋史时必读书。他指导我们学习和研究历史，一定要掌握四把钥匙，一是职官制度，二是历史地理，三是年代学，四是目录学。在学校时体会不那么深刻，毕业后在党政部门工作之余，搞点有关历史方面的研究，还真觉得受益匪浅。

这位身材魁梧、颇有学者风度的教授，始终遵循"在真理面前人人平等"的治学原则，不论是什么人对他的著述有不同看法，他都欣然接受，没有一点大家的架子。他经常到我们学生宿舍，解疑释惑，甚至还征求我们这些学生的意见。当我们谈到他的《辛弃疾传》一书里，写到对辛弃疾曾经镇压过农民起义仍然持赞赏态度不很合适时，他虚心接受，表示再版时一定会改正。他写的《略论有关〈涑水记闻〉的几个问题》，浙江大学教授徐规曾有一些不同意见，邓先生回信说："待再版时——遵命改正。"与他的交谈中，他经常得意地谈起在河北大学历史系任教的他的高足漆侠，后来我到河北工作，得知在漆侠教授主持下，河北大学成立了宋史研究中心，在全国史学界具有一定影响，方知邓先生当年此言不虚。言谈时，邓先生还颇为自得地谈起他主持的《光明日报》"史学"专刊，原来这个专刊由中国社科院历史所、北京师范大学历史系和北大历史系共同主办，然而其他两家不积极，最后范文澜先生决定由北大历史系独负其责，组成四人编辑小组，邓先生担当组长。这个专刊在引领我国的历史研究方面发挥了重要作用。邓先生特别谈到，"史学"专刊在1958年到1959年讨论为曹操翻案的问题时最为红火，那个时期，来稿多如雪片，一时洛阳纸贵。我读了有关书籍，感到此事论战的挑起者郭沫若先生在争鸣中不免有些霸道，有违"百家争鸣"，当面谈给邓先生，他一笑置之，予以默认。

"文革"中，邓先生被打成反动学术权威，受到冲击。对于邓先生，我感到难过的有两件事，一件是学校两派武斗时我无处存身，到我们系半工半读的北太平庄"避难"，适逢邓先生与系里的十多位老师即当时所谓的"黑帮"在这里劳改,个别负责监管的人对邓先生他们很不客气,我没有挺身而出给以保护;另一件是工军宣队进校一段时间后,对所谓的"资产阶级反动权威"有个政策,可以到革命群众中征求意见,如果得到谅解,就可以获得"解放",与大家一起参加运动。邓先生一天诚惶诚恐诚心诚意地来到我们宿舍,由于当时我们几个同学也正因曾经怀疑文革挨整而心情沮丧,就拒绝了他的请求。两件事至今让我后悔莫及。略感欣慰的是我后来在新闻出版部门工作,曾为邓先生全集的出版工作出过一点小力。

谦和良师许大龄

许大龄先生是教我们明史的任课老师。当时他四十多岁,正值中年,讲起课来很有精神,口齿清晰,虽然声音不高,但铿锵有力,而且深入浅出,言简意赅,条理分明,逻辑性强,一句一句娓娓道来,引人入胜。许先生教学方法也比较新颖,有些问题史学界有争议,他就鼓励我们多多查阅史书,从史料中得出自己的结论,不要人云亦云,也不要强求一致。比如对朱元璋,他究竟是农民出身,坐了天下,背叛了原来的阶级,还是他原本就是流氓无产者,当了皇帝,原形毕露,还统治阶级本质面目,还是其他情况?记得他还特别安排了一节课,让不同意见的同学在课堂上开展争论,以达到互相交流、互相启发的作用。平心而论,由于时间较短,我们还有其他课程,不可能查阅许多史书和参考书,特别是原始资料,得出科学的结论,但许先生教给了我们正确的做学问的方法。许先生为人谦和,诲人不倦,我们向他求教,他总是耐心答复,从来不嫌麻烦。其实据说他曾是老燕京大学年轻教师的四大才子之一。

"文革"开始后,许先生和其他教师一样,受到这场狂风暴雨的袭击。我们从昌平回学校本部后,工作队号召我们踊跃参加文化大革命,积极揭发"资产阶级教育路线的罪恶"。我琢磨了半天,觉得没什么好写的。忽然想起许先生手里还有一篇我写的文章没有给我,就写了一张名为《许大龄,还我的文章来》的大字报,批评他缺乏阶级感情,不重视工农子弟的学习。原来讨论朱元璋的出身与他当皇帝统治农民的关系时,我写了一篇东西,说朱元璋是流氓无产者出身,世界观的形成都是在这个时期,所以做皇帝统治人民乃是其本性决定云云。这篇东西我交给许先生征求意见,不知什么原因,他一直没有退给我。我没有调查,不了解真实情况,便在"文革"开始,给先生写大字报,还上纲上线,给先生扣上"缺乏阶级感情"的帽子,地地道道的"左派幼稚病"!虽然大家看了这篇大字报都觉得我很好笑,大字报也没有给许先生带来太大的灾难,但自己却留下了终生的懊悔!

许先生原来就是一个规规矩矩谨小慎微的人，"文革"的冲击肯定给他留下了永久的阴影：后来，一些听过他的课的学生见了他，他一个劲说他是给学生"放毒"；改革开放很久了，他给学生解答问题后，竟然说自己是"一家之言"，"属胡说八道"。

清史专家张寄谦

我们的清史是在1966年春到昌平北太平庄分校半工半读时，由张寄谦老师讲授的。那时候，教学已很不正规，没有教室，就在简陋的宿舍里。关键是我们当时觉得政治气候已是"山雨欲来风满楼"，对学习历史、将来干什么都不知所措，听课自然也心不在焉。张老师是个中年女性，衣着朴素，甚至有些过分，达到了没有一点女人"风韵"的地步。听得出来，她讲课也显得十分不自信，唯恐出错，就是简单说了说，印象不深。记得当时"反修防修"口号喊得很响，"修"老大自然是苏联，所以张老师讲清史讲沙皇侵略我们讲的多一些，还有就是点了点农民起义。

后来，"文革"中毕业前一个时期，她曾与其他教师和我们一起参加活动，接触多了，方知张老师是一个人独自生活，她的丈夫1957年被划为右派自杀了，就她自己拉扯着两个女儿，挺不容易的。那时，我的一件蓝色青年制服已经穿了五年，显得太小，买新的又囊中羞涩。张老师主动提出帮我改一改，加了一截，虽然颜色不一，很不雅观，我还是十分感激。

若干年后，我忽然发现，张老师原来也是一个功底深厚、满腹才学的历史学教授。她1949年就获得了清华大学历史学学士学位，1952年就被评为讲师，出于众所周知的原因，二十七年后才被评为副教授，七年后评为教授。她的专业特长是晚清政治史、中外关系史、近代台湾史。她同北大历史系其他老师一样，热爱痴迷自己的专业且颇有造诣。在她的心目中只有历史研究，钻研学问，没有心思没有时间去修饰打扮自己，以至外人误认为她不修边幅。《光明日报》"史学"专刊北大历史系四人编辑小组，她是其中一个，专刊的盛誉，她功不可没。

各显其长众先生

我们中国史专业的副课有俄语、世界史、古代汉语、中共党史等等，一段时间还有作文。

世界史是我们系世界史教研室的魏杞文给我们授课。这位四十岁左右的男教师操着南方人的口音，很是讲了一段时间。原来听别人说，魏老师讲课，有一大优点，不压课。果不其然，只要他上课，不论讲到哪里，一旦响起下课铃声，立马停下，下课走人。印象中，魏老师还是比较幽默的，只不过他是冷幽默。我曾跟另一个同学到他家里去过一次，只见他的一间比较大的房间里摆满了书架，每个书架上还都摆满了书籍。一个人能有这么多书籍，像个小图书馆似的，一方面让我叹为观止，一方面让我顿生敬意，真不愧是大学的老师！他在专业方面也很有成就，其专著《荷马史诗》改革开放后由商务印书馆出版。

"文革"中，他也进了"黑帮劳改队"。我记得很清楚，他掂着凳子，走在"黑帮大队"里，一副满不在乎的样子。他与北大许多老师一样，不少精力都耗费到学校的所谓阶级斗争的是非中，虚度了许多宝贵的年华，浪费了不少聪明才智。后来听说，他早早就因为身患癌症，英年早逝了。

我们的古代汉语课是与中文系的古代汉语专业班一起上的，教师是中文系一位个头不高的陈姓老师。课本用的是王力教授主编的《古代汉语》。陈先生好像是四川人，一口川味普通话但口齿清楚。这位老师文质彬彬，衣冠整齐。有一次，他当堂提问林彪的女儿林立衡，印象中，这位由于身体不好从清华转学到北大中文系的高干子女，回答问题时不卑不亢，简明扼要，轻松自如。我们知道这位陈先生才华最突出的显示，便是"文革"中他给反聂（元梓）派井冈山编写的《牛山丑史》。牛，是指井冈山的头头法律系的学生牛辉林，拥聂派"新北大公社"诬称"井冈山"为"牛头山"，简称"牛山"。这个所谓《牛山丑史》是用章回小说的形式写的，开头把"井冈山"的头头一个一个作了详细"介绍"。让我至今难忘的是小说中写"井冈山"的首任主要负责人北大副校长周培源先生的婚恋史：说他年轻读大学时，与北大化学系教授、化学家傅鹰先生在一所大学，他们俩同时喜欢上了学校的校花，当然是一位才貌双全的女同学。面对两位同样出色青年才俊的爱慕，这位校花举棋不定，后来她心生一计，宣布：谁先考上美国哈佛大学留学生，她就嫁给谁。不想他们俩经过一番努力，同时考中，这可让那位校花又犯了难。一阵思量过后，这位校花表示：谁先考上硕士研究生，就嫁给谁。她万万没想到，这两位追求者，一通拼搏之后，又双双同时考上。两个回合都没有分出胜负，无可奈何，这位校花又出了第三招：谁先考上博士研究生，我就做谁的夫人。两年多之后，终于分出了输赢，周培源捷足先登，第一个考上博士，而傅鹰先生晚了一年。这位校花终于名花有主，周培源终于如愿以偿，校花与周培源终于结成秦晋之好。当然，陈先生对这个故事的描述不像我这么正面，但也不是那么负面。后来从另一个地方看到，说与周培源先生竞争追求校花的是经济系的陈岱孙。不管这个故事的主人公是谁，真实性如何，在我的脑海里，这永远都是一个鼓励人们积极向上奋力拼搏追求美好追求爱情的故事。记得我还把这位陈先生写的这部章回小说油印本保存了下来，只是后来几经搬迁，年代久远，不知存放到哪里了。

那时，我们的政治课就是中共党史，没有课本，也没有讲义，授课老师是一个姓黄的女老师。我们这门课是公共大课，好几个系的同学，除我们系以外，还有中文、哲学、图书馆学系共二百多人，课堂总是在哲学楼西边的阶梯教室里。巧的是，这位黄老师胖胖的，中气很足，嗓音嘹亮，不然这么大教室，这么多学生，后面的听得见才怪呢。黄老师不但嗓门大，而且悦耳动听。大家都说她该当一个歌唱家。这门课也发过一本教材，是《中国革命史讲义》，根本没用过。到后来，讲课干脆就讲毛泽东著作了，好像是《关于正确处理人民内部矛盾的问题》、《在中国共产党宣传工作会议上的讲话》等等，学生们也都很同情这位女政治教师，这课怎么备啊！好像也考试过，都是开卷，这个同学们倒都很拥护。考试结果一直没有公布过，问她，只说都不错。

还有我们系的陈仲夫先生，给我们上过阅读《资治通鉴》课。好像这个课本来没有，考虑到有些同学的古代汉语程度差一些，就由陈先生给补一补。每人发一本用劣质纸印的《资治通鉴》第十三册，课堂上让同学直接看，有疑问就找陈先生解答。《资治通鉴》相对来说比较易懂，不知为什么用此作为教材，也不知为什么让陈先生辅导此

课。有时候，陈先生也会就一些难点专门给我们讲讲，比如魏晋时期实行的选官制度九品中正制，陈先生讲得就比较详细，给我们留下了深刻印象，一辈子都不会忘记。后来方知，陈先生是这方面的专家。他为中华书局点校的《唐六典》、《法定义疏》，至今是从事此类专业研究的必读典籍。陈先生还有两点我们印象颇深，一是一次我们一起到蔚秀园参加劳动，休息时，我们几个乒乓球爱好者就在园里的一张水泥抹的乒乓球台上厮杀起来。这时，陈先生也饶有兴趣地凑了过来，我们把球拍让给他，他偌大年纪，打起球来居然有板有眼，速度虽然慢些，却使人感到他训练有素。后来他说，他年轻时乒乓球打得极有水平，主要是落点好，对方球台上不同位置摆放21个花生米，他一盘21个球下来，能打掉18个。他这么一说，我们肃然起敬，问他为什么不专门从事乒乓球事业，现在我们的乒乓球国手庄则栋、徐寅生、李富荣等等多么显赫有名啊！他说，旧社会以此为职业，有地位的人是瞧不起的，不像现在。尽管自己十分喜欢，家里坚决不同意，不得已还是上大学做起学问来。我们当时倒也知道，陈先生出身名门，他的兄长是被蒋介石杀害的国民党台湾省省主席陈仪。"文革"中学校"清理阶级队伍"时，系里一些人为了显示自己工作有成绩，总把陈先生当作"假想敌"，因为其兄是国民党高官，就怀疑他是潜伏下来的特务。其实陈

仪是解放前夕看清时局准备起义让学生汤恩伯出卖才被蒋杀害的。系里一些人让我们组成小组，到陈先生家里游说，劝他"自首"，还说什么"革命不分先后"，闹得陈先生哭笑不得。现在想来，真是荒唐之极！

"毕竟是书生"的周一良

还有一些老师没有直接给我们授课，但是也有所接触和了解。

这些老师中，首推周一良先生。我们入学时，周先生是历史系副主任，世界史教研室的教授。他没有给我们上过专业课，但是教授中第一个给我们讲课的就是周先生。那是系里搞入学教育，他作为专家型的领导给我们讲了一课。主持人给我们介绍了他的职务，还特别讲到，他是共产党员，是知识分子无产阶级革命化的代表。讲课内容大部分记不清了，好像主要是灌输专业思想，讲历史系的学生就要热爱历史学习历史，不仅要热爱学习中国历史，还要热爱学习世界历史，学习历史具有的重要意义；还讲到考上了北大，千万不要骄傲等等。刻骨铭心的是周先生那种学者风度和气质，中等个，白净脸，不太浓密的白发梳理得有条不紊，穿着得体，衣料高档，裤缝笔直。尤其是他的举手投足，都显示高级知识分子的儒雅气度，令人心仪。当时令我们惊讶和不解的是，他手上竟然戴着一只金戒指，以至有些思想比较"左"的同学，觉得他不像共产党员，而像一个资产阶级知识分子。其实，这是周一良先生与夫人结婚时的定亲信物，已经戴了二十多年。据周先生在《毕竟是书生》一书里讲，1966年"文革"一开始，周先生为了怕找麻烦，就想摘下来，由于年深日久，自己已经取不下来，还是到海淀找行家锯断才拿掉的。

后来得知，周先生祖籍安徽东至，生于山东青岛。出身世家，家学渊源，自幼聪明好学的他1931年就考入北平辅仁大学历史系，翌年转入燕京大学历史系。1935年毕业。与杨联陞同是陈寅恪的弟子。他才华过人，连杨联陞都承认，在当时的青年学者中，周一良是最有希望继承陈老先生衣钵的。后来他到美国哈佛大学研究院学习，获博士学位，1945年，傅斯年向为北京大学延揽人才的胡适推荐人选，周一良排名第一。1946年，陈寅恪老先生到美国去，见了赵元任，还特别打听周一良的消息，对他的状况极为关注。1946年，周先生怀着"漫卷诗书喜欲狂"的心情回国，任燕京大学中文系副教授，一年后任清华大学外文系教授，1949年转任历史系教授，并曾兼系主任。1952年以后任北京大学历史系教授，兼任中国古代史教研室主任、亚洲史（后改亚非史）教研室主任、系副主任、主任。还曾任联合国教科文组织主持的《人类科学文化史》第三卷编委会编委、中国史学会理事、中国日本史学会名誉会长。

我们与周先生再次直接接触已经是"文革"开始以后了。记得是1966年6月初，我们从半工半读的昌平分校奉命回本校参加"文革"，最初住在东操场第一体育馆。不久，工作组进校进系，就开始组织学生揭发批判"走资本主义道路的当权派"和"资产阶级反动学术权威"。一天晚上，疯狂了的学生首先把系里行政领导拉上台到批斗，然后就是大牌教授们。记得周先生参加会议时还是衣着光鲜，一点思想准备都没有，突然被几个"革命"得出奇的学生吼叫着点名押上主席台，让他与其他十几个党政领导一起低头认罪，接受批判。当时好像还有人要动手打他，被一个还懂一些政策、头脑尚比较冷静的人拦住了。但却没有也不可能阻止住周先生从此走向"文革"厄运和政治恶斗的漩涡。他的家被抄，人被打，还戴上了"走资本主义道路的当权派"、"资产阶级反动权威"、"美国特务"、"反共老手"、"老保翻天急先锋"五顶大帽子。第一个是指副系主任、总支委员，第二个是指知名教授，第三个是指在美国待过，第四个是指他在燕京大学当研究生演讲时的照片上有国民党旗，第五个是指他"文革"中反对过聂元梓，总之都是"欲加之罪，何患无辞"。

让周先生更加知名和富有争议的就是他"文革"后期参加"梁效"写作组了。他是这个写作组的"四老"之一，"文革"后备

1970年全班同学与辅导过的越南留学生

受知识界的诟病。据说著名书法家启功先生曾以"一个老朋友"的名义给周先生修书一封，内容只有四个字：无耻之尤。难能可贵的是，周先生对这些事的态度，淡然处之，付之一笑，还一度把这四个字压在玻璃板下，以资警惕。当然，后来人们逐步了解到事实真相，都有所表示。启功先生与周先生在后人的调解下，虽未相逢一笑，却泯了以前恩仇，并且互相赠书，以复往日情谊。

1980年，北大校党委曾宣布：周一良等同志参加"梁效"工作，是由组织派去的，他们在"梁效"期间犯有错误，写过错误文章，应以当时的历史条件来看待，进行解释，他们个人是没有责任的。虽然如此，周一良先生在政治上、人格上还是付出了沉重的代价。尽管后来不少人都理解了，毕竟还有早逝而未得了解真相没有释怀的，陈寅恪

先生就是这样,他的全集中,就把所有涉及周一良的内容都删去了。须知,周先生当年可是他最器重的门生啊!

周先生的儿子在文章中写道:解放前夕,周先生同情共产党,在家里曾掩护过朱镕基、艾知生等共产党员,后来却落到这个下场,为此表示愤愤不平。然而周先生不同意他的看法,父子俩由于经历不同,一些政见不一,曾多次辩论,一次周先生甚至摔下筷子拂袖而去。读到这里,不禁感慨万端。

为情而殇秦文炯

秦文炯老师是1957年毕业的师长,他当时是汪篯先生的助教,在课下给我们当过辅导老师。他个子很高,白净略长的脸,讲起话来也是川音普通话还有些口吃。"文革"中工军宣队特别是8341部队进校以后,学校师生都按军事编制,我们都是中国史一个排的,跟我们接触较多。主要是他的毛笔字写得很有特色,字如其人,清秀俊雅,一笔一划,一丝不苟。我当时负责排里大批判专栏,经常找他抄写大字报,尤其是重要位置的文章。

我们毕业后不久,忽然听说这位四川才子已经死于非命,原因是老婆在青海,调不到北大,他只好舍弃母校,调回青海与老婆团聚。没想到发现老婆早已红杏出墙,一气之下,投河身亡。听了此讯,我们一是为这位青年老师英才早逝不胜痛伤,二也叹息他太没出息,为了一个不贞的女人竟如此奢费自己的生命,堂堂北京大学一教师,找个女人做老婆岂非难事,干嘛非一棵树上吊死!近四十年后,才知道他娶的这个老婆是四川军阀王陵基的外孙女,是秦苦苦追求的女方,自然一往情深,投入甚多。"文革"中才在北大结的婚,1970年就为她"殉情"。大概是满怀希望而又失望之极。给我的印象,秦老师的脾气特别好,不像一个彪悍的男子汉,倒似一个贤淑的女子。没想到这位"淑女"式的老师,居然还这样敢于面对死亡!

背负半生恶名的商鸿逵

商鸿逵先生没给我们任过课,但我们认识他却较早——原因是他背负半生的"恶名"。

原来商先生1932年就考上北京大学文科研究院研究生,从师中国当时的著名文学家、新文化运动干将刘半农。期间,刘半农曾三次带他去见当时的名妓赛金花,并在一起吃饭交谈,当然主要是赛金花述说。商先生根据老师刘半农的意旨,把赛金花口述的内容,整理撰写成一本书,这就是遗传后世的著名的《赛金花本事》。然而,当时的北大文科研究院院长胡适知道后,认为商鸿逵作为北京大学文科研究院的研究生,屈驾为一个妓女作传，"不成体统"，"有辱斯文"，非要开除他，商先生只好写一份检查了事。但是商鸿逵先生却落下了"黄色文人"的不佳名声。解放后，不少人的看法并未发生本质的变化，北大历史系同样如此。我们认识商先生，源于这样一个背景。当时，由于时代观念的局限，我们也总是戴着有色眼镜去看待商先生。十年浩劫中更不用说了，老是觉得这个个子不高的老头不怎么地道，而且他还满不在乎，依然故我，瞪着两只大眼睛，眼珠还滴流滴流地转，显得流里流气的，没有多少大学教授的气质。其实，后来我才知道，商先生原本就是一个宽宏大度永远达观的人，什么情况他都敢于面对，不论别人如何看他。他还特别热情，乐于助人，喜欢发表自己的看法。在学术事业上，他一开始跟着刘半农治文，途中刘半农病逝，胡适劝他师从孟心史治史，最后成为一个文史兼治的大家，解放前在中法大学就被聘为教授。"文革"后，这位老先生也迸发出无限的活力，在明清史的研究上做出了卓越的贡献。他首先为他的两位先师整理著述，刘半农逝世第二年，他就编辑出版了《半农杂文二集》；后来，又为孟心史先生整理出《明清史论著集刊》、《明清史论著集刊续编》、《明清史讲义》、《满洲开国史讲义》等多部著作，使两位著名学者的学术成果得以传承。在明清史的研究方面，他有着多方面的突破，比如对康熙的充分肯定，对清孝庄文皇后的正名，对清初内地人民反清斗争的科学评价，对清初经济恢复与发展的客观论述等等，都在史学界产生了重要影响。他的专著《明清史论著合集》与《赛金花本事》，负有盛名。

"梁效"主笔范达人

范达人老师"文革"前在我们系就小有名气，年轻，富有才气，担任过系里团组织的负责人，业务好，是系里重点培养的对象，发展空间很大。"文革"前，我作为一般的学生，很少有机会与带官衔的老师接触，但是范达人这个年轻老师潇洒舒展的身影，还是给我留下了深刻的印象。

往往"文革"前的"红人"，"文革"一开始便会受到更严厉的冲击。范老师也不例外，被当成"修正主义苗子"，被斗得稀里哗啦，后来就不太注意他了。没想到他的一生，会有如此"丰富"的阅历。

他原籍浙江绍兴两溪，生于上海，出身官僚地主家庭，但他1956年就加入了中国人民解放军，然后上军校，表现一直很好。后来考上北大，原来在东语系，又转入历史系学习，1962年毕业，留系工作。一开始搞政工，后自己坚决坚持搞业务到世界史教研室当了教师。"文革"前曾负责历史系的学术批判工作。"文革"一开始，他也不理解，写了一张批评聂元梓的大字报，结果可想而知，惨遭批斗。特别是工军宣队进校以后，他成了地地道道的革命对象。在这种情况下，他老老实实接受批判，下乡时表现极好，整天背着药箱给贫下中农看病（他在部队时当过卫生员），又被系里当权派认可，让他参加了系革命大批判组。"士为知己者死"，重获重用，更加积极。他参与起草的四篇文章在《红旗》杂志发表，为此获得两项荣誉：一是被推荐为中国科学院考古小组成员出国到秘鲁、墨西哥考察美洲古代文明，一是被定为全国第四届人民代表大会代表参加了会议。这在当时都是了不起的荣誉。

1973年10月，他受命参加了北京大学、清华大学大批判组，并担任写作组组长。知道这个大批判组是毛泽东主席掌控的底细后，受宠若惊，拼命工作。这个大批判组改名"梁效"，就是他的提议，而且获得了江青的赞同。当时这个名为"梁效"的大批判组，威风凛凛，名闻遐迩，在两报一刊（《人民日报》《解放军报》《红旗》杂志）经常发表重量级的文章，担当着引导中国文化大革命舆论的重任。"小报抄大报，大报抄'梁效'"是那个时期舆论走向的真实写照。公平地说，"梁效"在"文革"期间曾被"四人帮"利用，制造了不少反动舆论，总共发表了一百八十一篇文章。范老师执笔和参与的就有二十八篇。他领导的写作组被称为"尖刀班"，他是主笔，乃"尖刀班班长"。所以"文革"结束，"梁效"被封，范老师与其他人一样，被隔离审查了好长时间，还在半步桥监狱关了一年多。释放后，结论是"没有问题"，但是被规定"三不"：不准上讲台讲课，不准发表文章，不准出头露面。1980年以后得以"解套"，1987年在中国文化书院被评为教授。后赴美，任哈佛大学访问学者。著作有《当代比较史学》、《文革"御笔"沉浮录——梁效往事》。

"硬骨头"郝斌

历史系"文革"中挨斗厉害的要算郝斌老师了。我的记忆中，"文革"前郝斌老师没有什么名气，加上他又带队下乡搞"四清"，对他不太熟悉。他曾给同学们讲过党史，可能是现代史教研室的教师。据说郝斌老师根红苗正，是烈士子弟。我们相识就在"文革"中批斗他的时候。罪名是"反对毛主席"，自然是罪莫大焉。原来郝斌老师带队参加"四清"，学生里有毛泽东主席的女儿李讷（音ne而非人们惯叫的na，我们系1959级的学生），可能她也是一个负责人，因为对"四清"所在大队干部私分的玉米棒子究竟是红色的还是白色的，他们之间的意见发生了分歧，彼此之间有些矛盾，结果就被一些人上纲上线成"反对毛主席"，那时候反对毛主席，那还了得？把郝斌老师往死里斗。每次都是"坐飞机"（即把被斗者的两只胳膊反绑起来，监押者使劲把反绑的胳膊向上掀，使被斗者弯腰九十度甚至更多，极其难受）。

但是令人佩服的是，怎么斗，郝斌老师都坚决不承认自己有反对毛主席的罪行。我的心目中，"文革"中，历史系的老师们，凡受过冲击的，郝斌老师的骨头是最硬的，虽然他身材瘦弱，体单力薄。他挨斗不服气的样子留在我脑海的印象太深了，太震撼了："坐飞机"时，两边的人把他的头按下去，他又倔强地抬起来，再摁下去，再抬起来。问他为什么反对毛主席，从来都是否定的回答。其实，斗他的人们，也不一定认为他就是反对毛主席，这是按"与毛主席女儿的意见不同就是反对毛主席的女儿，就是反对毛主席"的逻辑推理出来的。可当时"左"得要死，谁敢说"与毛主席女儿的意见不同"不是"反对毛主席的女儿就是反对毛主席"？！幸亏郝斌老师出身好，不然岂不更是顺理成章了。

8341部队进校后，也许看这个案子实在是证据不足，太过勉强，才把郝斌老师解放出来。不然按"文革"中制订的五条，他早就没命了。后来郝斌老师先后担任了历史系党总支书记，北大党委副书记，北大校友会常务副会长。

最近两年，由于校友会，我与郝老师有些接触，郝老师来石家庄参加河北北大校友会成立大会时，我去火车站接他，他竟然认出了我，我大惑不解，在校时我们没有接触过啊。后来我专门拜访他，畅谈中，才知道我躲避学校武斗在太平庄时，他也在那些被劳改的"黑帮"中。

平易朴实的马林彪

我们二年级的辅导员是马林彪老师。大高个，邯郸人。他也是1964年北大历史系毕业的。他本人是个艰苦朴素的模范，下面经常是一条旧军裤，上面是一件中式的对襟褂子，冬天经常披一件军大衣，十分朴实。他平易近人，不摆官腔教训人，有时候还挺幽默。

记得他给我们讲过一个笑话：有一个汉学家，中国话没学地道，说话常常辞不达意。有一次，他和同伴一起到中国一个村子搞调查，一只狗突然向他的膝盖扑来，他赶忙向他的中国同伴呼喊求救：快，快，狗到我的膝盖上吃饭哪！原来他不会说中国的"咬"字。

"文革"开始毛主席8月18日第一次接见红卫兵，并给清华附中的宋彬彬改名为宋要武以后，改名风日盛。有人突然给马林彪老师贴大字报，说他竟然敢起一个辱骂林副主席的名字，勒令他立即改名，他赶紧把名字改为马东彪。

马老师对同学们要求很严格，而他对自己要求也很严格。文革中，有一个时期，我在半工半读的北太平庄躲避学校武斗，他在那里负责管理"黑帮"劳动。系里从农场里接收了大片苹果园，正是苹果即将成熟的时候，他从不容许任何人擅自摘苹果吃。总是他去苹果园子里巡视时，发现有自己落下的苹果，就捡起来拿给我们解馋，他自己从来不吃。在他的影响下，大家也都很自觉，我在那里呆了几个月，也有自己一个人到苹果园巡视的时候，从没有违反过纪律。要知道，那是个非常时期，况且那里也没有几个师生。成百亩的大果园，我们尽情吃，也不显山露水。可我们那时还真有点解放军过临汾不摘苹果的精神。

八十年代中末期，在邯郸召开的河北省历史学会的一次年会上，我突然见到了马林彪老师，原来他为了解决夫妇分居，从北大调到邯郸市文物局。在考古方面俨然是邯郸的专家。记得他当时叹息现在的年轻人，害怕艰苦，不愿在野外做考古的发掘工作，远没有原先搞考古的人事业心强。原来他偌大年纪，还经常到文物出土现场，带领人们做具体的发掘工作。在农村住，自己搞饭吃，异常艰苦。我感慨不已：一个人长期养成的秉性和精神，想改都难。

一代史家翦伯赞

上北大历史系念书以前，孤陋寡闻的我并不知道翦伯赞的大名，不像其他一些有志于历史研究的同学是慕其名而来。只是到学校以后，才零零碎碎地听到一些关于他的介绍。知道他是仅次于名闻遐迩的郭沫若、范文澜的历史学家，是历史系系主任、北大副校长。说心里话，当时对自己能到翦伯赞担任系主任的历史系学习，并不感到有多么荣幸，反而觉得北大历史系怎么没让范文澜来当系主任。原来还心想，不知翦伯赞什么时候能给我们讲课，后来才知道自己的这些想法是多么浅薄无知而又可笑的。

入学几个月以后，在历史系欢送1960级毕业、欢迎我们1964级入校两会合一的全系师生大会上，才得以目睹这位身材瘦小神情严肃的老人的丰采。再见面就是1966年寒春我们到昌平半工半读的开学典礼上了。

后来听说翦老是湖南桃源人，羡慕他能有这样人间仙境般的美妙祖籍地，又听说他是维吾尔族，便惊讶他的相貌怎么与新疆的维族人相去甚远，而且居住在距新疆如此之远的地方。后来得知，他的祖先哈勒八士是西域高昌畏吾儿哈勒将军后裔，公元十四世纪中叶，元亡明兴时，明太祖朱元璋为巩固其统治地位，仍起用部分元朝官员，因哈勒八士擅长武功，屡立战功，遂将义女吐叶公主赐给八士为妻，并赐姓"翦"。但同时，他也很担心哈勒八士重新投向蒙古族统治者，为断绝他与蒙古人的历史关系，贯彻其以夷制夷的怀柔政策，遂于1373年（洪武五年）将他调往南方，封他为荆襄都督，晋封为镇南定国将军，加太子太保衔，镇守湖广辰常一带。翦氏至第七代因故失其官爵，子孙或农或商或仕，定居于湖南桃源，至今已有二十六代、六百多年历史、近万余后裔。

"文革"前，听到关于他的信息自然都是正面的，比如他早就是共产党员，曾担任过爱国民主人士商震的秘书，是我国为数不多的马克思主义历史学家，对历史研究有着重要贡献等等，随着时间的推移，关于他的负面信息逐渐风言风语地多了起来。比如他的"让步政策"史学观点受到了毛泽东的点名批评，"历史主义"也遭到当时理论界一些"左派"的诟病，系里也有人议论说他埋头学术研究而不关心政治，当时中国农村开展的社会主义教育运动（简称"四清"）中央制订的"前十条"、"后十条"都分不清。

"文革"开始不久，翦老作为"反共老手"、"反动学术权威"常常被揪出来批斗。当时他已年近七旬，还身患重病，仍然是批斗传审，天天不断，有时还遭到拳打脚踢，"坐飞机"，每天被斗十几小时。在1966年六、七、八三个月中，被斗一百多次。他有一次被从厕所揪出，有人将粪纸篓扣在他的头上，几乎将他打死。林彪、"四人帮"的黑干将聂元梓、孙蓬一次开万人大会斗翦老，翦老卧床不起，就让用平板车将翦老拖到会场，不许坐下。翦老站立不稳，就让双手扶着竖起的长凳腿站着，一斗就是几个小时。老人的身心受到了极其严重的摧残。

后来人们只顾打派仗了，一两年都没有听到翦老的消息。直到1968年下半年，才从主政的工军宣队那里听到毛泽东关于对翦伯赞、冯友兰这样的知识分子要"给出路"的政策精神。令人吃惊的是，时间不长，就听到翦老夫妇双双服药自尽的消息，还听说，为此事周恩来总理气坏了，把"肇事者"那个中将叫来，让人一把把他的领章帽徽拽了下来。

翦老夫妇自杀离世，如今已经真相大白。原来毛泽东发出对像翦伯赞、冯友兰这样的知识分子要实行"给出路"政策的指示后，他们的待遇还得到了一定的改善，从被关押的地方搬回到北大校园内风景优美的燕南园。翦老夫妇甚至还欣喜地参加了有关方面的落实毛泽东关于"给出路"政策的会议。他们怎么也不会想到，为时不久，更大的厄运又来到他们的面前。原来，当时中央的"刘少奇、王光美专案组"的人员在副组长巫中的带领下，来找翦老，让给刘少奇的一条所谓罪状作证，翦老实事求是地说明自己不清楚这件事，无法作证，然而极"左"到顶点的这位部队出身的副组长，蛮横到了穷凶极恶的程度，面对这位心有余悸而又坚持操守的老人，威胁、恫吓等等无所不用其极，甚至掏出了手枪。翦老仍然不为所动。气急败坏的巫中再次恶言相逼。对喝着"文革"动乱的狼奶长大的这匹恶狼及其后面的恶势力，翦老最终选择了夫妇二人服下攒了十多天下的安眠药，以死抗争。毛泽东知道此事后，大动肝火，和周总理把谢富治叫去狠狠骂了一顿。谢富治又如法炮制，把负责北京军管的一位副军长骂了一气。最后只给这个巫中一个"严重警告"的处分，虽然后来还让他回北大检讨了一年，但是无论如何，翦老这样一位誉满天下的一代史家，毕竟是死于非命了。

那时，我还是个孩子

李文熹

一

1957年4月7日上午，我父亲被武汉市公安局花楼街派出所以"历史反革命"的罪名逮捕，从家里五花大绑押走了。

那天是星期天，我不记得怎么得到一张《铁道游击队》的早场电影票，看完电影回到家时大约中午十一点钟，楼下的邻居为妙二姐在门口拦住我说："七，伯伯刚才被派出所捉走了，你回去放乖一些，莫惹你妈妈生气，听话啊！"我惊恐地点点头，蹑手蹑脚上了楼，家里被翻得乱七八糟，五哥和六哥默不作声地在清理，母亲则正安慰着坐在床上抽泣、从乡下来我们家做客的堂姑妈，见我回来，对我说："你爸被派出所叫去了。"转头对堂姑妈说："总要有个说话的地方吧！"堂姑妈则哭着对我说："这是么样的事呢？都叫我碰上了！"母亲叹道：

"他要办你，迟一天早一天总是要办！"我愣愣地望着她们，说不出一句话来。

那时我读小学六年级，第二天上学，班上的同学都知道我父亲被公安局抓走了。有一个表现欲很强的男生在上课的预备铃声响过、老师还未进教室之前，跑到讲台旁的窗边，把两只手腕贴在一起，像戴着手铐的样子，在全班同学面前表演我父亲被逮捕的哑剧。没有人发出笑声，也没有人附和，他自知没趣，趁着上课铃声响起、老师走进教室时，赶紧弯着腰灰溜溜跑回到座位上。

我不知道父亲为什么被公安局抓走。课间休息时，上学和放学的路上，同学们三三两两蹦蹦跳跳有说有笑的，我则总是一个人低垂着头快步走着，生怕同学问我什么。其实，没有一个同学问我什么，投给我的，都是木然和冷漠的目光，没有一丝安慰和温暖。过去几个经常在一起的同学也有意避开我，看到我走过来，赶紧朝另一个方向跑去。

我跑不起来，也笑不起来，心都是紧缩的，一种恐惧的感觉，整天紧闭着嘴，都忘记了说话。抑郁中，我的语文成绩退步了，受到班主任老师的责难。

平时，我的语文成绩是全班最好的，每两周一次的作文经常被作为范文在班上朗读。现在因家庭变故成绩下降了，也不至差到哪里去，她却在班上点我的名字，说我退步了，使我难堪。加上隔壁班上一个长得非常壮实的男生到处说我父亲被捉走了，把一些从电影中看来的情节编造到我父亲身上，我知道后非常气愤，明知非他敌手，但还是找到他在操场上打了一架，被同学告到班主任那里，班主任让我放学后留校，叫班上五六个女生帮助我。那几个女生是班主任的基本力量，虽都只十二三岁，却心智早熟，已经知道怎样取悦老师了。她们令我靠墙立正站好，问一句，要我回答一句，交代得好，写下保证书，才放我回家。我那时已非常反感动不动就要学生承认错误、写检讨、写保证书之类伤害人格伤害自尊的教育方法，所以，不管几个女生怎么问怎么威胁，我一言不发，死活不开口。本以为她们"帮助"我一阵就算了，其中有两个住在我家斜对门和隔壁的女生，我还鼓起眼睛瞪着她们，她们有点胆怯，口气软下来，说不回答也可以，但要写下保证书。我不写，也不回答，紧紧闭着嘴，软硬不吃。僵持中女生们无计可施，这时天渐渐黑下来，她们也饿了，也想快点回家，于是，她们一商量，派出一个女生去把班主任请来。班主任就住在学校附近，一会就听到上楼的脚步声，只听班主任边上楼边大声说："还邪了，不写保证书，把他家长请来！"我顿时紧张起来，好害怕。

班主任一进教室，就板着脸对我高声说："怎么，同学们帮助了你这半天，你一点认识都没有？"我仍是一言不发，但很害怕。班主任不再理我，她让一个女生拿出纸和笔，边写边说："送他家里去，叫他家长来。"我一听着急起来，忽地一下冲出女生的包围，去班主任手上抢那张纸条。班主任忙把纸条给一个女生，我又去抢，那女生又交给另一个女生，我哭起来了，冲向那个女生，就这样，女生们传递着那张纸条，满教室跑，我又急又怕，跟在后面边哭边追，又朝着班主任哭着喊："我写保证书！我写保证书！"班主任招招手，拿条子的女生跑向她，我也停下来。班主任对我厉声说道："你把保证书写好就回去，今天就不请家长了，明天再找你谈问题！"又嘱咐了女生们几句就走了。

我边擦眼泪边将笔和纸放在课桌上，女生们围住我，七嘴八舌地训斥着，我把她们的训斥变成我的话写下来，就成了保证书，交给一个女生，一言不发地回家了。

我最害怕请家长了，因为我不愿意惹母亲伤心。平时，如果母亲是因为我而伤心怄气，那是我最难受的事了！从我记事起，我可怜的母亲就在恐惧、忧郁、不幸和穷困中度日。而此时父亲刚刚被捉走，母亲本就心绪不佳，我还能再让她为我烦恼吗？而父亲又是因为一些什么事被逮捕呢？多年后，我才知道父亲是莫大的冤屈！

二

说来话长。我父亲本姓曹，名观佑，谱名子昌，1903年出生于黄冈县河西曹家大湾。父亲三岁时，我祖父被疯狗咬伤致死。孤儿寡母，生活艰难，祖母改嫁黄冈县三河乡三里畈镇李祥顺家族第三房起繁公，父亲就改姓了李。

父亲仅读过三年私塾，但一生好学。博览文史，很有学识，年青时就有"冒雨排棉渍，迎风播豆苗"的诗句。父亲与同县殷子平（号绿野农，哲学家殷海光之父）、王良知二人相友好，人称"黄冈三友"。他们曾同游黄州赤壁，有诗云："不尽东坡兴，前游继后游。烟霞缠赤壁，风雨绕黄州。"父亲晚年的《山居四时即景》曾写道："雪压枝条头不低，银妆大地最稀奇。寒风不阻游人兴，我上高峰赏玉衣。""七十余年起

1964年父亲李观佑六十一岁留影

落多，每逢失意读诗歌。"可以看出，他是个心境洒脱、有理想追求和旷达胸怀的人。父亲很会做生意，十二岁即入商贾，三十年间开店铺、买田地、兴土木，饶有余财，成为本地富庶人家。但父亲有悲天悯人的人格特质。开有药铺，并请先生坐堂，但凡穷人看病典药，分文不取。上世纪二三十年代，河南、安徽灾害很多，常有大批灾民逃荒至三里畈，父亲出粮施粥，救济了无数灾民，并在路口搭盖简易棚舍，供灾民歇息。对生病灾民，则由父亲出资请先生免费看病施药。灾民中有位安徽省金寨县吴店乡北坳镇的严二婶，全家逃荒到三里畈镇时，其夫病死，无力下葬，遗下妇孺，缺衣少食，很可怜。父亲见此，心中不忍，出资帮助严二婶葬夫，并将孤儿寡母延请至家，悉心照顾。严二婶感葬夫活命之恩，拜我祖母为干娘、我父母为兄嫂，她携子返乡后，与我家数十年间往来不断，像至亲一样走动。

1948年冬，有夏氏母女乞讨到三里畈镇，夏母患病，其女痴呆。父亲见状不忍，安排夏氏母女在我家披屋居住，供其衣食，并延医看病煎药。夏母有一子，外出从军，父亲代为写信联系，内有"赶不尽的蚊虫，捉不尽的虱子"的句子，述说其母乞讨之苦。后夏母病故，父亲又为其安排棺木，并将我母亲只穿过一次的大红缎面棉袄为夏母穿上，料理丧事，并继续照顾夏女衣食生活。而夏母之子接信后，得知生身母亲竟落

三里畈街头七甲

到乞讨地步，心中惨然，持信向上级首长请假。上级首长阅信后甚为同情，虽戎马倥偬，仍特批夏母之子回乡妥为安顿母亲生活。不久，夏母之子寻母至三里畈镇，得悉其母已去世，悲恸异常，开棺拜母，见乞讨之母竟穿着红缎棉袄，很是感动。行前，携妹至我家堂屋长跪致谢。

父亲三十余年中修桥铺路、惜老怜贫、周穷济困等仁惠爱人之事例很多。如三里畈镇有一口较大的水塘，名"岳家塘"，为镇上居民浣洗之用。但塘边泥湿，浣洗很不方便。父亲见状，出资沿塘修建七座石跳，全镇居民交口称誉。父亲在抗战前至1944年十余年中，每年都要砍伐自家树木做二三十口棺材，施舍给无力料理丧葬的穷人家，至今还在三里畈一带传为美谈。1938年秋，父亲和叔叔投身抗日救亡，出资在黄冈县项家河镇（今属罗田县）开办军用被服厂，既为172师等鄂东抗日部队提供了后勤保障，又安排了近千从江、浙、安徽逃难至此的难

民，为抗日战争做出了一定贡献。后在中南民族学院中文系任教的王良知先生曾赞我父亲为"当世之圣人"。

1970年，父亲因莫须有的历史反革命帽子，被武汉市花楼街派出所和红卫兵强行遣送回原籍三里畈公社朱元洞大队，至1982年按有关政策返回武汉，十二年中，老百姓和大队小队干部念及我父亲数十年泽被桑梓，没有让我父亲出过一天工，也没有因我父亲是四类分子而分派过任何无偿劳动。从普通村民到小队、大队以至公社干部，对我父亲都十分客气和照顾。我们每月将生活费寄给父亲，父亲来信说，他到了桃花源。在那个阶级斗争天天讲的年代，我父亲的情况可能是极个别的。三里畈公社党委书记张奎生早年在三里畈镇做搬运工，对我父亲的为人非常了解，他来朱元洞大队检查工作时，特地去看望我父亲，并动情地对我父亲说："我母亲吃你家的药用箩筐装，我终生不忘！"我父亲哪里记得清这些事呢！当地老百姓评价我父亲道："只有千里路的人情，没有千里路的威风。"真是公道自在人心！

我母亲生于农家，忠厚善良。父亲每有善举，母亲均极力支持，从无吝色。1944年春，李祥顺家族分家析产，父亲以外姓子弟，不愿沾李家利益，毅然弃所成之业于不顾，分文不取，以磨豆腐之微利维持全家生活。抗日战争胜利后，城乡交易活跃，1946年春，父亲带着一家人到汉口，借高利贷做行商生意。不久即还清借贷，还略有盈余，经人说合，胸无城府待人坦诚的父亲与并不相知的麻城县宋埠镇人胡某某合伙在汉口开了一个山货商号。由于父亲以做行商为主，商号即由胡某某主持。谁知胡某某趁我父亲远赴广州进货之际，竟将商号内所有货物款项席卷一空，逃之夭夭。

1947年春夏之际，父亲在汉口洪益巷"大吉昌"商行听人说胡某某在老家宋埠开了一个商店，就打算到宋埠去找胡某某了结款项债务。时商行内住着几位三里畈一带的绅士，他们因避内战而租住在此，听说我父亲要到宋埠去，就找到我父亲说："国军张淦部驻扎在宋埠，麻烦你帮忙打听一下怎么向他们购买枪枝弹药及价格。"我父亲生性不喜与政治事沾边，他不懂政治，也讨厌政治事，更因熟读中国历史并能跳出书本之外，故从不相信政治家们那些信誓旦旦、说得天花乱坠的誓言。他对国共双方的内战也没有什么好感，时时在朋友们面前流露出对传统王朝轮回的厌恶。他常说诸葛亮六出祁山，建"不世功业"，遭殃的却是百姓，"每至兴师万户号，小民从古厌兵刀。"历朝历代的统治者和各路"英雄"，为什么不能真正地为百姓着想、从百姓的角度来处理和解决国家事呢？所以，他对绅士们回答说："我是个生意人，从不过问政治，也不懂政治，对不起了，你们的事我办不了。"对方也没有勉强，不过说说而已。父亲在宋埠找到胡某某，胡某某叫穷叫苦，百般哀求，可怜兮兮。父亲无法，住了一夜，第二天两手空空返回汉口。但就在那夜两人闲谈时，父亲无意中说到三里畈的几位绅士要他打听枪价一事，父亲说道："谁去管他们那些闲事！"当时也不过说说而已。父亲为生活紧张奔忙，来去匆匆，没有精力也没有时间去管这些既与自己毫不相干又是十分讨厌的政治事。

三

我们家在汉口住房浅窄，祖母住不习惯，天天吵着要回三里畈去。这样，到1948年春，我们一家人又回到三里畈镇同我叔叔一家住在一起，旋即解放。到1950年土改时，由三里畈镇周边农村的一些游民组成农会，二三十个农会的人来我家里吃大锅饭，不几天就把我们家吃光了。这时，农会判定我的继祖父、就是父亲的继父偿还六百万元（旧币）剥削账，不在规定时间内还清就要抓人。时祖母刚去世，继祖父作为地主，已被没收一空，叔叔又远在外地，农会就要我父亲代为偿还。父亲自分家后为一家人的生活艰难挣扎，哪有能力还这笔钱！农会的人不容解释，父亲百口莫辩，就跑出去躲藏起来，心想躲过风头上这一阵再说。父亲一走，农会的人天天来家里逼钱要人，话说得越来越凶。在此危难之际，母亲作出了一个

既明智又大胆的决定，躲开农会的人，带着姐姐四哥五哥六哥和我，步行三百多里山路后再坐轮船到达汉口，与父亲团聚。在亲戚朋友的帮助下，几经搬迁，我们家最后在汉口生成南里21号楼上安顿下来。

到了1951年元月，父亲在汉口马路上碰见三里畈区政府干部熊某某，主动打招呼，谈到我们家的实际情况，并问到剥削账的事如何了结？熊某某说：剥削账是一定要还的，还了就没事了。那时父亲已无法做生意了，一家人衣食无着，这么大一笔剥削账从何还起？而当时父亲听信了这区干部的话，把这区干部的话当成当地政府的决定，为求得安宁，遂狠下心来到处求人告贷，亲戚朋友都借尽了，以凑够剥削账金额。如王良知叔叔，把戴在手上的金戒指取下，他夫人王婶娘把金耳环摘下，借给我父亲去抵债。我的细舅是农民，一生种田，这时把正当力的黄牛也给我父亲抵债。还有堂舅的一对子母牛。问题是这些东西的作价，全凭区政府的决定，不听也不准我父亲开口。一副金耳环，作价五块钱，两头牛作价十五元，所以，口头上说的六百块，实际上被逼走两千块不止，哪里去讲道理！我记得区里的人到家里来拿被褥衣服抵账时，时值寒冬，被子没有了，棉衣没有了，六岁的我穿着单衣冷得瑟瑟发抖，紧紧依偎在母亲怀里，八岁的六哥则蜷缩在床角。一个区里的人见状，动了恻隐之心，把我和六哥穿的大衣丢还给我

们，还说了一句："小孩别冻倒了。"也没有人反对。十岁的五哥和十三岁的四哥就没有我和六哥幸运了。

1951年到1953年，那三年家里的生活才叫困难！俗话说，家无宿粮，已是困难至极，而我们家是吃了上顿不知下顿在哪里，还扯下巨大债务！那时父亲既不能做生意，加之年龄偏大，也找不到适合他做的工作，他和朋友们谈及生活困难事，朋友们说：你做过茶叶生意，懂茶叶，新茶出来时，就帮我们买几斤绿茶吧。父亲想想也没有别的办法，就在那几年的春季，新茶刚上市时，父亲批来新茶，在家里分好等级，一斤一斤包装好，以比市面上略低的零售价，请朋友们帮忙代卖。我记得中南民族学院的王良知先生和武汉大学的黄焯先生帮忙代卖得最多。武汉大学中文系历史系的先生们听黄焯先生介绍我父亲的情况，这个订三斤那个订五斤，总要买七八十斤，黄焯先生将预订数写信过来，父亲带上四哥，按数送到武汉大学。这每年一次的茶叶生意大约做了五年，虽获利甚薄，总也解决点问题。上世纪八十年代，我大哥到南京，程千帆先生很关切地询问我父亲的情况，谈起这事，程先生一叠连声地说：好茶叶好茶叶，又便宜又好。

我二十岁的姐姐（李掌珠）放弃了学习，在汉口胜利街一家缝纫合作社上班，那里是计件工资，为了多挣几分钱，我们给她送去午饭时，她不下缝纫机三口两口吃完，我们收拾饭盒还未离开，她就已经在踩缝纫机了。不几个月，她就得了胃病，且越来越严重，也无钱医治。为了一家人的生活，姐姐咬牙坚持上班，直到1953年她考进裕华纱厂织布车间做挡车工，在医务室治疗后，病情才缓解。就是在裕华纱厂三班倒的情况下，姐姐为了家里的生活，刚进厂那半年，上夜班时白天只吃一餐饭，一个月伙食费仅用三元钱，致使健康受到严重损害。

为贴补生活，那几年夏天我们还卖过茶。天晴时，母亲烧出开水泡好茶，我和五哥六哥分头提着茶壶沿街叫卖："喝茶啰，一分钱两碗！"有次我走到交通路，医药公司正在修整房子，一个在室内脚手架上的泥瓦匠朝我喊道："小孩，喝茶！"有人买茶喝，我心里很高兴，小孩子也不知道危险，就从一些建筑材料的缝隙中钻过去，绕到脚手架下，放下茶壶，赶忙倒出一碗茶，双手递给在脚手架上的泥瓦匠。那泥瓦匠弯下腰伸手接过一口喝了，手拿茶碗问道："么样卖？"我说："一分钱两碗。""一分钱三碗卖不卖？"那泥瓦匠问道。我说："别人卖茶是一分钱一碗，我卖的茶是一分钱两碗。""一分钱三碗卖不卖？"那泥瓦匠继续问道。"不卖！"我朝着那泥瓦匠回答。"一分钱三碗不卖我就不喝了，我喝了你一碗茶，半分钱，我把你一分钱，你找我半分钱。"我说："我哪有半分钱找给你呢？"那泥瓦匠调笑着说："没有找的就把不成!"说完他顺手把茶碗放在跳板上,转身走到别的跳板上去了。那跳板我一个孩子的手够不着,拿不到茶碗,周围又没有垫脚的东西,我急得要哭了,连连哭喊道:"你把茶碗还给我吧,你把茶碗还给我吧!"那泥瓦匠像没听见一样,还是另一个泥瓦匠走过来把茶碗递给我。

那些年,母亲已够操劳了。我们几兄弟正是长身体的时候,身上穿的衣服脚上穿的鞋子大多是母亲一针一线做出来的。家里用不起一盏电灯,申请把电线剪断,点一盏青油灯。那时候灯草便宜,三分钱一把的灯草可以用半年。我们做作业时,点两根灯草,到我们睡下,母亲拨熄一根,点一根灯草给我们做鞋缝补衣服到大半夜。看着母亲在灯下疲惫的面容,我总不忍心把在外面受到的委屈告诉她。每天卖茶的几分钱,我总是喜孜孜地放到母亲手上,这时,母亲总是疼爱地抚摸着我的头。

每天晚饭后,我们兄弟四个在一张借来的大方桌上做作业,一人占一方。母亲做完家务就凑近桌子就着灯光做针线活,父亲则在一边看些"闲"书,看到有所感触的地方,经常是不知不觉中就吟诵起来。现在想来,父亲的读书态度,是一种无目的,非功利,不以心为形役,纯粹依个人兴趣随意阅读的审美态度,这与他淡泊的人生态度是一致的。父亲从不过问我们的作业,有时母亲忙不过来,他就帮我母亲做些针线活,缝补

1953年元月大哥出差路过武汉,我们兄弟和姐姐与两位堂姐合影,前排右一为李文熹

衣服、做布鞋、补胶鞋他样样都在行,有一次他还用旧衣服给我做出一件棉袄来。我们都说父亲有一双巧手,他能用简单的工具做出一张很漂亮的小圆桌,给烧坏了的开水壶和蒸饭的铝锅换底,我们家以及街坊邻舍的炉子都是父亲砌的,家里锤锤打打的事都是父亲做,他做什么像什么,起早睡晚,手上总有做不完的事。父亲做事有个特点,就是边做事边吟诵诗词,手上做事的动作与口里的吟诵合着节拍,蛮有意思。父亲把诗词吟诵得非常好听,抑扬顿挫,声音袅绕,这一点,他有我祖母的遗传,我祖母也是将诗词吟诵得非常好听。

每天总是我最先把作业做完,四哥读中学,他作业多,总是最后做完。等到我们都洗漱罢,临睡前,都围着父亲,听他"挖古",这是我母亲说的玩笑话。实际上,父亲是以时为经,以事为纬,用故事的形式将中国古代史讲给我们听,我们都听得津津有味。我至今还记得我为韩信被杀于长乐宫

钟室、岳飞血洒风波亭而流下了眼泪。我问父亲："什么叫'莫须有'？"父亲解释道："莫须有原来的本意是可能有、也可能没有的意思，因秦桧构陷岳飞用了这三个字，后来就专指诬陷别人为莫须有。"稍停，父亲提高了声音说："孟子说：'无是非之心，非人也！'"接着父亲就大声吟诵道："名山大川，还千古英灵之气；皇天后土，明一生忠义之心！"不知不觉中，我们对于气节、操守、风骨和德行这些词语的含义，有了形象而难忘的认识。到了星期天，父亲则给我们讲述古文诗词和声律对韵，他要求我们背诵，但并不严格规定。父亲说："你们长大后，生活阅历多了，就知道要做到宠辱不惊、名利两忘是很不容易的。人生的千山万水，尽是挣扎！但生命要高贵，要自尊，不以物喜不以己悲，不论何种情况下，都不要放弃精神上的美好追求，都不要丧失普爱众人之心。欧阳修说：'视其所好，可知其人焉。'人生可以残缺，但精神生活不能简陋，最低的要求，就是用诗词来丰富它，因为诗词不仅可以陶冶性情、超然物外，还足以养人正气、销人邪心。"父亲的这些话，我当时理解不到，是在许多年之后，在无可奈何的艰难岁月中，我才领悟到，父亲所说的就是人格独立精神，是人类的普世价值，是人类生存的支柱——仁爱、慈悲和不朽的文学艺术。

我喜欢背诵古文，那时年龄小，记忆力

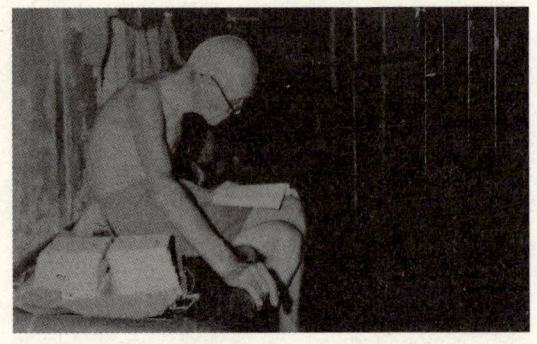

1983年夏季，尽管酷热，尽管贫困，父亲李观佑依然读书不辍，时年八十岁

好，寒暑假时一天背诵一篇《古文观止》上的文章，父亲很高兴，说古文基础打好了，就给我们讲"四书"。父亲很喜欢三哥（李文辉），他常对我们讲三哥九岁时对对联的故事。那是1943年冬天，在三里畈镇，一家人围着火盆烘火，三哥则边烘火边拿着一本书在看。父亲突然想起夏天时看到三哥在看《笠翁对韵》，就问三哥看不看得懂？三哥不好意思地一笑，说看得懂。此时，父亲指着窗外的天空对三哥说："你看，天上有一只鹰在飞旋。它为什么盘旋呢？是因为它在找食物。我出的上联是'天际鹰旋鹰觅食'，你能不能对呀？"父亲又逐字讲解了一下，特别是两个相同的字。在说这上联之前，父亲说的三五个字的，三哥都不假思索的一口气对上了。这有两个相同字的七字对联，三哥没有马上对出，他起身到院子里走动了一会，大约一刻钟之后，三哥进来腼腆地一笑，说："我对得不好。"父亲哈哈

笑道："你九岁的孩子,能对就不错了。说吧,对得不好没有关系。"三哥说："我想到狗在进窝睡觉之前,要围着窝打几个转才进去。所以,我对的下联是'地中犬转犬寻眠'。"父亲高兴得哈哈大笑起来。

每次父亲讲到最后,也都哈哈大笑起来。我们也跟着乱对一气,父亲就慢慢讲解诗词格律对仗,鼓励我们学着对对联和学写旧体诗。父亲说武汉话平仄不调,他要求我们用黄冈话背诵诗词,他说:写诗写文章没有什么捷径窍门可言,就是多读多背多写,自然会写好。"诗从胡说起"、"文从乱中来", 读多了背诵多了,诗词平仄也就自然掌握住了,文章也会通畅起来。我们饶有兴趣,问这问那的,父亲总是耐心解释,一家人其乐融融,总是在我们乱七八糟的吟诗赋词中睡去。

我们原来住在汉口广益桥的时候,有个街坊,他们家过去是开茶叶铺的,日本飞机丢炸弹把他们家铺子炸了,一家人就在断壁残垣上搭了个低矮的木板房栖身,在门前摆个茶叶摊子糊口。父亲和那老板相熟,我称呼那老板为伯伯,那老板娘为伯娘。后来我们家搬到生成南里,两家还保持着来往。一天,那伯娘到我家来,介绍我母亲做一双布鞋底,说是一个码头工的,说好的价钱是两角钱。母亲说："他伯娘,一双鞋底我得三四个晚上才做得出来,又得好材料好线索鞋底才结实,两角钱是不是太少了?"伯娘说："先做一双试试,价钱不能高了。价钱高了以后没人找。"母亲听伯娘这样说,只好答应下来。

几天后的一个晚上,母亲牵着我送鞋底到伯娘家去。伯娘让我们坐一会,她把鞋底送到码头工家去。不一会伯娘就回来了,手里拿着一角钱,对我母亲说："那码头工只愿出一角钱。"母亲诧异地说："两角钱我都是贴着布料的,还不谈工钱!这人这样不讲理,这一角钱我不要了,麻烦你去把鞋底拿回来。"伯娘不愿意去拿回鞋底,反而对我母亲左劝右劝,母亲没办法,只好拿上一角钱牵着我回家了。

我们家斜对门是一家私人开的"义和饭馆",老板就是厨师,老板娘招呼顾客,不做早点和晚餐,就卖中午一餐饭。饭馆同屋的袁奶奶见老板夫妻把剩菜剩饭都倒掉,想到我们家没有饭吃,就每天中午给我们送来一大瓷盆剩菜剩饭,那个香那个味道,我觉得真好吃。后来,母亲看到一些病人经常在那里吃饭,害怕我们受到传染,就婉言谢绝了袁奶奶的好意。

家里经常是买不起米,我们就天天到菜场去捡菜叶,蔬菜旺季时,我一捡一满篮子,兴冲冲提回家交给母亲,母亲洗干净后炒一锅没有油的老菜叶子,一家人填饱肚子。但接连吃了两餐菜叶后口里就冒清水,再吃就难以下咽。吃不完的菜叶父亲就腌起来,一年四季我家的桌子上总有一碗腌菜。

再就是买一些副食和茎块蔬菜充当主食。吃得最多的是萝卜、荸荠和红薯。武汉方言叫红薯为红苕，或就叫苕，菜场里卖三分钱一斤，而在河边码头上只卖一分半一斤。寒冬腊月，雨雪纷纷，总是父亲和四哥走好远的路到泥泞的河边去买，一人扛一袋子，一袋子三十多斤，但我家人口多，也就吃不了几天。红苕是蒸着吃，萝卜和荸荠则煮着吃，这些东西也不能连着吃两餐，母亲就调换着弄给我们吃。

那几年家里的经济来源主要靠姐姐做缝纫，也就是说，我们下面四个兄弟包括父母在内六口人的生活主要靠姐姐。大哥（原名李文俊，后改名雷雯）和三哥是1950年参军远在东北军区，当时是供给制，开始时他俩每个月只六元钱津贴，后来陆续增加了一些，但他们也节余大半寄回家，对家里是很大的补贴。1957年姐姐出嫁后，有自己的负担，但每月仍寄回家十五元至二十五元不等，逢年过节和父母生日时还多寄十元，一直到1983年她病已沉重之时。1958年元月，大哥因胡风分子问题被劳动教养，无力照顾家庭，于是，我们这个又大又复杂家庭的经济重担主要落在三哥肩上。1953年部队实行薪金制后，直到1995年母亲去世为止（父亲于1993年去世），三哥四十二年如一日地每月按时给家里寄回生活费，多少呢？他一大半工资。1953年至1956年三哥每月工资也就六七十元，1956年至1958年他工资八十八元，1958年秋他转业到云南，工资套级只有七十八元。而1953年至1955年三哥是每月寄回四十元，1956年至1958年是每月寄回五十元。1959年至1962年是每月寄回四十五元。1962年后我另两个哥哥工作了，父亲叫他少寄点，他减了一点，每月寄回三十五或四十元。工资改革后，他更是一百二百地寄了，包括父母去世后的丧葬费也主要是他出的。我还清楚地记得这样一件事：1956年4月，家里没有按时收到三哥的汇款，等着买米下锅的一家人真是望断了脖子。一天一天过去了，看看到了月底，三哥的汇款还是没有寄来，父母猜测，是不是三哥对照顾家里生活有什么想法？于是，父亲给三哥写了一封询问的信。到了5月份，收到三哥寄来的两个月的生活费和给父亲的一封信，原来是三哥出差了，他出差前请一位同事到时代领一下工资并代为将家里的生活费寄回，谁知那位同事后来也出差了，他不了解三哥的汇款对我们家庭的重要，没有转托别人，致使我们家那个月像遭了劫难一样。我还记得三哥在信中把事情解释清楚之后，有这样一句话："赡养家庭，这是儿责无旁贷的义务。"这是四十二年中唯一的一次没有按时收到三哥的汇款，而且后来还补上了。五十多年来，这件事一直在我的生命深处不时浮现，三哥高尚的品德给少年的我该是多么大的震撼！我又是多么幸运，在我荆棘塞途的艰难人生中，能有这样的哥哥姐姐扶持我长大成人，此生何求！

三哥是家里的经济支柱，而大哥在部队以及转业到地方后，直到1958年元月去劳动教养，也是月月按时寄钱照顾家里的生活。大哥1962年回汉后到1979年平反前的十六年间，他在学校代课也好，干繁重的体力劳动也好，总要节衣缩食，每月从微薄的工资中还挤出五元钱给父母。平反后，他工资待遇有了改善，不仅每月按时寄回给父母的生活费，还额外给父母添置了许多生活用品，直到父母去世。可以这样说，三哥、姐姐和大哥除了赡养父母，我们几个小一点的弟弟也是他们养大的。后来我们几个兄弟成家立业，有的还学有所成，追本穷源，全都出自姐姐、大哥特别是三哥的恩泽。父母去世后，我们兄弟如有生病或别的什么事，三哥都是不遗余力地在经济上接济我们，包括2002年大哥回武汉，他还寄钱来为大哥修整房屋和添置生活用品，为此大哥还写下了一首很动感情的旧体诗。

现在回想起这些往事，温暖中又使人感到后怕。几十年间，我们家多么像一只在风雨中飘摇的破船，如果不是姐姐大哥特别是三哥对这只破船的极力支撑，早沉没了。

五

解放后，麻城县宋埠镇的胡某某参加当地合作社工作，几年后因为贪污公款被逮捕。在牢里，胡某某为了立功赎罪，竟诬陷我父亲到宋埠购买枪枝弹药，向公安局检举。公安局当然当个事来办，这就是1957年我父亲被逮捕的原因。当时三里畈镇已划归罗田县管辖，所以，我父亲这个案子由罗田县公安局办理。

问题是公安局不分青红皂白，一口咬定我父亲买过枪枝弹药，还不仅是有没有打听过枪价的事。我父亲如实交待，他们根本不听。我父亲说："我是个生意人，不懂政治，也不过问政治，一生没有参加过任何党派，也没有跟任何党派任何政治组织有过往来，更不存在买什么枪枝弹药的事。我在三里畈长大，三里畈的人都了解我，你们到三里畈去调查一下，看我是一个什么样的人。要买枪的那几位绅士都在1950年和1951年的土改、镇反中被枪毙了，我要是跟他们一伙的，为他们办过事，参与过他们的活动，当时怎么没有牵连到我呢？再说，这还没有几年的事，那些案卷总还在吧。你们查查那些案卷，看看里面有没有我的问题，我说假话没有。共产党说不冤枉一个好人，你们不能要我承认不存在的事吧！"办案的人完全不顾事实，不允许我父亲分辩，不听我父亲所说的实际情况，说我父亲顽抗政府，动用逼供，无中生有，罗织罪名，逼我父亲按照他们凭空编造的一套作为口供交待，我父亲断然拒绝。

父亲被捕后几个月了，杳无音讯。四哥多方打听，得知父亲被关押在罗田县公安局看守所。七月份时，四哥去罗田县看守所探监，没有见到我父亲，母亲决定带我去探监，送去父亲的换洗衣服。

那是炎热的八月天气。我和母亲半夜坐船，凌晨三点到达黄冈团风镇。天亮后再从团风乘坐途经三里畈的客运卡车（当时只有卡车载客，每天一趟），二百里崎岖土公路，颠簸得把人的肠子都要颠出来了。母亲是一双小脚，到三里畈时已疲惫不堪，在堂姑妈家倒头就睡。

三里畈是个小镇，我们母子回到三里畈的消息不胫而走，不一会全镇人人皆知。那几天，来看望我母亲的人川流不息，许多老人见到我母亲就眼泪直流。三里畈镇党委书记张奎生的母亲用手巾包了六个鸡蛋来看望我母亲。特别是到了晚上，堂屋里坐满了人，大家都听我母亲述说分别这六七年来的情况，说到伤心处，许多人陪着流泪。大家说到土改时农会的那些人，政府怎么培养都不是那块料，现在依然是周边农村的游民，见人就说吃大锅饭时真快活。不少人叮嘱我母亲，罗田县看守所的所长姓熊，矮个子，非常凶恶，千万当心。

我虽然是在三里畈镇出生的，但一岁多就离开了这里，虽然四岁时又回来住了两年，也只有零星的模糊印象。这次回到故乡，才知道三里畈镇是个山清水秀的美丽地方。像许多江南小镇一样，白墙青瓦，高低错落的飞檐斗拱，一条弯弯曲曲的由青石麻石相间铺成的正街，屋后临水，许多房屋的后半部分就支撑在池塘上，叫做吊楼，荷塘月色，景致很美。而三里畈镇又有一般江南小镇所没有的自然景色，那就是群山环抱，层峦叠翠，云雾缭绕，翠羽丹霞，尤其是那玉带一般绕镇而过的巴河清澈可人，难怪大哥在怀念故乡的诗中写道：

"巴河／像天鹅的羽毛／从天边云缝里／飘过来。"

从三里畈到罗田县城的班车就是从团风开过来的那个卡车，一天就那么一趟，拥挤不堪，我和母亲是绝对挤不上去的。母亲决定，我们住到表姐家去，由表姐夫送我们到县城，横竖就只三十里路，淌过巴河走过去。

表姐家就住在距三里畈镇三里路远的巴河边，那个倚山傍水的小村子就叫"大河边"。我们在表姐家住了两天，正准备动身时，曾经在我们家做过厨师的老熊叔叔找到这里来看望我母亲，他听说我们要去县城探监，就自告奋勇和表姐夫一起送我们去。

北斗星刚刚斜过来的时候，我们一行四人就动身了。表姐提着一包袱馍馍送我们到河边，老熊叔叔把我扛在肩膀上，表姐夫背着母亲，涉水淌过了巴河。

母亲是小脚，走不快，而且走不了几远就得休息一下，三十里崎岖山路，烈日炎炎，走走歇歇，到下午一点多钟才到县城。我们在县城外的山涧边，喝着清凉的涧水，吃着馍馍，略事休息后，一路问去，找到看守所，表姐夫和老熊叔叔在外面等着，我和母亲走了进去。

我填好了会见单，以为马上就可以见到父亲了，心里不是个滋味。半天，通知我们说不能见。母亲问为什么不能见？答复道：不知道，问所长去。母亲说我怎么知道所长在哪里？一个人带我们走进所长办公室，只见墙上挂着好多脚镣手铐，很恐怖的感觉。办公桌边坐着一个矮矮的人，母亲问道："请问您是所长吗？"那人很生硬地说："是的。有么事？"我插了一句问道："请问贵姓？""姓熊。"熊所长横了我一眼。母亲说明我们探视谁以及亲属关系，不等母亲说完，熊所长大声呵斥道："不能探视！出去！马上出去！"母亲说："不能探视，换洗的衣服总可以送给他吧。"熊所长把桌子一拍，恶声道："不要衣服！滚出去！"母亲不走，还在哀求。熊所长又凶又恶，拍着桌子大声吼骂。我看到母亲受到吼骂，心里一急，就不顾一切朝着熊所长气愤地大声吼道："你为什么吼我妈妈？你为什么吼我妈妈？"熊所长愣住了，两个在一旁的看守也伸长了脖子愣望着我，我两眼像喷火一样瞪着熊所长，屋子里顿时静下来。半天，熊所长才缓过神来。不知是他良心发现，还是别的什么原因触动了他，熊所长反倒平静下来。他望了望我，指着椅子说："你们坐。"语气异常平和。母亲坐下来，我还是站着。熊所长问道："送的衣服呢？"我把一包衣服放到桌子上，熊所长叫来一个看守，吩咐道："检查一下，送进去，打个收条出来。"在等待的时候，熊所长问我多大了，读几年级？我一言不发，母亲代我一一回答。不一会，看守送来父亲打的收条，母亲向熊所长和看守表示感谢。

返回的路上，听着母亲向表姐夫和老熊叔叔讲述在看守所的情况，不知怎么触动了我，我号啕大哭起来。他们都安慰我，但我越哭越厉害，边走边哭。太阳落山了，天慢慢黑下来，我很疲倦，走不动了。老熊叔叔把我扛在肩膀上，我双手抱着他的头，昏昏睡去。朦胧中，听到他们借宿农家，老熊叔叔把我轻轻放在床板上。第二天上午，我们才回到表姐家。

六

1957年10月23日，父亲被湖北省罗田县法院以无中生有的"历史反革命罪"，加上态度顽固、抗拒交待、拒不认罪等莫须有的罪名，从重判处有期徒刑十二年，送往湖北省沙洋劳改农场劳动改造。

1962年1月9日，父亲因年老体衰"保外就医"回到武汉，戴上"历史反革命帽子"，在监督管制中艰难生活。

是我到沙洋劳改农场接父亲回家的。那天上午，我扶着父亲走出劳改农场，朝汉江边码头走去时，父亲回头望着劳改农场的大门，边摇头边说道："说是不冤枉一个人！"接着就是一声长叹："唉——"

父亲的这句话和这声长叹永远停留在我心上！

《挪威的森林》生日纪事

林少华

　　也许五十知天命的关系吧，反正随着年龄的增长，我越来越相信人生途中有些事情似乎是命运安排的结果。

　　例如我和《挪威的森林》的邂逅。日文原作于1987年9月在日本出版，一个月后我到日本留学一年，在大阪市立大学研究生院进修日本古典文学。每次去书店都见到一红一绿——鲜红鲜红墨绿墨绿——上下两册《挪威的森林》，各戴一条金灿灿的腰封摆在进门最抢眼的位置，正可谓风光无限，仿佛整个日本列岛都进入了"挪威的森林"，几乎无人不看。大约独我一人不屑一顾。原因在于我当时正挖空心思做一个所谓"中日古代风物诗

青年林少华译书时的照片

意境比较研究"的项目,拿了国家教委六七千元钱,日本之行的目的之一就是为此搜集资料。而且当年我是一门心思要当像那么回事的学者的,想写一本砖头般的学术专著把身边同事吓个半死。因此去书店几乎直奔文学理论等相关学术书架,没时间也没闲心打量这花红柳绿的流行玩艺儿,亦不知村上春树为何村何树。回国前只因一个同学送了《挪》的下册,我为配齐才老大不情愿地买了上册。带回国也随手扔在书架底格没理没看。

岂料,命运之手正悄悄把我这粒棋子移上另一条人生轨道。1988年12月即我回国两个月后,日本文学研究会的年会在广州召开,从事日本现当代文学研究的副会长李德纯老先生一把将我拉到漓江出版社的一个年轻编辑面前,极力推荐说《挪》多么美妙,我的中文多么美妙,译出来市场前景又多么美妙。而我当时的经济景况却一点儿也不美妙,衣服大多是在后校门附近地摊买的,无论如何都需要赚点稿费补贴生活开支。当学者诚然美妙,但在很大程度上是以钞票的美妙为前提的——说起来不好意思,我便是在这种既不美妙又未必猥琐的复杂心态下翻译《挪》的。或者说,《挪》便是从如此风景凄凉的港湾起锚驶进中国大陆的。记得那年广州的冬天格外阴冷,借用村上的话说,就好像全世界所有的冰箱全都朝我大敞四开。我蜷缩在暨南大学教工宿舍五楼朝北房间的角落里,裹着一件好像用蓝墨水染成的半旧混纺鸡心领毛衣,时而望一眼通往教室的路上绿子般说说笑笑的港澳女孩子的彩色身影,时而搓一搓冻僵的手指,对照日文一格格爬个不止。就翻译住处环境来说,和村上写《挪》时住的低档旅馆多少有些相似。只是,我放的音乐,一不是爵士乐"挪威的森林",二不是《佩珀军士寂寞的心俱乐部乐队》。说来难以置信,我放的是中国古琴曲《高山流水》《渔舟唱晚》和《平沙落雁》。我觉得那种哀而不伤乐而不淫的超越日常凡俗的旋律非常契合自己的心境,使我很快在书中特有的世界里流连忘返。仿佛直子绿子和"敢死队"们用一条看不见的细线拖着我的自来水笔尖在稿纸上一路疾驰,但觉人世间所有美妙的词汇和句式纷至沓来，任我差遣发落，转眼间便乖乖嵌入一个个绿色的方格。正是这样的感觉促使我逐步形成了日后的"翻译观"：文学翻译不仅仅是语汇、语法、语体的对接，更是心灵通道的对接，灵魂剖面的对接。换言之，翻译乃是监听和窃取他人灵魂信息的作业。在这个意义上，翻译即间谍。总之，我就是这样陪伴《挪》、陪伴村上君开始了中国之旅，又眼看着她如何由不入流的"地摊"女郎最后变成陪伴"小资"或白领们出入"星巴克"的光鲜亮丽的尤物。

这里需要说一下《挪》中所谓涉"黄"部分的处理问题。如今看来，《挪》似乎并没"黄"到多么了不得的地步，而在二十几年前的中国，尽管其中的所谓涉"黄"段落是作品整个肌体中一个并非盲肠的构成部分，但大家接受起来还是需要做心理调整的。切除还是不切除？当时较为保险的做法是一切了之，而我决定予以保留，而仅仅将直译或为"性交"及近乎生理器官名称的若干字眼代之以含蓄些的文学语言。尽管如此，交稿后还是遇到了麻烦。这也是因为交稿时间不巧正值1989年春夏之交那个特殊的政治"季节"。新闻出版界本来就对精神上的舶来品分外敏感，加之有颜色分明的"黄色"段落，以致出版社讨论几次都无人敢签字放行。最后译稿清样摆在了国家新闻出版总署一位官员的办公桌上。据说这位官员认真看了全稿，看罢道一声"好书！"于是出版社舒了一口长气，作为译者的我当然如释重负，庆幸绝处逢生。

译稿最终还是删除了约一千六百字的典型涉"黄"部分，但总算于1989年7月由当时在外国文学出版方面颇有建树的漓江出版社出版，总编辑为刘硕良先生，责任编辑是从南京大学日文系毕业不久的汪正球君。首印三万册。封面画的是一个不甚漂亮也不甚年轻的裸背女子，和服样式的上装在腰间介于欲掉未掉欲脱未脱之间，格外令人想入非非。由于背景与和服均是黑色，唯独裸背白花花的，如暗夜里的水银灯，故不妨称为"裸背版"。里面章别目录由编辑部加了标题，如"月夜裸女"、"同性恋之祸"、"难得的享受"之类，害得我实在不好意思送人。毕竟是现职大学老师，总不好对人家说"请好好看看这个，极有意思的哟！"

特别值得一提的是，李德纯先生以《物欲世界的异化》为题赐以译本序，以敏锐的洞察力和富有激情的笔触概括了村上文学的基本特质。并以"附白"形式特意提及推荐我译这本书的缘起："过去受托为译书作序，对译文工拙，概不置品评，尤对溢美之词慎之又慎，但对少华君，自从读了他的文章和译文，神交久矣。其后，绿衣天使为我们架起输通学术的桥梁，建立起'忘年交'已几易寒暑。他被破格擢升为副教授，对执著于以文章论名的我们,小事一桩,倒是他在学术上的突飞猛进,令我动情不已。这种知音之感促使我乐于推荐他译此书。"今天重读这段文字,再次深切地感到自己的起步和成长得益于李德纯先生这样老一辈学人无私的提携和指点。仅就村上文学的译介阅读可言,不但我要衷心感谢李德纯先生,而且读者以至《挪威的森林》这本书想必也会对这位老先生怀有感激之情。之于我,这固然可以说是命运的安排,但命运是谁安排的呢?终究是人。抚今追昔,不胜感慨。

"裸背"版至1993年印了四次,正版印数约十万册。1996年7月改版,作为五卷本"村上春树精品集"之一再度推出,封面隐约画几条弧线,细看才知是女子纤细的腰和丰满的臀,是为"臀线版"。过塑,印数一万五千册,似乎卖的不如"裸背"好,我几次去书店守候大半天也没见有人买。1998年9月再次改版,大32开,书皮为略有凹凸感的米黄色套封,顶端开有三角形"天窗",是为"天窗版"。日式彩色园林从中露出,"天窗"下角右侧影印短辫女郎黑白头像,底端为淡淡的富士山剪影。内容加了总序和附录。附录分专家评论、作家访谈和村上年谱三部分。也是因为装帧、版式和纸质均给人以耳目一新之感,此版大为畅销,首印二万一千册,至2000年9月印至十次,每次二万,两年印数愈二十万册。较前两版不可同日而语。如今"天窗版"因早已绝版,据说已有收藏价值。

漓江出版社本想一鼓作气乘胜前进,但中途因更动版权个别条款时同村上代理人发生龃龉,对方不予续约,漓江十载至此结束。自2001年由上海译文出版社接盘,并扩充品种,沪版时代由此开始。但见村上系列鱼贯而出,首尾相望,旗旌俨然,长驱直进,蔚为大观,至今气势犹壮,此为村上第二个十年。但距《挪》之"生日"已相去较远,且读者相对熟悉,恕不细表。

最后拉回"生日"之初就其"出生"反响略拾花絮。翻阅我手头保留的剪报等资料,得以确认关于《挪》最早的评论是1990年1月6日《文汇读书周报》郑逸文的文章,题为《一半是叹息,一半是苦笑》:"从友人处借得一册《挪威的森林》,一夜挑灯苦读,待晨曦微露时合上小说,却没有半点放松感。那样真切地从文字上读懂都市人的压抑与无奈还是头一次;那样不知所措地让小说的悲凉浸透全身竟也是头一次。绝的是那样深沉的凉意并不能轻易引下泪来。尽管一夜风雨,书中人已泪眼迷朦各自退回原路寻其归宿,但惜别之际留下的微笑却一拂往日之忧苦,不容你对他们(她们)是否懦弱妄加评述。"最早的出版社宣传应是1990年2月9日《书刊导报》刊发的责任编辑汪正球文,题为《日本的超级事件——〈挪威的森林〉抢购狂潮》:"它的成功之处令人联想到迄今仍为读者喜爱的美国作家菲茨杰拉德的青春感伤大作《了不起的盖茨比》,两部杰作具有异曲同工之妙……'奇文艺赏析',漓江出版社出版了这部书。"

　　文学评论家中最早关注《挪》的大概是白烨先生,他撰文说《挪》"以纪实的手法和诗意的语言",注重表现"少男少女在复杂的现代生活中对于纯真爱情和个性的双重追求……超出了一般爱情描写的俗套,而具有更为深刻的人生意义"。文章具体发表日期一时无从核对,但几年前在青岛相见时,白烨先生告诉我《挪》出版不久就看了,说他当时正处于精神苦闷之中,《挪》给了他很大安慰。

　　后来成为有影响人物的广东秦朔也较早注意到了《挪》,他在1991年一、二期合刊号《旅潮》撰文:"1990年的秋天,带着将逝未逝或者永不消逝的青春梦幻,我走进了一片《挪威的森林》。在日本,它是漫卷每一个年轻人的春风秋雨。当我听到'请你永远记住我／记住我这样存在过'的青春呼喊时,我觉得即将二十二岁的我和异国的心林流荡着同一样的烟霭和山岚——就像卡夫卡说的,'我们大家共有的并非一个身躯,但却共有一个生长过程,它引导我们经历生命的一切阶段的痛楚,不论是用这种或那种形式'。"

　　作家的反应似乎迟了几年。九十年代中后期,徐坤、素素、彭懿和陆新之等人或写书评或以论文或在创作中加以举荐和评说。因其时间偏离了"生日",加之这里篇幅有限,就不列举了。

　　轻抚这些大多二十年前用铅字印刷的早已泛黄变脆的报刊,仿佛触摸着那个时代年轻或不很年轻的人们的心跳,感受着他们的喘息。同时也仿佛看到了当时的自己,是的,他们就是自己。岁月如流,我还能踏回《挪》中青春流淌过的河床吗?作为译者,假如现在翻译《挪威的森林》,我还会那样捕捉和传递她和他的心跳和喘息吗?我不知道。

潘家园书摊

冷摊夺魂记

柯卫东

清河的书摊

一

得胜门往北约十公里就是清河，我少年时不记得曾去过。那时我家住在离清河还要往北差不多二十五公里远，只是偶尔坐车路过的时候探头张望一下。蜿蜒和狭窄的公路，两侧是高大的杨树，黄昏时分的阳光照在或黄或绿的庄稼上，这即是我那时的印像。后来我大学毕业回京，因为以前的老师在这里一所中学的教务处，所以帮我介绍了一份历史教师的工作。那一年是1984年，清河还是落寞的样子，只有三趟公交车，仿佛还有一趟到北郊市场的长途汽车。在当地人称之为"街里"的一条街上有不多的几家商店，留下印象的是一家国营的副食店，因有一年我上海的表哥来看我，我们曾在店里小酌。仅有的凉菜是羊肉，而我是不吃羊肉的，但也没说。表哥已故去二十年了，而那时我也正度着艰难和最不开心的日子。

在街东头拐弯的地方曾有一间新华书

店，所卖的书大部分是积满灰尘的过时的书，现在这店也没有了。

关于这里的书摊，大概是九四、九五年间出现的，就在公路边的一片空场地上，先是零星的有几个，而后就越来越多，星期天的时候可能有接近一百个。看书的人也很多，有些是从很远的地方过来，我后来认识的几位瘾君子朋友都来过，他们住在距此几十公里远的地方。这里的书，和所有卖旧书的场所一样，所谓的古籍和珍本是很少的，我几乎没见过，但是用来阅读或研究资料的书还是有，有时候也会买到一直在寻找的书。我当年每天逛两次，中午一次，下午下班以后一次，因为去得晚，可能许多好书都溜走了，"冷摊负手对闲书"的意境，后来知道是没有的事，只能是对没人肯要的破书吧。

这里所说的都是旧事。书摊是早就没有了，仿佛是有个什么通知，一夜之间就取缔了。有一年在潘家园，有摊主卖一本生活书店版的《华伦斯泰》，他看见我时说："不认识了吗？"原来是当年曾在清河摆书摊的摊主，现在见面也已不再说话，好像是从没见过的陌生人一样。

二

邵懿辰编的《简明四库目录标注》，因为是在四库书目的各条下标明了版本，对于识别古书很有用，所以是我当年一直想买的

琉璃厂

一本书。虽然是一本普通的工具书，但是各书店都没有，记得在清河买到以后还曾拿给中国书店的某店员看，认为是买到了好书。现在这书已成为没人要的书，前一时网上有一本，标价仅一百元，只有几个人看而无人竞标。有一部以老的标准说是"善本"的书，是在清河买的。那其实是一部四册石印本的《元次山集》，但每一册都有批校，从所批的文字看，只能是专家所为。这书是搜齐了各种重要的古本校正的，并且从方志中抄出不少佚文和材料，是很完整的一个整理本，书法也写得极精美。这套书现在还在我的书架上，只是不知批校者是谁，因为落款仅是"铭"或"荃翁"。

总的来说，好书寥寥无几。那时我认识的朋友不多，有一位忘年交的老友，现在很久不见了，可能是上了年纪而情趣寥落了吧，曾买到过初版的《赤地之恋》，和竹西馆刊板顾太清的词集《东海渔歌》。那时能见到不少有名人签署的书，但没有旧的版

本。算是难忘的一次，是有几十本作家张洁的书，都是赠本，但都被撕去了签名的那一页，只有丁玲的《访美散记》和黄秋耘的一本书不知为什么没有撕。其中巴金的《随想录》，是最早的香港版，也是此书最早的印本，精装的五册，因为是随印随出，不是同时出版，所以每本都有签名，可能还有赠言，这是巴金喜欢写的。五本都被撕去了扉页，没有幸存的。

某一天骑车路过，看见地摊上有棕红色布面的一本精装书，那是1950年版的《刘岘木刻集》，道林纸玻璃板印，这书的纸张和印法都还很老派，仿佛是战前印的书。这也算是我在清河地摊买的喜欢的一册。

失去的书

一

海淀的旧书摊原来有两处，蓝旗营到中关村拐弯的地方是一处；好像在四道口或者是五道口的一条斜街上是另外一处，已经有点记不清楚了。听说以前在海淀体育场还曾有，但那是更远一些的事，我都没见过。而今这两条街经过改造已经面目全非了，再找不到当年的一点影子。海淀的书摊和清河的差不多是同时，消失得略晚一些。书的来源是废品站，因当时清河海淀一带有好几个大的废品站，而摊主们原来也大都是以收废品为职业的。

海淀的书摊我去得不很勤，因只能下班以后去。在蓝旗营地摊曾买到过一本《推背图》，是清末石印本，黑胶布面精装，内页还是如古书那样单面印和双折页。《推背图》不是什么难见的书，过去流行的皆为抄本，好一点插图还是彩绘的，但刻本似很少见过。所以这本印刷的《推背图》，虽然年代不古，但是校印还算规矩，想到很少有印本的事，也还是很有意思的。后来有一位在政府做官的托朋友让我找一本，并《厚黑学》共作研究之用。看在朋友的面上，就把这本送给他了。以后听说他有点不满意，又买了一部"月饼盒子"云。这是将红粉错送了英雄的事。

此外还买过一本清末刻的《万国旗帜》，手工上色，也是普通的本子。见过一本开明出版线装的廖仲恺诗集，因不是刻本的关系没有买。在四道口地摊只买到一本唐弢《书话》，是因为书品太好才买的，其他就都是买来看的书了。

注："月饼盒子"是书商玩的把戏，把小本书掺水做成大本，然后制"精美"的包装，作成"礼品书"，高定价低折扣卖出，以赠送好附风雅的官僚和商人。这种书错误百出，外包装像是装月饼的盒子，故而得名。

二

东皇城根原来有个小的古玩市场，其实是个杂市，因有卖古玩的，也有卖花鸟鱼虫的，也有几家卖书的。大概1999年时还在。这是一条安静的小街，两旁是小棚子，摊主很多是北京当地人。每次我去逛的时候，好像都只有我一个顾客。

靠北的两间棚子是卖书的，都是过时的杂志和二手书，决无可买的东西。有一天忽然拿出几册五十年代的画报，说是原来有很多，都被一个人买走了。后来知道是被我的朋友买走的，几乎是六十年代前全份的《人民画报》，只是没有创刊的那一本，后来他花五百元在中国书店买了那本创刊号。

在卖古玩的摊中，有的有一点线装书，我曾经在一棚子里翻出一套乾隆清晖书屋翻刻的《板桥集》，是完整的一套，索值是八十元。现在这套书差不多值一万元，可是因为当时喜欢一套七十年代柯罗版印的《梦溪笔谈》，就用这套书和另一套明板，和书店交换了。这部《梦溪笔谈》是按北图藏元至正板原大印的，比八开纸还大，用纸和印刷都极其讲究，蝴蝶装，限定编号一百部。后来因为要买其他的什么书，就又把这书送回书店，经理说不一定什么时候能卖掉，只肯出原价的一半，就是说二千五百块钱，没办法只好认了。以后听一店员说这书第二天就卖了，而且比五千块钱还要贵。

我认识的一位朋友说，他曾在这个市场买到《新元史》的手稿，后来我也亲眼看见了，有一尺高的一摞。我遛过那么多的书摊，从没抱着这样的幻想。

三

琉璃厂西荣宝斋的旁边，以前也有一个市场，现在已经拆除了。里面大半是卖古玩字画的，有几个店兼卖字纸和旧书。其中把角有一间店，以前经常进去坐的。店主是两位中年人，年长的一位如今已见不着了，另一位也已不再开门市，而只在网上经营，网名是什么也没问过。日常拎一布包，有时候碰见时，他还是老样子地打招呼说："柯，忙什么呢？"恍惚还是往日的情景。

大概是十几年前，有一次年长的那位给我看一本画册，那是黄新波三十年代出的木刻集，名字忘记了。厚洋纸原板拓印的，墨色漆黑，开本比十六开还要大一些。我问多少钱，他一直不肯说，只说那是他父亲留下的，他准备拿去拍卖。后来我稍稍明白过来，他是不是想让我出高价呢？可惜我当时也穷得厉害，无力出价。这本画册我并没有在后来的拍卖会上见到过。

一天，年轻些的那位来电话说，他有一批民国书让我去看。那些书中有不少是值得买的，包括周作人、废名、沈从文的文集和郭沫若的早期诗集《前矛》，以及一册因当年误传丁玲被害而出版的《丁玲纪念集》。其中我最想要的是那册《谈龙集》，一般常见的《谈龙集》都是开明版的，而这是北新书局的第一版，并且没切边。这些书共三十多册，八百块钱，因为其中有十余册是我不想要的垃圾版《饮冰室文集》，问能不能分开卖，改天就说已被别人买走了。有一天进店后听说刚卖出一本精装本的《冰心诗集》，是冰心签署赠给丁玲夫妇的。三十年代时，冰心会赠书给丁玲吗？后来才搞清楚，那是赠与陈衡哲夫妇的，店主大概知道丁玲写过《莎菲女士的日记》，就以为赠言上的"莎菲"是丁玲。他认为三百块卖得太便宜那家伙了，居然他还不停地抱怨。这是我很想要的书，忍不住想责问他为什么不事先给我打个电话，但最后终于没有，因为这正是他们的习惯：总是把最坏的留给你，而卖掉你最喜欢的那一本。

过了一年，中国书店拍卖一本有签署的《冰心诗集》，预展时去看，正是当年他卖的那一本，绿皮金字，签署是赠与莎菲、任鸿隽夫妇的。拍卖那天，叫价至一千两百元时我放弃了，因已超出了我事先凑起来的钱，而且想起了坚持"不特意找，顺便买一本有签名的书"的两朋友的忠告。中标者是一对年轻的夫妇，是专为此书而来的，因见落锤之后，二人便挽手扬长而去。

有签名的《冰心诗集》我还见过另一册，是在近年地坛办的书市上。在旧书区的玻璃展柜里有书品特别好的一册，因为有从前的那样的情结，我请求拿出来看一下，在书的扉页上有已褪色的钢笔赠言，是我喜欢的整洁的那种。翻看书后的价签，铅笔写着只有几百元，但我并不抱希望这会是店里的卖价，果然，店员在翻了手里的几页纸以后报出的价格是七千块，并不许还价。

我在两位的店里买的最后的一本书，是声明特意给我留的，开明版精装本的《虹》，第二版。书况破烂不堪，卖给我是一百元，其实也就值二十块钱。

四

以下是在后海，我朋友们的故事。后海的书摊不知道是什么时候开始有的，我去的时候大概是1996年。见那里摆摊的，好像有不少是北京当地人，是把家里不要的东西在星期天拿出来卖的，不像其他地方都是以摆摊为职业的外地人，拿出来的书看上去都差不多。因为是把家存的东西拿出来卖，照理说应该有不错的，不过也未见什么好东西，也可能是我去的次数太少，我只去过寥寥的几次，而后就听说不让摆了。

我有两位朋友因住得近，是那里的常客。两位常去得很早，然而据说也没买着过什么，只是其中的一位买到过一本破不拉唧的《爱眉小扎》，而另一位知其喜线装书，以一薄本恶刻与之相交换。

美院的教师某人，只带很少的钱逛市。一天早晨，忽见一摊有民国版的新文学书，多至数十册，而摊主不识，平均只卖几块钱一本。这些书应是当年某个爱文学的人买回家看的，现在从家里散了出来，书况保存得都非常好。

那人仅带了二三十块钱，只买了一小半，然后骑车回家取钱，回来时见那些书仍无人问津，又把其余的都买了。他其实不大买书，只喜买画，我的两位朋友都认识他。后来那人曾特意地拿出几本给他们看过，听他们说有叶灵凤的书和徐志摩的《巴黎的鳞爪》《猛虎集》，都是首版并和新书一样漂亮。徐志摩的首版书，我认识的一位经营书籍装帧业的收藏家最近买了几本书况好的，价值四万块钱，叶灵凤的书虽然没有那么贵，但搜集起来更难，近来有收集新感觉派著作的，也把他的书列为收集对象。而他以藏书家、书票收藏家、书籍装帧家的身份写下的那些关于书的书，每个爱书的朋友都是希望弄到一册的吧。

因为常逛而没买到什么书，那天赵、胡两位贤兄都去晚了，等到中午时分，赵兄仅得到那人不要的一册胡适的文集，是本有下无上的书。"就那么一次去得晚"，这是他们引以为恨的故事，我有时听到，不客气地说还是挺开心的。

报国寺书棚

报国寺

一

《琉璃厂小志》之"慈仁寺书市"云：王渔洋有一冬日过慈仁寺，见孔安国《尚书大传》、朱子《三礼经传通解》，欲购之。第二天清早往索时，已为他人所有，"归来惆怅不可释，病卧旬日始起"。康熙时的慈仁寺也就是现在的报国寺。

报国寺在南三环白广路，以星期四为最热闹，商贩麇集。因为外地商贩都于是日到这里来交易，而本地的商贩则来"抓货"，如果不是星期四，而是别的时间来，买到东西的机会就不多，这个门槛是后来听人说的。查了一下日记，我大概是1996年才开始游报国寺的，可能黄金的时期已经过去了吧。因为星期四是工作日，还是糊口要紧，不能常来，在偶来一游的时日里，也没能买到过什么。记得有一次一位熟悉的商贩展示一部《中国历代版画选集》，翻印历代著名的版画，极精美，是五十年代郑振铎先生编的，八开本线装两册，中国纸柯罗版印，函套也还是原装的。他说是一早六百块钱买的，出翻倍的价钱要买的结果，是他又收了起来。

我和我的朋友们在此地也曾有过一些奇遇，比如曾见过前清画报《世界》二册全份，后来被人偷走的事，在我以前写的《旧书随笔集》里说过。常来报国寺遛摊的胡兄,曾买到有知堂签署的《药堂杂文》,康熙时原刻的《御制耕织图》,还买到前清初版《文明小史》。这本《文明小史》,后来我是以一册精刊木板的诗集很心疼地换到手的。此地在举办各种交流会的时候,也可能有难遇的机会,因为有很多外地商贩会在交流会上出现。在几次钱币交易会上,有一苏州来的摊贩,每次总能带来罕见的晚清有光纸石印的画报,如我从他那买的光绪三十三年的《晋报小人图》,就是各种资料都不曾记录过的。不过一共只来了两三次,以后不知怎么就再也不来了。

二

有一天晚上朋友来电话说,上星期四有书友在报国寺买到二三十张俞平伯手写的明信片,据说卖主手里还有,让我这个星期四去看看。卖主是专卖邮品的,这些明信片他都是当普通实寄片卖掉了。

星期四抱着希望一早就去了,在后殿前空场各摊中寻了很久,最后终于找到了,那是一个三十来岁的外地摊贩,经常在报国寺摆摊。在摊上东翻西找,没有一片是俞平伯的,只有章元善和其他什么人的。这时胡兄也来了,二人蹲在摊前,嘀嘀咕咕,摊主则目光闪烁。没奈何,最后只好各挑了一两张,所谓遮遮眼,聊胜于无。付完很少的钱,起来要走的时候,摊主忽然说:"这还有两张,你们要不要?"

我赶紧接过来看,这回两张都是俞平伯的,一张写于1961年,另一张写于1984年。因为是从怀里刚掏出来的,所以价钱比扔在地上的要贵一倍,每张20元。虽然涨了不少,但他若知每张能值上千元的话,会气得吐血的吧。

1984年时俞先生八十四岁,那张明信片是写给他老友章元善的,其中录诗一首曰:"儒门弟子僧坊育,四夏三冬勤苦读;人天道理都难讲,衰梦魔君唤我叔。"俞先生自注云:"窃谓儒门一句一语尽之,不必更有自传矣。"可知此诗是作者对自己一生的概括。在我们看来,"人天道理都难讲"一句,尤其是对毕生学问所发的感慨,想到今人开口闭口谈什么"天人合一",不禁为之汗颜。

后来听知情的朋友说,这批流散出来的俞先生的信札,只有我得的这张是诗稿。这是1998年的事。

报国寺地摊

父亲王林在国立青岛大学

王端阳

一

  1930年9月，国民政府教育部采纳蔡元培的建议，接收了私立青岛大学的校舍和校产，建立了国立青岛大学。

  在此之前的七月份，正在筹建的青岛大学便开始在北平招生。

  我父亲王林此时正在北平的今是中学上学，是该校共青团的支部书记。五月末，曾因组织领导全校学生总罢课而被开除学籍，之后又被国民党侦缉队带走，押往北平侦缉队总部，以"共产党嫌犯"的罪名关押了一个多月。在多次审讯中，他始终没有承认与共产党有关，只是说对学校当局不满，因而引起学生的罢课。

七月,经法官提审,因无证据,宣判取保候审。王林回到学校,这时罢课斗争已胜利结束,学校当局被迫接受了同学提出的条件,开除学生的布告也已撤消。但王林已经无法再在学校待下去了,正巧看到青岛大学的招生广告,于是没有等到毕业,就报考了青岛大学外文系。

　　王林把这事向上级组织汇报后,组织的负责人万九河说全国总暴动的革命形势已经到来(当时李立三的估计),还上大学干什么?因青岛大学尚未发榜,王林不知能否被录取,所以也没有说什么。

　　七月末,青岛大学新生录取榜发表,王林榜上有名。他到师大医务室找万九河汇报此事,并希望把共青团的关系转到青岛大学去。不料万九河已搬家,问医务室值班人员,值班人员说不知。于是就给万九河留下一条,说自己到青岛上学去了,"家中有事"请到那里找。后来这算他在历史上第一次自由脱团。

　　八月上旬,王林到青岛大学外文系报到。系主任是梁实秋。

　　应该说明的是,青岛大学开办两年期间,实权操在新月派文化人手里。所谓新月派,是以组织"新月社"和出版《新月》月刊而得名。它的头面人物是胡适,在青大当校长的则是新月派巨将杨振声,他把新月派的教授除了胡适之外,如闻一多、梁实秋、沈从文等几乎都聘请到了青大。

　　可是,第一年第一学期当教务长的却是国民党中央委员、文化界头面人物张道藩。他这么一个"大人物"怎么肯"屈驾"在青大当教务长呢?据说他因政治上一时失意,便带着法国夫人到青岛"韬光养晦"来了。

　　开学不久,学校当局发现有的学生是用假文凭报考录取的,怀疑这部分学生在中学时代因"闹学潮"而被开除学籍,所以没有正式毕业文凭,如果留在校内将形成"隐患"。于是突然宣布:凡用假文凭考进来的学生一律剥夺学籍,勒令退学。

　　面临被开除,这些同学当然不干了,他们反驳说不管自己的文凭真假,既然考取了,就证明有入学的资格,校方根本无理由开除。他们凭着过去的斗争经验,召集全校同学开会,要求学校当局收回成命。

　　学校当局置之不理,激起了同学们的义愤,于是一致通过用罢课的方式要求学校当局"收回成命",并且当场组织了学生自治会和纠察队,领导和维持罢课秩序。王林成为这次罢课的组织者和指挥者,并亲自担任纠察队副队长,实际掌控着纠察队。

　　罢课后,学生派代表与校方交涉,校方的态度很蛮横,竟然说不罢课还可以商量,一罢课就更得开除。同学们对于这种威胁和恐吓毫不示弱,按照预先商定的计划继续罢课。在罢课的第二天，听说教室大楼有同学组成所谓"复课团"要去复课，王林马上带领纠察队员前去纠察。

相关交涉父亲在《王林文集》中有如下记载：

当赶到西教室楼北门的楼梯时，迎面遇上他们正要上楼。纠察队员用童子军棍挡住他们问："罢课了，上楼干什么去？"

复课团的头头是臧克家，他立在最前边，盛气凌人地说："我愿意上楼就上楼，你们管得着吗？"

我当时并不认识他，见他这样张狂，还是耐着性子说："罢课啦，不能上教室里去！"

臧克家说："罢课是强奸民意，我不同意。"

我说："不赞成罢课，可以提议开大会否决。全体同学开大会既然通过了罢课，我们纠察队就要维持罢课斗争的纪律，不许任何人破坏罢课的决议去上课！"

臧克家故意提高嗓门道："我们愿意上课就上课，你们管不着！你们妨碍我们的自由！你们不民主！我要求学校当局保障我们的民主权利！"站在他身后的几个人也跟着叫喊。

纠察队员也火了，把手里的童子军棍朝洋灰地一戳说："我们执行全体同学开大会通过的决议案，就是民主！就是全校的真正民主！"

争吵声越来越大，这时教务长张道藩突然出现在楼梯口上边的栏杆处，俯视着楼下连声问："怎么回事？"

臧克家好像有了仗恃，更加大声地叫道："我们要上楼去上课，他们不但不许我们上楼，还用棍子威胁我们！"

张道藩一听，立刻叫道："共党暴动！共党暴动！打电话，叫警察保安队来！"

青大教室楼旁就是青岛保安队总队部，近在咫尺，一呼即到。我感到不妙，率领纠察队从教室楼后门退出，跑回礼堂向学生自治会做了汇报。

对突发事件代表们意见不一，有的代表甚至认为张道藩是吓唬人，形势没那么严重。正在争论中，外面传来了跑步声和刺刀的触碰声。代表们朝窗外一看，国民党保安队持枪开到了，正在展开队形包围各校舍。在这突然袭击下，代表们慌忙冲出礼堂四下跑散了。

青岛大学就坐落在八关山下，没有围墙。我跑出礼堂转了一圈就钻了树林子，上山躲了起来。

保安队包围校舍以后，杨振声、张道藩就领着教职员到处张贴布告，勒令被开除的学生"立即出校"。找不到本人，训育员就命令校役把被开除学生的衣物、行李从楼上平台往下扔。杨振声和张道藩就站在西宿舍大楼门前,叼着烟斗,目睹着这次行动。

被开除的学生中,有的是用假文凭投考的,也有些是真文凭的,只因是罢课斗争的积极分子,也被开除了。青大第一期招生总共一百二十六人,这一次就开除了六十多人,占全校学生的半数。

第一次学生自发的罢课就这样失败了。

王林却漏网了。漏网的原因,一是开学不久,互相不大熟悉;二是王林当时的姓名是"王弢",护校团的人不认识这个古字。但王林对此却耿耿于怀,觉得对不起那些被开除的同学,甚至一度想退学走之。

二

十二月间的一天,学校传达室通知王林接见来访的亲友。王林觉得很奇怪,自己在青岛没有亲友呀!他到接待室一看,来者素不相识,出于做地下工作的警惕性,便转身要走。来者连忙打招呼问他是不是王弢,还说李续纲让自己给他带来了个口讯,邀请王林到外边谈谈。

李续纲是王林的入团介绍人,所以一听这名子,王林马上就意识到是组织上来接关系的,于是和他走出学校。

到了山上无人处,那人就正式声明他是代表山东"组织"来找王林接组织关系的。接着他就详细分析了国际国内的形势,批判了李立三路线的错误,同时阐述了当前党的路线方针。这样,王林才知道在这三四个月中间党内发生了路线斗争,打倒了错误的李立三路线,树立了新的路线(当时尚不知是王明"左"倾路线)。

王林就这样恢复了组织关系。后虽换了几个领导,但接头最多的是李春亭(解放后得知此人是中共青岛市委书记,真名祖茂林)。

这年冬季,宿舍里又搬进来一位西装革履的"公子哥",他就是黄敬,当时的名字叫俞启威。他父亲是陇海铁路局局长,叔叔俞大维更是国民党的重要将领,但是谈问题很左倾。在来青岛前,曾在上海参加过"剧联"领导的南国剧社(社长田汉)。由于谈得来,他们很快成为好朋友。

1931年4月,中共青岛大学党支部成立,王林已由共青团员转为共产党员,并任党支部书记。实际上党支部长期只他"光杆一人"。因而进行任何秘密的革命活动,他都拉着黄敬干。黄敬也没有推拒过。而且王林在每次跟李春亭接头时,也汇报了黄敬的情况。

"九·一八"事变后,日本浪人火烧国民党青岛市党部大楼,激起学生义愤。学校当局却借口青岛环境特殊,不允许学生进行任何反日爱国活动,使青大学生更感沉痛和愤怒。在中共青岛市委的领导下,青大支部发动学生同校方展开辩论。这时张道藩已回南京,赵太侔接任教务长。

开会那天,校长杨振声提前来到了会场。开会时,他主动争当大会主席。他讲话时,吹嘘自己在

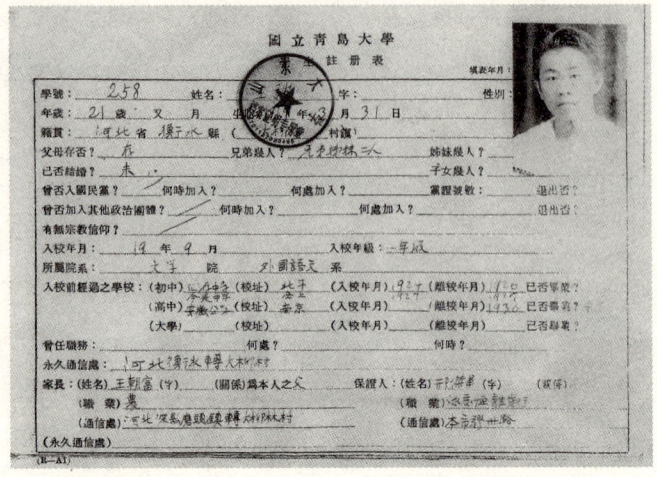

王林青大注册表

"五四"时代怎样激进,平生如何"爱国",继而把口气一转说道:"青岛环境特殊,时代今非昔比,因此你们要爱国,不能超出学校的范围,否则就是越轨干政——越出学校之轨,干预国家之政。"①杨振声的话音刚落,就有同学站起来反驳道:"五四运动是因为袁世凯签订丧权辱国的《二十一条》,所以激起爱国学生的义愤,游行示威,怒打章宗祥,火烧赵家楼。杨校长亲自参加过,当然知道得比我们清楚。今天,日本已经侵占了东北三省,民族危机比起五四时期更加严重,怎么倒要我们大门不出,二门不迈,要爱国也不能超出学校的范围呢?"②

杨振声面对愤怒的学生,十分尴尬,梁实秋慌忙起来"救驾",辩解说今非昔比的意思,是说当今世界上有了国际联盟,中国人只要安分守己,听候国联的调查、仲裁,最后公理终究是要战胜强权。同学们听了更加义愤,纷纷揭露国际联盟是帝国主义分赃的机构,绝不会为弱国伸张正义。

梁实秋被驳得理屈词穷,十分狼狈,于是恫吓会场秩序太乱,自己要退席。同学们冷笑根本没人请他来,让他退自己的席,还有个同学愤愤地说今天开会是讨论救国大事,凡有人心的中国人都不应退席。梁实秋发火了,高声喊道:"你们想暴动吗?凭什么干涉我的自由?我愿意退席就退席,谁敢管我!"③说罢退出。杨振声也急起表示"抗议",在同学们的讥笑声中,退出了会场。

经过这场论战,同学们的爱国热情更加高昂,信心更加坚定,于是一致通过了罢课和响应上海同学赴南京请愿的决议。党支部接受第一次罢课的经验教训,为防止有人挑拨离间,就提议来

一次签名运动。同学们立刻在宣誓书上挨个签了字，当场组织了一百七十九人的青岛大学学生请愿团。

第二天，也就是12月2日，同学列队出发上火车站时，王林迎头遇见臧克家从同学行列中抽身出来往宿舍方向走，于是拦住质问他是救国会的宣传委员，为什么不跟同学一起出发？臧克家却扬手回答让他们先走，说自己会随后追上。可请愿团到达南京查对人数时，却始终没有找见臧克家。

请愿团从青岛抢上火车出发，到了济南，适逢济南市的学生也准备去南京请愿。他们事前已得悉青大请愿团将要抵济，准备采取联合行动。但是，国民党省府和济南铁路局早有预谋。请愿团乘坐的火车刚进站，他们就带着军警抢先一步来到车上，送水送饭，表示"慰问"，却不准学生们下车，以隔离青大与济南学生的联合行动，并且下令立刻开车。青大请愿团未能下车，只好将传单从车窗口撒了出去。

南下途中，利用各站停车时间，同学们自动下车向铁路员工和旅客进行宣传。在泰安、徐州等大站更受到当地群众的热烈欢迎。

车抵浦口，请愿团改乘轮船到达南京下关，立刻直奔国民党中央政府，高呼口号，要求蒋介石马上出兵东北收复失地。请愿团在"国府"门前伫立了四个小时，天快黑的时候，才有一位国民党中央委员出来答话说中央正在开会，讨论国事，你们既然为国事而来，就不要妨碍国事。并说蒋委员长在散会以后立刻接见你们，到中央军校等着去吧。随后国民党的"接待人员"把同学们领进国民党中央军校。到了里边一见戒备森严，同学们才知道上当，被他们监视起来了。

第二天，蒋介石在中央军校大礼堂接见了各地来的学生请愿团。蒋介石说现在日本太强盛，中国太衰弱，不能跟日本作战。要是不自量力，一旦打起来，日本在三天之内就可能灭亡中国。同学们听了极为不满，立刻骚动起来。散布在同学周围的特务高声喝叫要立正姿势，不许乱动，不许说话！蒋介石继续说道："我蒋某自从北伐以来，身经大小四百余战，没有打过一次败仗。三年之内如果不赶走日本，收复东北失地，当割我蒋某之头以谢天下！"④

也就在这同一天，青大同学间开始传阅一封由南京中央大学山东籍同学转来的由青岛大学寄出的一封信。这封信无下款署名，内容是用同情的口吻分化同学，并威胁同学不要在南京做"轨外行动"。于是造成青大请愿同学的思想混乱，没有参加北平、上海等地请愿学生联合举办的大游行。

回到青岛后，党支部曾秘密调查。因为没有随大队去南京参加爱国请愿行动的是个别人，目标自然容易找到。但因国民党政府当局颁布《危害民国紧急治罪法》，处处充满恐怖，于是也就把话闷在肚子里了。

在这次请愿中,黄敬表现出高超的组织才能。王林把他的情况及时向李春亭做了汇报,并建议发展他入党。因他家庭复杂的社会关系,李春亭让再考验一下,但同意将党内文件给他看,在校内的一切活动也都和他研究。经过几个月的考验,于1932年春天,李春亭让王林正式通知黄敬为共产党员。

三

1932年"一·二八事变"之后,国民党政府与日本签订《淞沪停战协定》,引起全国不安,民愤鼎沸。青大学生更感到亡国之痛迫在眉睫,怎能安心坐在书桌前读死书呢?

青大党支部根据地下市委的指示和前两次罢课斗争的经验,决定运用各种学术组织团结同学,相继成立了时事讨论会、新文学研究会和海鸥剧社。

海鸥剧社在校内演出了《工厂夜景》和《月亮上升》等话剧。在《工厂夜景》中,黄敬扮演男主角,江青(当时名李云鹤)扮演女主角。上海"左联"的机关刊物《文艺新闻》在6月13日出版的第五十九期上,以《预报了暴风雨的海燕》为题,作了如下报道:

> 这次上演的是《工厂夜景》和《月亮上升》……观众的热烈,是值得惊奇的,在未开幕前,剧场已经没有空隙地方。开幕后,不但场内拥挤,门外也站了许多观众。尤其是使人惊奇的学生之外,还有许多男工、女工。
>
> 《工厂夜景》上演时,场上空气非常紧张。观众的掌声、呼声和台上演员融成一片,当阿森怒呼"我们去拼命!生死只有一条路!"的时候,观众情绪紧张和剧中几乎一样了。

就在同学们的抗日热情日益高涨之时,学校当局却为使学生"安心读书",宣布实行"学分淘汰制"。这进一步引起同学的不满。

五月,青大支部根据市委的指示,利用同学们反对"学分淘汰制"情绪,由各系各班选举成立了非常学生会,并一致通过了第三次罢课的决议。

学校当局一计不成,又生一计,改用"提前考试"的方法瓦解学生。非常学生会又进行了抵制,那些偷偷溜进考场的学生也被轰了出去。

学校当局见此计又遭失败,便宣布暑假前不考试了,提前放暑假,秋后补考。同学们立即开展签名运动,不达目的,决不回家过暑假。学校当局也立刻采取了更强硬的措施,宣布开除以王林为首的十余名非常学生会代表的学籍。这更激起了同学们的反抗，数次包围校长，包围学校办公室，要求取消开除学生代表的命令。

在罢课高潮中，李春亭曾以《青岛时报》记者身份参加了青大党支部召开的积极分子会议，之后党支部就和上级失去联系。（建国后才知道青岛市委遭破坏，李春亭被捕后壮烈牺牲。）

罢课进行了两个多月，仍处胶着状态。这时南京教育部突然下令解散国立青岛大学，勒令全校学生三天内离校，并重申开除为首的十余名学生代表学籍的命令。

王林与黄敬、张福华等坚持不离，并搜集和撰写稿件准备出版专刊，呼吁全国反对国民党教育部用解散的手段镇压青大学生要求爱国民主的正义斗争。这天下午，王林穿着背心裤衩，拖着木板鞋去汇泉浴场游泳，经过教室楼时，顺便往收发室看看有信件没有。两年来一直由王林负责接收上海寄来的党内书信和报刊，然后转给市委。这天王林刚走进收发室，就发觉身后有一个人尾随进来，转到屋角电话小屋（木板的）打电话。这个人拨动号码以后，又叫分机的号码。王林立刻心跳了一下，意识到有分机一定是大机关。

多日来李春亭已经好几次没有按预定的时间地点来接头，王林正疑虑不安，神经十分紧张。见信箱中没有来信和书报，便转身走出收发室，往宿舍大楼走去。刚走出不多远，传达就追上来说有个朋友来找他。

王林当时不知道怎的，把"朋友来找"和那个打电话的生人联系起来，觉得不妙！于是应付传达说："我先去宿舍穿件衣服再来接见客人，你看我，赤身裸体地不成个敬意！"⑤

传达连声说好！

王林见状，又沉着地委托他先替自己买盒烟，倒杯茶，招待招待。

传达高高兴兴地回去了。

王林越往宿舍大楼走，越觉得不是滋味儿。回到宿舍穿上褂子和长裤，就急忙下楼从厕所后窗跳出，钻进后山纵横十余里的树林子，来到中山公园东海军兵营一个军官家中。这个军官前不久托青大的东北籍同学介绍王林和黄敬给他的兄弟补习英语和数学，因而认识。

藏在此处，王林却产生了矛盾心理：领导上已经多日没有来接头，是否换了新的领导人找我来接头？同时又反复考虑：那个生人打电话叫分机，那就一定是跟市内大机关通话，不能不提高警惕！正在犹豫不定，往楼下一望，见黄敬正在往楼上张望。王林赶忙朝他打了个招呼。

黄敬上了楼，见没有生人，立刻小声提醒王林说公安局的便衣密探一直包围着学校，正在通缉他，让他千万别回去。

青岛不能再逗留下去，组织也联系不上，下一步怎么办呢？黄敬主张去上海找党的组织。黄敬的家在上海，去了有住处，在党的外围组织"左翼戏剧家联盟"内有熟人，容易找到党的组织关系，所以王林就听从了他的话，并且由他买了轮船票，一同秘密去了上海。

就这样他们离开了青岛，来到上海，一起住在黄敬的母亲家。

四

青岛大学解散后，改名为山东大学。这实际上是教育部要的一个手腕，既清除了闹事的学生，也排除了他们不喜欢的新月派，可谓一举两得。

赵太侔接任山东大学校长。他组织了个"甄别委员会"，以"甄别"的名义，开除了参加罢课的八十多名学生（占全校学生的三分之一），其中包括王林。由于当时赵太侔正在追求黄敬的姐姐俞珊，加之黄敬的社会关系，所以黄敬不在被开除之列。

秋后黄敬即回青岛继续上学去了。王林回不去，则由"剧联"的赵铭彝介绍给辛汉文，并由辛汉文亲自带到杨树浦，住在田汉租赁的一间亭子间（田汉向来不住），开展工人业余戏剧活动。

在此期间的一天，王林的直接联系人小叶带来一位三十多岁、山东口音的上级领导。此人向王林了解山东和青岛党组织的情况，并问青岛的党组织是否被破坏？王林回答不知道，只是说李春亭再也没和他联系过。那人又问山东大学还有没有未被开除学籍的党员？王林于是把黄敬的名字和联系方法告诉了他。（建国初王林见到过康生，从形象和声音都觉得像他，但没当面核实。）

一年后，王林在黄敬母亲家见到刚被释放的黄敬，得知黄敬回青岛后曾任中共山东大学党支部书记、中共青岛市委宣传部长，因叛徒出卖被捕。后黄母找俞大维，俞大维又找了二陈才将他保了出来。

1934年春，王林和黄敬又都来到北平，读书，写作，参加"一二·九"运动……这是后话，不多述了。直到1951年，王林才重返青岛。

注释

① 《王林文集》第七卷262页。
② 《王林文集》第七卷262页。
③ 《王林文集》第七卷263页。
④ 《王林文集》第七卷264页。
⑤ 《王林文集》第七卷285页。

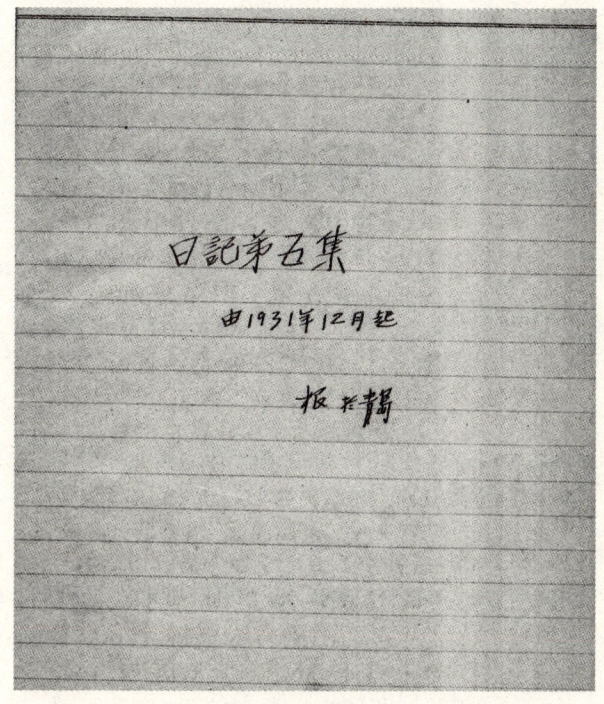

1931年青岛大学日记

郭根

"九月六日,这天我早预定为起程的日期,在这留平的几日内,整日整整行装,或尽与海娜话别,五天的光阴不觉之间早又过去了!六号那天终于到了,海娜一早即来,为了要纪念我们的分离起见,我们特地跑到南海去消闲了半天的光阴。从南海回来后,吃过饭,回家来已是两点,赶忙整理行装,到三点半就离开这一年来的寓所,奔赴车站了。

在未赴车站以前,我没有想到过离别,就是一直在暑期中,我也从未以为真个就要离开海娜,虽然大家都知道我就将离开北平,但我始终好像以为那是不知多远久的事情,觉着那不过是一个无稽之谈,离实现一定很远呢!但时间是如此的快,离期终于到了!

这天给我送行的人很不少,我不知该怎样感谢他们的美意,当大家都登了火车的时候，海娜、乃士、美成，他们三人都坐在我的对面，但不久就只剩下我和海娜了。我无心问了她一句：'今晚你干什么？'她忽然变了脸色，眼眶里显示出一种黯然而又怜怨的光彩，低下头去了。悲哀的空气一刻比一刻浓厚了！在这时候我才感到了这就要分别，我怎样也忍不住泪珠已滚滚而下了。我怕她们笑我，要想忍住，但她们已经看出来了，乃士第一个问我'怎么啦，怎么啦？'然而海娜更哭得使人伤心起来，她反过脸，悄然饮泣，离人的心情怎能不被深深地打动？泪珠越来越多，几番想要忍住，也忍不住。然而如果不忍着那早就放声大哭了，因为我多次地使劲张口出气，才不致于大哭起来。汽笛一声车长吼起来，震着人的心房，离情别绪越发不可收拾，——沁君劝我们'don't cry'，马猴直喊我的名字，然而我不能管他们了。乃士在一旁也眼眶充满了盈盈的泪珠呵！这悲哀的一幕离情！车要开了，他们把海娜摧（催）下去了，她站在车旁背向着我，我呢，我也不敢正面看他们。我只能背着他们，设法擦我的泪珠。车开了，我只举头看了他们一眼，马猴祝我好好练习排球为附中争光，沁君也不知说些什么，海娜好像赶快转过头来，然而不能再看他们一眼，我赶快低下头咽着泪，这样随着火车，一直到了丰台才勉强止住了泪珠，吃些乃士送我的葡萄，看看《烟袋》，紧张的情绪才渐渐平静下去。然而谁知海娜现在又在什么情态之下呢？唉，情人的分离原来要这样凄惨呵！

夜九时车抵天津，天色黎明时抵德州，在这一晚的光阴里，不时地想到车站分别的一幕悲剧，想到时不由得要流出泪珠，我恨我自己为什么要离开北平，为什么离开海娜而独身跑来异地？我把我自己恨透了！车行至济南时刚早晨九点，下了火车茫然不知所之，也不敢去逛大街与名胜，就一直到车站，离开车尚有三时之久，因在自来水旁洗脸，后登车。胶济路与正太路差不多，比平津车是好得多了，在车上躺下休息，并稍进果点，这一天中仅仅吃了一点东西，吃什么都逆（腻）味。这时车中有几个小孩见我睡下举起手来，他便也睡下举起手来，我的手势怎样动，他亦便怎样动，后来竟直接跑向我这里来了，这小孩这样调戏我，我知道他是调戏我的苹果呵！但我并没给他呀！

青岛在夜里第一次看见了！下榻于中华旅社，一夜静眠，第二天起来就去青岛大学，呵！青岛是太美丽了！青岛是建筑在一座山上，马路四处高低蜿蜒，完全是油漆的，一点土味也没有，在青岛找不到一所中国房子，各式各样美丽的洋楼布置在街旁，隐没在青草及树林里，幽雅琴声时时从窗户里里传出来，市上刻刻拂荡着些温凉的海风，路经几个街头，街头便是碧绿的大海，海边便是仿效伦敦泰晤士河岸而建筑起来的 walking road，路上时有花园及椅子供游人休憩。抵青大后即找到贾性甫君，注册后，搬来行李，即住于第四校舍467号内，青大的宿舍很阔广，一屋八人，房舍好得很，我觉着比清华还好。一切整理好以后，即与海娜写一信，洗澡后即偕性甫等出大街去海滩游玩。呵！海，我今生才第一次看见你了！海是太好了！从海湾出来后即去繁盛的街市瞎（逛）一阵。中山路最繁盛，在日本铺子里，很无可奈何地买了一件游泳衣，归来休息片刻，即又去海湾，预备游泳，但结果没有勇气下去，顺着walking road或高或低地乱走一阵，晚间从幽雅的街市上缓缓归来，这来青的第一天便这样过去了！第二天下午就去海滨，跑到大海里去，第一次尝着海中的滋味。在海里固然很有趣了，但从海里出来跑上沙滩，躺着曝阳光时，那滋味更是难以形容得出了！第三天下毛毛雨，偕性甫登大学背后高山，顺着齐河路一直上去，便是german fort，工程太伟大了。在那里可以望见青岛三面环海的形势。下午又去海东，观下层的炮台，这里有五个炮台都很完备，只有一个是被炸毁了！第四天还下小雨，下午去star theater观vorma shemer的'她的愿望'。第五天十二日了，天晴了，早晨起来从窗间射进的阳光太美丽了。早上打了半天篮球，下午又去海滨，举行第二次的海水浴，并看游泳比赛。在沙滩上作长距离的跑步，并与性甫作三级跳。归来时很疲乏，接到海娜的来信，焦等了好几天果然到了，真可太令我高兴了！呵！亲爱的娇娇！晚又与哲夫、宗汉上中山路参观各商店并买了些东西。晚间睡下，觉得腿很痛，连日运动过度了！九月十三日记。"

※

"在青岛一共仅仅住了两周的工夫，只上了一礼拜的课，不幸日军占领沈阳的消息霹雳一声传来了。青岛是日军海军根据地，如果战事要扩大，那日本一定要从此地上岸的，而我校一定会作为兵营的，因之，校中的空气一天比一天地恶化起来，终于在廿一日之晚间两点，突然从被窝里惊起，忙收拾行李，同行五人（赵宗汉、林哲夫、张国琛、贾性甫和我）一起坐了汽车，匆忙中离开了仅仅结婚两周的青岛，很惨然地到了旅馆。这样支撑了一晚，第二天一早到学校打听了消息，依然不好，于是就决然在十二点乘火车回归北平了！

当我坐在火车上时，我是被怎样的一种情绪所支持着呵！我想到我怎样会突然会着海娜，她怎样会惊喜交集，——然而可爱的青岛，仅仅半个月就宣告离婚了，这令人多么伤心呵！看看街上的风光，海呵，洋楼呵，群绿的山呵，——这些如何使人能离开呢？呵！青岛！美丽迷人的青岛！一路欢天喜地，四个人（林未走）你说我笑，走了一天，在晚十点抵济南，下榻表裕栈，这地方倒还不错。第二天起来，与性甫去逛趵突泉，趵突泉是济南最著名的名胜，此地为一池泉，中有数个泉注上升如注，确有意味，岸旁有垂柳，颇逗人雅兴。济南的街道没有太原好，一离开青岛就觉得处处的城市都罩满了一层灰土，令人恶心！九点又乘车，夜十时抵天津，第三天起来逛了逛天津的大街，可惜中原公司还未开门，不得入览，憾甚！九时又乘车，十二时始抵北平！呵！别了半月的北平又见着了！

在旅馆费了半个钟点后，就往京报馆，但可惜乃贤还未回来，令人怏怏。等得很焦心，没奈何就洗澡去，回来，还是不见她，仅仅乃士回来了。无聊即在客厅假眠，一直到六点多钟，才听见她回来了，我本想她一定会进屋来，好一下抱着，尝尝那醉人的滋味，然而乃士他们偏偏叫住她，说不要惊了我的觉。其实我哪睡着了呢！等了一会儿，没奈何自己跑出去，呵！海娜！半月之久，令人日夜魂思的海娜，今番怎样也想不到会会着面了！这样继续着谈下去，吃饭，直到深夜，他们都走了，只剩下我俩，这时月光从花间照到石桌上，伊人的面庞上……总之，月光溶化了我俩的心，这时我俩坐近了，——这心境，这心境有谁能描摹出呢！久别的情人相逢于月下，呵！美丽的图画呵！我们小吻，我抚摸她，她是怎样地全身颤动呵！这夜我就宿于京报馆，这是第一次呵！

第二天起来到师大找着海娜，即去找房子，找遍了西城也没一个，气死人也！下午往访美成，逛市场，又回来京报馆，我们四人约好不睡，即在客厅里消磨了一夜，当我乏极卧在床上小眠时，海娜时时过来约我整被，呵！天呀，我是怎样幸福呵！第三天就是八月十五中秋节了，上午出去找房子，好容易找到一个是亚洲公寓，下午回去与海娜生了些小气，她眼红了，我心软了，终于听了她的话，坐汽车往中央观影，当时我和她以及小弟弟妹妹坐在车里时，我不知道有一种怎样的感觉，我好像已经结了婚似的了！

在电影场，遇着美成，一同回来，在月光之下和她一家大过其中秋节，想不到这中秋节居然会与海娜团圆了，真有点出人意外了！在京报馆一共住了三夕，当第三天起床后，海娜给我递进牙粉时，后来她说好像感到我们已经订了婚似的了！海娜和我一同出来，找性甫不遇，即往亚洲公寓，在这空屋里依偎了两个钟头，多令人心醉呵！我简直不能支持我的神经了！下午搬来行李，与海娜好好地躺在床上，幸福的时光开始了，当夜里我小睡后，或（忽）然醒来，看见睡在我臂上的海娜，真使人突然一惊，我不知该怎样说我的幸福了！可惜时间到了，她终于抛下我一人走了！第二天学校恰巧放假，这一天又使我们温存了一天，黄昏时往访美成，夜里去南海，在悄静的夜园里，平静的水面上，飘浮着月的光彩，我们三人悠悠然划起船来，出入残荷之间，海娜躺在我怀里，唱着歌儿，美成也哼哼，——这光景太美妙了！夜十一时始离开南海，三人分道而归。昨天海娜又一早就来，一天的温存，直到下午始出门，邮局、市场，给她买袜子，给我买大衣。夜里回来，她走了，剩我一人了！九月卅日记。"

"日子是你越提精奋神地过着，则越觉得它过得长久，如果你每天只是无聊或者混混地过着，则越觉得它过去快，而且无味。在青岛仅仅住了两周，一回到北平却觉得离开这已有一月之久似的，但现在在不知不觉之间，来平已快半月了，多快呵，仅仅是一刹那呵！这几天刻刻是和海娜在一起，海娜说当我在她家住着的时候，她感觉着好像已是订了婚似的，如果这句话说得对，那么自从搬来亚洲公寓，我们便是结婚了，真的，我们真个已和结了婚一样似的过着日子了！这几天来，我们常常想着在最近不久，会一同去青岛去，如果去了，那我们就以为是度蜜月去了。呵！我们现在是结婚的预习呵！一旬以来，海娜一下课就来我这儿，甜蜜蜜把时日渡（度）过，这样惯了，有一刻离开，便万分觉得苦恼，就像今天吧，本来约好今天同美成三人一同去清华，然而让我等了她们一上午，连个影儿也没有，而连一个屁也不放，真叫人气恨！惯了每天时时在一块，今天一个人孤孤单单地锁在屋里，难堪的心真没法说出呵！

昨天父亲来信了，他希望我去蚌埠会他，我更希望我和海娜订婚，他说他收到了乃贤的照片了，母亲很高兴！自然，像乃贤那样可爱的面庞，谁看了也会高兴的呵！等得真令人心焦，谁知她什么时来呢？她今天又没课，跑那（哪）去了？真可恶！十月三日记。"

※

"生活是这样的疲倦！每天有几分钟是快乐的好过的时辰呢？多半是消磨在困乏无聊闷烦之中，有时想自杀，一死了之，何必在这恍惚的人世虚度一生？青岛大学来信了，让学生即日返校，和他们磋商的结果，大约在后天我们起程返校，离校以来，不觉之间三周过去了！这三周的光阴过得多么无味呵！浪费、消沉！假若一生都这样消磨了，那才叫冤枉呢！一切都是想着的时候，和未现实的时候是美好的情热的，在青岛时，乃士他们给我去的信，多么显得亲热，但是一到重新聚着了，却反而比以前冷淡，我自然不因此挂心，但颇觉得伤心乎！昨晚一提到要走了，海娜就哭起来了，自然设若你深深想下去，离别以后，离别以后的滋味，真使人畏惧非常，那好像是无止期的徒刑一样。她哭了，但我却觉得万分地厌烦，我心头满满的愁闷，半天也消解不了，唉！我感到人生的无味，我不知如何摆布自己？深夜想起自己原来的生活完全是糊里糊涂，无所为而消沉过去了，什么也没长进，长进的只是虚荣心的发达，这原因，毫无疑问的是因为和女人亲热的结果，和你自己的爱人在一块，那你的生活不会有规律有朝气，永远是浪漫消沉，满足在瞬刻的享乐中，把一切应办的事业都忘掉了，唉！我为我自己的堕落叹惜呵！我今天或（忽）然想到：我这次离平赴青以后，不再见她通信，一个人不问一切地专攻自己的事业，和恋爱一刀两断，不再受情丝的缠绕，好好地恢复起自己勇敢而有活气的生活，一切要一股朝气，不像这样锁在墓里似的，把青春完全葬送了。

我期望着这样生活的实现，但我是否有这样一来的勇气，那我自己又不致自信了，唉，可怜我这陷在泥潭的弱者！十月八日记。"

"现在是到了青岛三周以后了！大约是十号下午与性甫在犹疑不决中，到了前门车站，也终于车开了，让人留恋难舍的北平也终于分别了！在走的前一天与娜及良俊到中央公园照了好几幅可爱的小片，作为我们离别的纪念。那天晚上即与娜一同回她家，他们给我作面吃，小弟弟小妹妹们滚在我怀里，最后他们都走了后，光剩下我和娜，在深夜里喁喁别情——呵！可怕的离别呵！——然而时间到了，我一个人独自从冷落的长街踽踽归三忠祠。第二天上师大会着娜，凄楚地享受这特别的半日的光阴，当一同走到上斜街口时，我让她回去，不必再送我，那时谁也不敢看谁一眼，肚里涌上强烈的泪潮，分手了，我看她急急地走向前去，自己却慢慢地一步一步地走回三忠祠。呵！分离！

来了青岛后，不但学校照常上课，即青岛本市亦平安如恒，我们自己也不能不承认是庸人自扰！

学校里的功课拉（落）得太多了，到现在还没赶上去，这自然并不是完全（自）由过多，实则自己太爱玩了，来了青岛的第二天即组织起一个'二名排球队'，预备加入青市排球比赛，于是有工夫时便去打球，体格倒发达了，只是功课越拉越多了！来了这里后,前后已经洗过五次海水浴,海里的生活真痛快呵!只是有点冷得不好受罢了!昨天的天气还非常好,一周之久不入海,昨天午后入了一次,兴趣真浓厚呵!青岛在上礼拜差不多连着吼了一周的狂风,天气骤然变得冷得好像严冬,把我真吓坏了,好在这几天又好起来了!

前两周考英史,我赶了一天一夜还没把那么厚的书本看完,结果竟考了两分,这真是打破世界的纪录了!受了这样污辱,我自然非好好地干下去不可,我决不能把英文落于人后的!要不然真太对不起自己与父亲了!

今天星期日,太阳照得这样可爱,下午要去电报局球场,与青市霸队锡安队作锦标之比赛,我们的队员都早摩拳擦掌,预备把大银盾搬回来,且看我们的运气吧!十一月一日记。"

※

"自从与六年来长居的北平,这灰色的城,告别以来,在我的生命史上可以算是掀开一页新的篇张(章),我或(忽)然莫明其妙地会跑来青岛,这美丽的所在,开始我的生活了!在暑假中并没有什么计划,只不过想想青岛很美丽,应该去那里至少住一年去,因之就报了名投考青大,自己并没深深想下去这事实是否会实现,或是实现了后又该怎样?不想暑假告终了,自己才知道非去

青岛不可了!于是无意之中就决定了我大学的命运了。

来了青岛住不了半月,就受时局影响逃归北平住了三周。第二次来了青岛,时间这样迅速,又已七周过去了!自己来青岛的本意,本想好好闭户读书,把英语弄好了,不料这终于是希望罢了!来了青岛后,起先是忙于游览、游泳,过后就活动于球场之中,以后渐陷于相思的苦闷中,整日没精打采的幽灵似地混下去,无聊时打打球,要不然就埋头开始幻想或者忆念,想起过去北平生活的温柔,比起现在孤苦伶仃的单调的生活,怎能不把人的心沉在深深苦闷中?只要脑筋有空闲,就会浮出海娜的影像来,苦苦的想,苦苦地念,整个的灵魂无主了。自己再没有勇气与毅力来支配自己,于是荒唐的生活渐渐摆在面前了。

日本攻打锦州与天津被扰的消息传来后,本校也稍微受到一点震撼,同学纷纷议论要罢课,要加紧军训,要赴京请愿。这样终于开大会了,会场上形成两个阶级,一方是教职员,一方是学生,教职员不主张请愿,学生是非去不可,于是决裂了,教职员全体退席,学生却坚持下去,第二天一早要整队出发,不料参加者过少未能成行,这样教职员的冷讥热嘲便自然而然地加在学生身上了。同时学生方面因维持面子起见,决定第二天再行出发,我是根本反对所谓'请愿'的,因为我们去向所谓国民政府请愿,

便至少是承认它,承认它是政府,然而我们能承认它是政府吗?我们民众到现在至少应该明白了我们的政府是(什么)东西了吧!到现在这个时期,帝国主义围攻的时期,只有民众自己觉悟起来,表现自己的力量,才能度过这个危机,同时在这个时期起了历史上伟大的变化的作用,智识阶级们自然在这个时期是要比谁都要愤慨的,然而他们会什么,也只好瞎嚷嚷,骂骂别人不中用而已,他们在这个伟大的时期很该尽他们的责任,然而他们里的大多数是不了解自己的责任的,因之他们都变成最无用的东西了!近一月来,平浦路上满了学生的足迹,差不多全国的学生总动员的都跑下南京,见见政府主席,听聆他们的训语,便满意地回去,表现表现他们爱国的热诚,好像只有这样才足以表现出他们爱国的情绪。所以这次事发生以来,我就抱着不过问的态度,然而有时时禁不住要骂骂请愿之无聊,最后青大请愿团要出发,我被他们拉着非一同去不可,同时我自己也觉着借此机会去看看首都学生爱国的表现也未始不可,因之也跟着他们出发了!出发以来,经过两天两夜始抵浦口,夜里渡长江而至南京,我第一次看见这伟大的浩浩荡荡的长江!晚宿于火车中,受尽了说不出的苦味!第二天排队至国府门前,鹄候二小时之久,代表始出,未得见主席,只好返至中央军校休息,备受殷勤之招待,这是政府的一种手腕呵!下午五时半,主席接见本校及北平朝阳华北请愿团于礼堂,蒋本人大吹其牛屁,自夸其每战必胜,说只要你们信任政府,最后的胜利终是我们的!末了把广东政府大骂一阵,说陈友仁把东三省卖于日本,并把北大示威团比之于陈友仁,一样是卖国的狗玩意!北大示威团是根本不承认这政府,他们来京是示威于政府,他们的口号是打倒卖国政府,打倒军阀,中华民族解放万岁,自然蒋主席是要义愤填膺,大怒特怒,而谓中国真真倒霉。蒋主席一阵牛屁吹完以后,把请愿的学生们都弄迷醉了,他们一点勇气都没了,他们完全信服主席了,所以他们一致高呼拥护南京国民政府的口号,大为满意而出礼堂。请愿便这样结束。我们的委员们认为圆满而圆满,所以也不征求同学们的议(意)见,当第二天游过中山陵以后便决定一早就走回归青岛。当天下午北大示威团被捕,中央大学与警察冲突,我校的委员们恐青大也要卷入漩涡,害怕得了不得,所以不管同学们怎样辱骂(说至少对这回事应有点表示,而不应急忙逃走),他们还是情愿为主席当一小走卒,第二天在雨地里便把气愤了的同学们引出南京而登车回归青岛了!唉!青大学生的领袖们都是这样一群无聊的王八蛋,这次的请愿,因了他们几个人,把青大全体同学的面子都给丧失尽尽了!智识阶级就是这样不中用,请愿团回来以后,便一切完结了,好像国家已经恢复了失地,把这件事已看不到心上了。这次一周的奔波，我很以为无味，现正回来很觉后悔，到南京连名胜都没看看，仅仅看了看秦淮河，令人想起'夜泊秦淮近酒家，商女不知亡国恨，隔江犹唱后庭花'，不禁感慨系之！

没有想到青大还有风潮继续发生，便是校长辞职了，停课一礼拜，后天开始，谁知学校要变得怎样？在青岛再也住不下去了，好在寒假是快到了，那时该怎样的幸福呢！

中国的新的紊乱要开始了，新的局面将渐渐展开，这不能不谢谢帝国主义者紧迫之功，与国民党破产之力，好的，中华的民众，终于醒来了！十二月八日记。"

※

"从南京回青岛，匆匆之间两天又过去了！日子总是这样平凡，同学的面孔也总是那样讨厌，在这里有什么可留恋的呢？说来半年这样长久的时期，也竟匆匆快要过完了，自己每天很少把时间用在书本上，白白辜负了这大好的时光，谁说不后悔呢！因之在最近这些时日，常常往图书馆搜翻小说来解闷，这些时日计共看了以下这些书：《恋爱与牢狱》，日本江口涣原著，这本书描写日本社会主义运动者中的一个人的生活史，写运动者怎样不能把恋爱丢在一边，而把事业与恋爱混缠一起，结果与爱人一同下狱，彻底表现出智识阶级的根性；《旧时代之死》，柔石著，从前没有怎样注意过柔石的作品，但自从他被难后，很想仔细看看他的作品，他是左联的总编辑，文学的天才很高，为革命而牺牲了自己，左联失去这样一员大将，不用说是很大的损失的！这本书，还是他以前的作品（1925），描写在这样时代下，挣扎于新旧交替的这时代中的一般青年，他们不满意这时代，在这时代下他们找不出出路来，于是绝顶的苦恼便加在他们身上，他们愤恨，他们诅咒，然而他们就（究）竟找不出一条光明的路来，即是心里知道有一条路，然而他们为环境所迫也是不能开步前去，结果只好自杀，为这时代所弃。这一般青年的死，分明是代表了旧的时代之死，在这时代下的青年，他们只会愤怒、颓唐，代表了他们绝端忌恨这时代，然而他们终于不会把这时代打倒，不能转变过这时代的新方向，所以他们只好自杀，但有了他们这样的牺牲，恰会觉醒了未死的青年，于是他们认清过去与未来，毅然担起改革这旧社会的使命的担子。所以本书的作者在自杀了的青年的坟上立一石碑，题曰'旧时代之死'。这种青年的时代病在俄国革命以前是蕴（酝）酿了几十年的，在中国恰当五四时代也正演着这时代的命运，但到现在还没有完全好了呢！

《密探》，辛克莱原著，辛克莱大量的著作完全是揭发资本主义的罪恶，在这本书里，他描写一个流氓无产阶级怎样为资本家的爪牙所利用，而自己也就变成了他们的一个爪牙，来残杀无产者，破坏他们的运动。

《初春的风》，日本新写实主义的短篇创作，共五六篇，都是描写斗争中各方面的事迹。

《十日谈选》，没有想到这本书却是这样一本惹人肉感的短篇故事，里面以《夜莺》及《魔鬼进地狱》最有趣味！

现正看卢那却而斯基的《浮士德与城》。十二月十日记。"

"一九三一年又过去了，每每在这年终岁暮的时候，特别要引起人一种伤感或难堪的心情，岁月是这样很快的过去了，而自己却依然故我！进步的只是烦闷与厌世思想而已！唉！

这几天来看过的书有：Hugo的《死囚之末日》写得太令人恐怖了！本来死刑是早该废止的，但能吗？在这样的社会之下？

罗曼诺夫的《没有樱花》，罗氏在专门写苏俄两性间的问题的，他写人们怎样改变他们性的意识，家庭是永不会存在了，同时夫妇的关系也不会有了，人们完全没有什么束缚了，向新的自由社会前进！'两性'完全解放了，人类间将再不会有性的罪恶！《两种不同的人类》，是新兴文学选集，里面很有几篇好的，但这是去年以前的成绩，自从去年统治阶级惨杀与压迫左翼作家后，新兴文学的命运好像暂时受了很大的打击，但我相信不久就又恢复了的！

The Daughter of Revolution是Reed John的短篇小说集，我现正只看了第一篇，内容很有味，不过外国字与生词太多，很不易看懂。我拟在寒假是与海娜共同翻一下。

New Marer，我们三人定了一份，已来过两期。最近这期我差不多快要看完了，有几首诗和一篇戏剧很可翻译一下。

现在我正借出辛克莱的"波士顿"两巨本，不知在寒假以前能否看完。

我们组织的日本帝国主义研究会上周开第一次讨论会，讨论'什么是帝国主义？'成绩不很好，从下学期打算出一周刊。

这几天因为假期的迫近，于是回北平的问题整天萦绕心头，想到不久就会和海娜会面，心里特别兴奋，因之这几天时时刻刻要想到这个甜蜜的想头，有时使人至于不能忍耐，于是无可奈何就出去看电影，一礼拜中看了三次之多！

大考就要开始了，真讨厌！如果在北平就不会有这讨厌的事了！我现在只想着这两礼拜火速过去！！！十二月廿日记。"

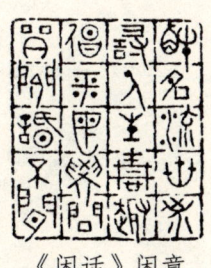

《闲话》闲章

换一种活法

贺爱莉

为什么要出国

无论是在中国还是在英国，我经常被问到同一个问题：你为什么要出国？

面对英国朋友的提问，一般情况下我会说想体验西方文化，因为我读过几本英国小说，对英国感兴趣。关系近一点的朋友我会说我退休了，听说英国人相信针灸，就过来了。说的虽然都是实话，却不是我出国的主要动机。

在国内，不熟悉我的人一般都会认为我是为了女儿出国读书铺路。要不然，为什么会在五十岁的时候突然决定出国？这是不是要冒风险？

其实，我出国的真正动机是为了换一种活法，因为我对自己的生存状况不满意，出国是为了服从我内心的真实需要。

完成这一举动需要推动力，主要的推动

力来自两方面，从精神层面上来说是觉醒，从物质层面上来说是下岗，后者的推动最有力也最直接。

一次聚会的感悟

我在晚报工作期间有不同的朋友圈，其中一个是青海建设兵团的朋友圈，这是一个生命力和凝聚力都很强的圈子，没有功利色彩，他们的真诚和豪爽让我深受感染。

那时我常被拉去参加他们的聚会，说实话我多少有点打怵，我受不了他们的大碗喝酒和高声嚷嚷，每次都吵得我脑子乱哄哄的。尽管如此，我还是会欣然接受他们的邀请，因为他们很真诚。

那次聚会大约有三十多人，只有我一个局外人，也属我年龄最小，所以我只有听的份儿。他们相互劝酒的时候会对我网开一面，对我说一句贺老师你随意。

那次他们的谈话焦点围绕着三十多年前的兵团生活，杀鸡摸狗恶作剧，陈芝麻烂谷子一件件地拿出来抖搂，极具夸张的描述，绘声绘色的对白，不留情面的彼此取笑挖苦，引起阵阵哄堂大笑，然后在混杂着各种奇怪的外号和"哈酒，哈酒"的嚷嚷声中个个面红耳赤。看得出他们对曾经的兵团生活和留在那里的青春岁月怀有多么深的眷恋，正是在那里他们结成了兄弟姐妹般的友情。

我虽被他们的喧闹和兴奋所感染，却顶多只有跟着他们大笑的份儿，实际上我掺和不进去，相反他们的喧闹反衬出我的安静，渐渐映现出自己人生的苍白。他们每个人现在的处境不管怎样，有一点是共同的，全都有经历，有回忆，有故事。我呢？什么也没有，一杯白开水，没有一丁点颜色和味道。

我觉得他们每一个人的生活都比我精彩，内心都比我富有，他们称我老师的时候我从心里感觉别扭，我担当不起这个称呼，因为最贫乏的恰恰是我。我的人生半径只有市北区和市南区加起来那么大，我一生经常走的马路也只有屈指可数的几条，想想真令人悲哀。我心里五味杂陈，失落？委屈？遗憾？后悔？都是又都不是，那是一种实实在在的恐慌，对过往和未来生命的恐慌。

内心的真实需要

我从来都是一个生活的承受者而不是生活的主动者，心灵被囿于厚重的大门里头，很少有什么事情会令我真正心花怒放。我知道我的懦弱和惰性，它们造就了我的白开水一样的生活，这可能就是性格决定命运。

到英国后我在笔记本的扉页上写上一句英文来鞭策自己：如果你的船开不进来，向它游去。

白开水的生活并不说明我心如止水，我心里经常蠢蠢欲动，有时甚至望眼欲穿地期待有只船为我开进来。机会就是你站在海边看到的那只船，单有登上这只船的愿望是不够的，你还需要有行动，要做一些努力，因为船与岸之间也许没有现成的引桥连接。

1988年有一个去阿根廷的机会，我的朋友小刘拿着邀请信拉我一起去，我丝毫没动心，那时候我的女儿只有六岁，体弱的母亲也需要我，我不能扔下她们不管。如今女儿已经上了大学，父母也已离世多年，我不需要再对谁负有不可推卸的责任，不必再站在岸边望洋兴叹了。

钱钟书先生将婚姻比做围城，我觉得这个比喻更适合于女人。出国后我接触了英国女人后才意识到，中国女人那种为家人的奉献精神是骨子里的，这种骨子里的东西演变成一种惯性，叫那些内心渴望精彩人生的女人只能在围城里面打转。很多中国女人（我指的是我们这一代）将为家人付出当成了生活的中心，有意无意地压制了自己的内心需要。我也曾经如此。

扯得有点远，我真的特别感谢那次聚会，感谢青海建设兵团的朋友们，正是从他们身上我看明白了我自己，看明白了我的过去，我的现在，也看明白了我的将来。到了这个年龄，将来是可以一眼望到底的。我心里明镜似的清楚，假如我仍旧遵循固有的生活模式，我的将来只会继续重复我的过去和现在，我的人生终将还是一杯没有味道的白开水。

年轻时我喜欢读外国小说，喜欢莫泊桑，喜欢巴尔扎克和托尔斯泰，这些文学大师将我领到了一个窗口，叫我看到了地球上的另一种生活。我梦想有一天能走出去，感受一下不同文化背景下的另一种生活，这就是我真实的内心需要。

四十九年没有变化的生活令人厌倦，为什么我不去服从自己内心的真实需要？为什么我总是回避我想要的？为什么我总是怀疑和否定自己，认为这些想法不现实？难道日复一日年复一年地重复着一成不变的生活才叫现实？

我决定给自己寻找一片新的天空，假如有一块云朵向我飘来，我将乘风而去。

听到下岗消息

真是奇怪，一想到那一个中午，眼前就是那片耀眼的阳光。

当时报社职工中午在大楼对面的宾馆吃饭，在那里能遇到其他部门的同仁。

那天中午，从餐厅出来时碰上了日报的杨大姐，我们一起走出门来，阳光很耀眼，我用手遮在脑门上挡住光亮。

"小贺。"在台阶上杨大姐停住了脚步，欲言又止的样子。

我和杨大姐平常并无交往，感觉她人很实在，见她想跟我说什么，我就站下来望着她等着她开口。

"你没听到什么消息？"她问。

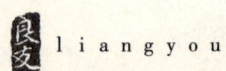

"没有。"我有点困惑,发现她的表情有些凝重。

"你知不知道我们正在搞组合?"她又问。

"我听说了,是不是叫兵点将,将点兵?"

"他们不想组合我了。"她说。

"是吗?"我有点吃惊。

"我们主任说,像我这个年龄用不着组合了。"她说。

"为什么?"

"他说,报社要出台新规定,五十岁以上的都不要了。"

"啊,真的?"我下意识地望了一眼对面的报社大楼,青色花岗岩墙面上的花纹清晰可见,大楼开始倾斜,几乎要朝着我俩压过来。

我再也无法保持平静,明年秋天我就满五十岁了,也就是说,再有一年我就要下岗了。

下了岗我干什么?呆在家里?十年的新闻工作叫我习惯了在外面跑,疏离并厌倦了家务。或是重操旧业做我的中医本行?离开这一行已经十年了,我不知道,心里一团乱麻。

不过,杨大姐说的是真的吗?我心里多少怀有一丝疑惑。

巧得很,当天我就在电梯里碰上了报业集团的社长,我站在电梯口等他出来,我说:"谭总,我想问你一件事。"

"说吧。"他说。

"听说报社要出新政策,五十岁的报社就不要了?"

"谁说的?"

"日报的杨大姐,是她的部主任说的。"我如实招来。

他挺严肃地告诉我党委没有这个决定,叫我别瞎想。

见我不吭声,他又说你不用担心,即使退下来也可以在报社补差。

我说我绝对不回来补差。

看来我真实的内心并不希望得到一颗定心丸。不过我相信杨大姐说的并不是空穴来风,有风就有雨,总是这样的。

梦中的橄榄树

我不能再幻想有条船会为我开进来,虚幻是一剂麻醉药,最痛苦的是梦醒后无路可走。我应当在新政策出台之前给自己找条出路。我匪夷所思地想到了自己的属相,我属兔,狡兔三窟,可巧我也有三个选择。

我的护士朋友小萍手头有个营业执照,我们俩可以用这个执照开个诊所。

亲戚在美国的侄子在新泽西州办了一份中文报纸,希望我去做编辑。

天津的表妹正在申请去英国的一个中医公司当翻译。她告诉我这家公司很需要中医，特别是全科医生。

最稳妥的是开个小诊所，那就意味着还要在市北市南兜圈子。

美国我不想去，编辑这活我干得太累，放弃。

英国对我的吸引力也许是因为小时候读的那些英国小说，《简·爱》对我的影响最大，那时候青春年少，书中的女主人公简·爱成了我的偶像，我尤其欣赏她的自尊和镇定，可以说这部小说对我的价值观和爱情观的形成有决定性的影响。

此外，《鲁宾孙漂流记》《八十天环游地球》和《水陆两栖人》也令我着迷，读小说的时候我的心会一直跟着书中的主人公一起出外游历，经历那些惊魂时刻，心在浪尖与谷底之间跌荡起伏。

我相信不管多大年纪的人都有梦想，在我们这个社会梦想似乎只适合青少年，过了这个年龄梦想便失去了生命力。且不说成年人的梦想难以被社会认可，老年人若有梦想没准会被认为脑子出了毛病。当我的英国朋友伊万在她七十多岁的时候找到了在邮船上教肚皮舞的工作，实现了她乘船周游地中海国家的梦想时，我才意识到我们的偏见。

实际上我想外出漂泊的梦想并没有随着年龄的增长而消失殆尽，这也是为什么我那么喜欢三毛，我熟悉《撒哈拉的故事》里的每一个情节，欣赏三毛在沙漠里的白手起家。当读到她用捡来的破烂装饰好自己的小屋，然后坐在旧轮胎做成的沙发里"感觉自己像一个国王"，那情景叫我心驰神往。

我不知道五十岁应当归类于中年还是老年，不管别人怎么看，下岗促使我去寻找我梦中的橄榄树。

重拾中医临床

与杨大姐交谈后的第二天我去了松山医院，危机感改变了我的拖拉作风。

健康专栏的编辑需要经常和医院打交道，由此我认识了松山医院的贺院长。他精力充沛，凡事亲力亲为。这虽是一家规模较小的以社区医疗为重点的医院，却搞起了手术美容、男性科、心理咨询等比较前沿的科目。

我将毕业证书和医生职称证找出来带上，见到贺院长后直切主题，告诉他我出国的打算，问他能不能允许我在松山医院每周看一两次中医门诊，我开始从包里往外掏我的证书，被他的手势挡住了。

"不用，下周你就过来上班吧，我叫办公室给你准备一份聘书。"

这真是出乎我的意料，我一时不知该说什么才好。贺院长真是我的天使，我没想到这事当时就能拍板，我以为至少需要研究一阵子呢。

到医院上班那天，看到我的名字已经出现在挂号处当日应诊医生的名单上。我穿上白大褂坐在桌前，心里多少有些忐忑，我担心我这个新面孔万一冷场。还好，一下午看了两个病人，到了第二周，老病人复诊，加上新病人，我不用再担心了。

中医院的翟静媛教授是著名的中西医结合妇科专家，我在二十岁的时候就到她家里跟她学医，后来又到中医院跟她实习进修，再后来翟老师在中医院的旧址开了诊所，我有时会到那里去跟着她抄处方，后来工作太忙就中断了。

我去了翟老师的诊所，她示意我搬过一把椅子坐在她旁边，我先给病人搭脉，然后抄写她的处方。这种中医带徒形式有点私塾的味道，我喜欢这种一对一授课方式，它比抽象的书本知识更实用也更有意思，当年翟老师就是用这种方式给了我中医启蒙教育，她治学态度严谨，待人宽厚，不管多长时间不去看望她，再见了面她对我还是一样亲切。

那段时间，我几乎每天晚上在报社加班，每周半天在医院应诊，抽空再去老师诊所，强化自己的临床应诊能力，毕竟离开这个行业快十年了，业务生疏是必然的。

给自己治好病

一切进行得都很顺利，我却不得不考虑我的身体。1994年在一次腿部手术后我患上了类风湿性关节炎，这个病被称为"不死的癌症"。没有经历过这种病的人永远无法想像它对身体和精神的摧残有多么可怕，那种牵一发而痛全身的感觉叫人置身于地狱。低烧持续了两三年，夜里因高热疼痛无法入睡，起来给自己注射一针安痛定，第二天早晨打出租去上班。

当类风湿将我放在了一个病人的位置上，才知道治病有多难，找到一个好医生有多难。我先后两次去北京求医，去过协和医院，解放军301医院和中日友好医院，三家医院的诊断是相同的，治疗方法也大同小异，无奈道高一尺魔高一丈。

住过医院，洗过温泉，吃过蚂蚁，打过蜂毒，喝过汤药，看过江湖医生，百般无奈之下还找过大仙，全都不起作用。后来彻底放弃了治疗，每天忍着痛上班。

多年的求医经历使我不再相信那些以推销药品为己任的商人医生和墨守陈规不学无术之辈，传统治法已经证明对我的病不起作用。我决定自己给自己治，因为只有我最了解自己的身体，我能听得到自己身体的声音，这一点别人是做不到的。

我重读了一遍《黄帝内经》的有关章节，翻阅了有关类风湿的书籍和资料，思考中医专家的治病思路，记下他们使用频率最多的草药。凡是与健康沾边的书都买来阅读。

美国医学博士韦尔写的《不治而愈》是一本不可多得的好书，这本书以许多真实的例子来证明人体具有天生的康复功能，讲述非正统医学和自然疗法如何激发人体这种自然的康复能力。这本书叫我眼前豁然开朗。我要寻找的正是一种突破传统的思路，思路远比具体方法来得重要。

这本书我反复读了几遍，思考我为什么会得类风湿，它确实与长年劳累和精神压抑有关，而不单纯由于"风寒湿三气杂至"。慢性病的形成过程一定是长期积累从量变到质变的过程，是多种因素交织在一起的，这也是为什么仅用治风湿的方法难以对付类风湿的原因。

我给自己制定了治疗方案，先用大剂量激素进行冲击性治疗，控制类风湿活动，同时服用"扶正祛邪"的汤药，当激素发挥最大作用后开始缓慢减量，此时中药的作用已经显现，外用一些民间疗法对付膝关节水肿等局部症状。我相信这个治疗方案是可行的，大约在两个半月后症状开始减轻，血沉指标下降，半年后症状逐渐消失。

不断有人提醒我说这种病是去不了根的，不定什么时候就会复发。我知道这是一种负面心理暗示，坚决不往心里去。后来虽然有过几次小反复，但一次比一次轻，持续时间一次比一次短。

我相信精神力量不容忽视，当时我治病的决心很大也很坚定，因为有一个明确的目标等着我去实现。正面思维有助于激活身体的自然康复能力，令这种潜在力量苏醒并去抵抗疾病。

我知道我的康复只是诸多类风湿患者中的一个偶然，不过我相信偶然之中孕育着必然。

北京进修和天津考核

转眼一年过去了，天津的表妹也从英国回来了，她与天津卫生局外事办介绍了我的情况，对方希望我带着证件去一趟，要跟我面谈。

表妹告诉我在英国行医要求医生能做针灸，这是我的弱项，借去天津的机会，我在北京中医研究院高级针灸进修班报了名，在那里上了三周的课。

那是一个炎热的夏天，为了省钱我租了一间地下室，后来我在北京的姑姑听说了，让我住到了她家里。在北京，我有幸得到了中国顶级针灸元老们的亲自授课，他们都是国内最有名的针灸专家，年龄都在七八十岁，他们将一生的宝贵经验讲授给我们，叫我受益匪浅。

去北京之前，我先去天津卫生局见了外事办的王女士，巧得很，中医院的名老中医王蕴华先生是她的本家大爷，也是我父亲的生前好友。我和王女士交谈很愉快，她复印了我的证件，约我第二天再去，英国中医公司的中国代理王先生要见我。

我以为只是见个面谈谈话而已，岂知王

先生带我径直去了一家医院,他要让一位中医专家考察我的中医水平。

那位中医专家约摸六十岁上下的样子,他跟我点个头,让我在他对面坐下来,招呼一位中年护士进来,让我给她把脉开方,然后解释我的处方。

这个护士是典型的更年期,是我最拿手的病。我给她搭了脉,看了舌头,然后对她说:"你有潮热盗汗的现象,心烦,容易生气上火,口干,容易饿。"

她说:"啊呀,全叫你说对了,这些症状我都有。"

于是我给她开了处方,护士出去了,我开始向专家解释开这个方子的思路,和几味中药在方子里的作用。

专家认真地听着,点头,最后,他站起来转身对着王先生说:"你不愧是伯乐啊。"

表妹在旁边偷偷朝我使眼色,我使劲绷住,出得门来不由大笑,表妹说:"他夸王先生是伯乐,不就等于说你是千里马吗?"我笑得直不起腰来。

英国老板面试

转眼到了夏天,有一天表妹来电话要我马上动身去天津,说英国公司的老板来了,要亲自面试所有的应聘者。当天我就坐晚上的火车去了天津。

天津的夏天气温三十多度,我穿了一件T恤衫,一如我平日的打扮。穿这套衣服去面试行吗?我有些犹豫。我一向不注意打扮,舍不得花钱给自己买衣服,一年四季都是休闲装当家。不过,我觉得穿这身衣服去见老板不太合适。

犹犹豫豫到了傍晚,我对大表妹说,带我去劝业场看看吧。

我的大表妹替我相中了一款西式套裙,浅咖啡色曳地长裙,外罩一件米色短衫,是真丝砂洗面料,款式新颖而又典雅,加上一双白色高跟皮鞋,一共七百多元,我一咬牙买了下来。回家的路上我心里直嘀咕,生怕我姨说我不会过日子。

第二天一早我去附近理发店吹了风,涂了淡淡的唇膏,再换上新套裙,镜子里的我看上去挺精神。

在卫生局二楼的会议室里坐了三十几号人,年龄大的是医生,年轻的是翻译。我注意到医生中我只有我一人穿了正装,其他女医生清一色的乔其纱花衬衫。

老板是一位中国博士,年轻精干,一看就是生意人。他简单介绍了公司经营情况和人员配制,问大家有什么问题可以提问。没有人作声,有点冷场。我举手,他示意我提问。我说,有一个问题可能是大家都关心的,就是工资待遇。

老板说这个问题很好,于是开始介绍员工待遇,工作时间,房租,年薪和奖金等等。随后,他在另一间屋子里单独给每一个人面试。

轮到我了,我走进去,在他对面的椅子上坐下来,身子稍稍侧一点。

"你的衣服很好。"他说。

我笑笑。

"你看那些人衣冠不整的样子,怎么能叫病人接受。"他说。

我还是报以微笑。

"你家是祖传吗?"

"不是。"

"那你为什么学中医?"

"我的母亲有病,她相信中医,我是为了母亲才学中医的。"提到母亲时我一阵心酸。

"噢,好了,不用再说了。"他一定是看出了我的情绪。

"交给你一个诊所,你能把它办好吗?"

"我能。"

"怎么叫我知道你能?"

"在我二十七岁的时候我就自己建立了一个诊所,全部事情都是我一个人做的。"

"你觉得一个医生,除了医术,最重要的是什么?"

"取得病人的信任。"

"怎样才能取得病人的信任?"

"要真正关心病人,看病要认真,举止要端正,衣着要得体……"

"你说得很对,你今天的衣服就很得体,英国人就喜欢这样的着装。"

"把一个诊所交给你,你会怎样去做?"

"我现在很难想象具体问题,不过有一点,遇到问题的时候自己想办法解决,尽量不要推给老板。"

"我能看出你是个爱学习的人。"

"是,我爱读书。"

"你能背《内经》原文吗?"

我开口背道:"阴阳者,天地之道也,万物之纲纪,变化之父母……"

他示意叫我停下来。

"很好,你能不能用《内经》里的一段话来形容一下老板。"他指了指自己。

我想到了"肝者,将军之官,谋虑出焉",又觉得有拍马屁之嫌。

想了一下,我说:"恬淡虚无,真气从之,精神内守,病安从来。"

只见他的眉毛扬了一下。

"老板工作很忙,保持一颗平常心有益于健康。"我说。

"很好,就到这里吧。"

他站起身来,"你今天的着装非常好,英国人就喜欢像你这样的医生。"

短短十几分钟的面试,他三次提到了我的衣服,着装真有那么重要吗?后来到了英国才找到答案。

他伸出手来跟我握手,说了句:"英国

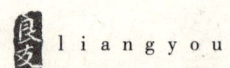

见。"

握手的时候我发觉自己手心里全是汗。

面试后我直接去了天津健民医院，那里的减肥当时在全国很有名气，我采访了那里的主治医生和一位减肥明星。

回到家，我又去另外两家医院针灸科观摩了几个下午，那里的医生对我很友好，她们做针灸的时候，就让我在旁边观看。

失败的英语

第一次签证之前，我曾向分管我们部的隋总说了我的打算，他说出去看看很好，了解一下西方社会是怎么回事。我告诉他我想留在那里工作。他说他有朋友在美国，国外生活挺苦的，不过不要紧，去看看，不行再回来。

过了两天他送给我一套英语口语书《千万别学英语》，附有三盘磁带。可是我一句也听不懂，一句也看不明白，逐字逐句地查字典也弄不明白。我买了《走遍美国》的录相带，一遍一遍地放，也还是听不懂，根本模仿不了，因为我知道的英语单词太少，语法更谈不上，我原有的英语水平仅限于"这是一支铅笔，那是一张地图"。

我觉得大脑中枢掌管语言的这个阀门生了锈，要想扭开它真不是一件容易的事。我一直以为我的语言天赋不算差，事实面前不得不认输。

我心急火燎地去当地一所大学报了一个口语速成班，还是不行，舌头不打弯，脑子也不打弯，根本速成不了。五十岁的年龄再学一门语言真是太困难了，我想"朽木不可雕"一词此时用在我身上正合适，心里面全是沮丧，我觉得对不起这位年轻的女教师，她说得口干舌燥，对我来说却毫无效果，尽管她不断鼓励我，我自己仍没有信心，感觉灰溜溜的。

出国之前我只会生硬地说三个英文短句：good morning, excuse me, thank you. 英语是我惟一没做好的功课，语言障碍带来的烦恼真是一言难尽，它叫我在英国吃了不少苦头。

签证的困惑

万事俱备，只要一拿到签证就可以成行了。

9月7号我去了北京英国使馆，没想到签证被拒了，因为我什么材料也没准备，拿着一封邀请信就去了，签证官很不满意。

我和英国老板联系，他告诉我再做第二次预约。正巧有位朋友从澳大利亚回国，她的丈夫是澳洲人，亲自帮我填写了英文申请表。有了上次签证的经验，这次我的材料也准备得很到位。两个多月后我再次去了北京。

天津卫生局转给我一封英国公司的邀请

信，信是英文，我一句也看不懂，没想到签证的时候签证官多次就信中的内容提问我。

"这封信邀请你去英国公司交流并为他们的员工做一些示范，你能不能告诉我具体的课时？每周讲几次课？每次多长时间？"

我一听就懵了，心想完了。

只好如实回答："我不知道。"

他又问："信中写了一些有关中医的治病理念与西医的不同，这些你应当是知道的，为什么还要在信中陈述？"

"我不知道，信是他们写的。"

"公司会付给你钱吗？"

"我不知道，他们只告诉我会为我安排住宿。"

签证官显然对一些问题存有疑惑，他没给我签，也没拒签，叫我补充关于配偶的材料。我在北京呆了几天，将补充材料递上去，乘当晚的车回家，第二天一上班就接到使馆电话，告诉我签证下来了，我只好当晚再返回北京，我得到了为期六个月的去英国商务签证。

英国老板很聪明，他给我的信是商务邀请，根据我在英国的工作表现再考虑是否给我办工作签证。所以，拿到这个签证并不意味着我可以留在英国继续工作。

我的签证日期是2001年11月23日，老板告诉我赶快买机票，最好赶在圣诞节之前到。我订了12月13号的机票，也就是说，再十几天后我就要离开中国了。

工作中的收获

拿到签证后我就无心上班了，琢磨着以什么理由向领导请假。那天我去报社想跟领导谈一谈，进了编辑部感觉气氛有点不对头，大家对我好像有点客气，有点回避。总编室的小蔡心直口快，她问我："贺姐，你已经知道了？"

"知道什么？"我有点莫名其妙。

"报社今天刚下了文件，五十岁的内退，这里符合条件的就你一个人。"

真是喜出望外，用不着请假了，我要做的就是收拾东西走人。

我从1992年年初进报社，到2001年年底结束，正好十个年头。这十年里我涉足不同行业，接待过读者来访，主持过艾莉信箱，编辑过市场导购，再后来主持健康版，这个版面是我自己争取的，这段经历也是我在医学上扩充知识面的过程，工作中采访过不同专业的专家学者，围绕采访题目有的放矢地读了许多医学专业书籍，这些积累对我来说这是一笔不小的财富。

采访工作叫我学会了怎样与不相识的人交流，怎样打开谈话僵局，围绕访谈主题和营造轻松氛围，学会了做一个安静的倾听者，关注对方的谈话，让对方感到被尊重，学会了适时准确地表述自己的观点。这些职业习惯使我在与经办者和老板打交道的过程中，潜移默化地发挥了作用。

　　就要离开了，我对曾经工作过的地方似乎没有太多的留恋，我很清楚这里已经成为永远的过去。我怀旧却不恋旧，如今我收获了十年辛勤劳作所结下的果实，与志趣相投的晚报同仁结下的友谊之果也一并收获并珍藏，对这一切我心存感激。

生活的回顾

　　当飞机离开北京首都机场飞进蓝天的时候，过去的一切都留在了背后，重复了五十年的生活不会再重复了，我能感觉到它们在我的背后离我越来越远。此时，我只能随着波音747的速度前往我的目的地，我知道等待我的将会是完全不同的生活。

　　在一万米高空上自然想到了他，离开我，一切都要由自己来做，他能行吗？

　　结婚近二十年，我几乎承揽了所有的家务，住大杂院的时候，我自己油漆门窗地板，镶玻璃，安炉子，换煤气罐。因为他很忙，出差是他的常态，我不指望他去做这些事。我的外表看起来柔弱，干起活来却很泼辣。

　　此外，家庭经济的担子在我肩上，这个责任促使我未雨绸缪，我习惯了节俭过日子，对自己很苛刻，直到我的积蓄足够女儿读完大学我才放心。

　　2001年的这个夏天对我来说最忙碌，我将家里从里到外收拾了一遍，客厅和小卧室都装上空调，换了新冰箱，将衣橱里所有的衣物按季节归类，甚至将每一个抽屉都底朝天扣在地上重新收拾了一遍。

　　我将他的保健品和药物一一摆在我用过的写字台上，写下详细说明，我尽可能在我离开之前将一切都为他安排妥帖。临走，将我的银行保管箱钥匙和银行工资卡一并交到他手里。

　　飞机在西伯利亚上空持续的时间特别长，机外温度接近零下70度，我想起了苏联小说里的西伯利亚流放者，他们是怎样在这样的冰天雪地里活下去的？西伯利亚对我来说似乎并不陌生，当年读小说的时候我曾想，爱一个人就要与他生死与共，哪怕跟他一起去西伯利亚流放。那时我十六七岁，整天生活在自己的虚拟世界里。寒冷的西伯利亚使机舱内的温度降低，我披上大衣，再将毛毯搭在膝上。

　　飞机前面的大屏幕上依次出现了新地标，芬兰、荷兰、德国，这些国家对我来说曾经遥不可及，此时此刻，我乘坐的飞机就在那里的上空掠过。

　　梦想正在变为现实，为什么我不激动，没有心潮澎湃，也没有对未来生活的打算或是设想？被动地跟着生活一步一步往前走曾经是我的常态，到了英国我会改变吗？

飞机上的培训课

　　在北京首都机场登机前，我发现周围一个人也没有，心里开始发慌，拖着拉杆箱歪歪斜斜地一路小跑。

"这不是贺医生吗？神色紧张，脚步慌乱。"

一抬头，正是我的老板，他站在飞机入口处，我愣了一下。

"不要紧，第一次出国的人都是这样，以后就好了。"他笑嘻嘻地说。

见到他我松了口气，不用再担心下了飞机找不着北了。不过我没想到会和老板坐同一架飞机。

飞机上有三分之二的座位是空的。我可以独占中间一排座位。老板端着一杯水过来，隔着一个座位坐下来。

"我们公司的新医生都要经过培训才上岗，我们就在飞机上把课上了，省得再占时间。"

我点点头，像上次面试一样，大脑开始聚焦。

老板向我介绍了公司近期的发展，讲政府的审批手续，讲新闻媒体的暗访，讲了一些诊所经营的例子，某个医生怎样叫一个濒临倒闭的诊所起死回生，等等。我默不作声地听着，不时插上一两句问话。

等他讲完了，说要考考我。

"假如有人请你吃饭，哪道菜最好吃？"

我忽然意识到这个老板的问题恐怕不是那么好对付，我想起了酒桌上那些令人生腻的大鱼大肉。

"对每个人不都是一样的，对我来说，凉菜是最好吃的。"

"错。"他说，给了我一个下马威。

我不吭声，也不问答案。

"四川的猴子为什么要放到广东去养？"

"叫猴子吃点苦头。"我半开玩笑地说。

"错。"他还是不说答案，我还是不问。

"你看，两个问题一个都没答对，不太

好吧？这样吧，我给你讲个故事。"

他说："一个农场主，他需要雇用工人，早上起来就到集上去雇了几个工人，其中就有你，他说，每天给你十块钱。你听明白了吗？干一天，十块钱，你就去干活了。到了中午，他看人手不够，又出去招来几个工人，到了下午，人手还是不够，就又招来几个。"

他停下来，喝了口水，"好了，晚上收工的时候，他开始给你们发工钱。全部工人每个人十块钱。你干了一天，和那几个干半天的，干了两个小时的，每人都是十块钱。"

他顿了一下，盯着我的眼睛，"你怎么办？"

我说："老板雇我的时候跟我讲好了干一天十块钱，收工的时候他兑现了他的承诺，我拿着钱回家。"

"那些只干了两三个小时的人拿了和你一样多的钱，你觉得这样合理吗？你不觉得委屈吗？"

"对我来说，只要老板兑现了当初给我的承诺就可以了，至于他给别人多少钱与我无关，再说我也无权干涉老板的事。"

他的眼睛瞪得好大，"你是不是听过这个故事？"

我摇摇头："没有。"

"啊呀，"他说，"我给二十多个医生讲过这个故事，只有你一个人答对了。不错，这次你答对了。"

他说有的医生拿国内的大锅饭心理出来，跟老板闹，影响工作。

我说："我相信老板会根据每个人的工作制定合理的报酬。"

他说："那当然，好医生的工资都要高一些。"

然后，他郑重地向我介绍他的理论研究成果：双轨制，并告诉我这是继《矛盾论》和《实践论》之后的一个新理论。

"《矛盾论》和《实践论》你都读过吧？"

"读过。"

"现在我们公司的运作方式就是遵循双轨制的理论，"他说，"公司老板由两对夫妇组成，我们所有的诊所都由医生和前台（翻译）组成，年龄搭配上基本是一老一小，性别组合上基本上是一男一女。这样的组合有利于工作，还能减少矛盾。"

"相互制约，保持平衡。"我说。

"对。"

"这个理论发表了吗？"话一出口我就有点后悔。

他若有所思地回了句："还没有。"

"那么我问问你，"他话锋一转，"双轨制的运行必须要有条件，你说这个条件是什么？"

"同步。"我答。

"对。你想，两条铁轨要是运行不同

步,那就偏离了方向,扭弯了。"他用两只手比划着。

大概是说累了,他回到自己座位上去了,我也松了口气,刚才的谈话看起来挺随意,其实我丝毫不敢怠慢,脑子里的弦一直是绷着的。我躺下来闭上眼睛让身体放松,可是怎么也睡不着。

哪道菜最好吃?四川的猴子为什么要放到广东去养?这都是什么意思?我还是琢磨不透他想要的答案。

抵达英国

飞机到达希思罗机场的时间是下午五点半,窗外细雨蒙蒙一片昏暗,可以看到机场上身穿黄色工作服的工人在忙活,勉强能看清他们的面孔,和中国人不一样的面孔。出关后直接去停车场,那里有公司的总经理接我去曼彻斯特,新来的医生都要先去那里的诊所上班,然后再分配到其他城市。

总经理和我的年龄相仿,面相和善,彬彬有礼。他亲自将我的行李搬上汽车后备箱,与老板交谈了几句就开车离开机场。

我发现汽车没进高速而是进了伦敦市区。

"糟糕,走错路了,对不起贺医生,恐怕要耽误你的时间了。"他对我说。

"没关系,正好有机会看看伦敦的夜景。"我说,心里也是这么想的。

伦敦很大,在里面转悠了差不多一个小时才重新开到高速路上去。四周漆黑一团,车速很快,对面的车瞪着一双双大眼睛嗖嗖地从右侧的车道擦过。

没想到初来乍到就遇到了老乡,给了我一个惊喜。他原来是大学老师,到英国读研,毕业后就留在这家公司工作。

一路上我给他讲家乡的新闻,告诉他一家医院的两个主任为了回扣起争执,一个主任在办公室杀了另一个主任,然后擦擦手做了一台手术。

他说:"怎么听起来像恐怖电影?刚才我还有点困,现在一点也不困了。"

我们在诺丁汉停了下来进了一家餐馆,他将菜单递给我,问我想吃点什么,我看了一眼菜单上面红红黄黄的照片,居然一点胃口也没有。我要了一小碗番茄汁和一片面包,那番茄汁酸得我无法下咽。

从诺丁汉去曼彻斯特要经过很长一段蜿蜒的盘山路,我惊异英国的山路竟然这么窄,车速却很快,每小时六十英里,相当于九十五公里。终于进入曼彻斯特的地界了,却被一位持枪警察指了下来,经理停车下去,我从车窗里担心地望着他们,只见他们和气地交谈着,经理甚至还笑呵呵用手比划着,后来经理说声谢谢,回到车上。

"刚才我超速了,这里是市区,限速三十英里,从山上下来我忘了减速。"他说。

"是不是要罚款?"我小心翼翼地问。

"警察说这次不罚款了,不过明天必须去警察局说明一下情况。"

英国警察端着枪看起来很威严,没想到处理违章却挺温和,不过,既然不罚款,为什么还要去一趟警察局?可能需要走这个程序,这和国内不太一样。

又穿过几条街道,远远看见路灯底下站着一个人,正是等待我们的唐医生,他已经在路口站了一个多小时。进屋看看手表,已经过了十二点。

"唉,今天我太累了,不回利物浦了。"

经理从汽车后厢抱出一捆塑料布包裹着的铺盖卷,娴熟地在客厅地上打开。铺盖卷里有被有褥有枕头,还有干净的床单。

从机场到曼彻斯特,连续开了六个小时的车,他看起来很疲惫,灯光下他的脸色很苍白。他告诉我说,他从清晨五点钟起床一直工作到现在。

他是公司总经理,在其下属的客厅里打个地铺过夜似乎已经司空见惯,这真是不可想象。

楼上有一个小房间是留给我的,一床一桌一椅,桌上有一盏台灯,还有一个高脚铜杯,上面刻有精致的花纹。床上天蓝色的被子叠得很整齐。这房间里有女人的气息,一问果然不错,房间的主人金医生临时去了苏格兰的诊所替班,知道我要来,特地将她的被子留了下来。

打开窗户,空气清凉而湿润,深吸一口沁人肺腑。万籁俱寂,黑暗中一盏盏橘黄色的街灯伸向远处,远处有星星点点的灯光。

子夜,英国,在这间小屋里,我的另一种生活开始了。

《闲话》闲章

我的了不起的人生

于洋

　　从小我就梦想着成为了不起的人。
　　小学五年级之前是梦想成为一个了不起的英雄,像岳飞、赵云、杨六郎谁的。上课的时候就是我的英雄之旅,尤其是一上数学课,我便魂游幻境,头系鹦哥绿护项扎巾,身穿八宝狮蛮青铜锁子甲,斜披绵缎子绿征袍,大红中衣犀牛皮的战靴,胯下赤兔马,手中提着方天画戟,从瓦岗寨杀到朱仙镇,从长坂坡杀到金沙滩,戟挑金兀术箭射宇文成都,呼啸疆场煞是拉风。
　　只是打来打去总会遇上一员女将,这位姑娘不过十八九岁,长着两道柳眉一双杏眼,鼻似悬胆唇若涂朱,面色白净,白里透红。身体苗条高矮适中。头戴一顶七星花萼子盔,身穿柳叶连环黄金甲,足蹬一双小巧玲珑牛皮靴,跨骑一匹粉点桃红马,手端一口描金镶翠秀绒刀。真如仙女临凡,嫦娥再世。
　　我与她打呀打,最后两马相错,姑娘长臂轻展将我拽下马来,挟在腋下,掳回营中。

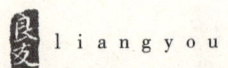

后面的事有点乱，那姑娘死乞白赖地非要嫁给我，按说吧，我与她本势不两立，这事万万答应不得。不过吧，她动之以情晓之以理，声泪俱下的，弄得我很被动，正犹豫着矛盾着痛苦着，下课的铃声响了，我就忙着赢玻璃球去了。如此反复，直到我上初中了都没有决定下是否要娶她，当然，问题的关键在于，我实在想不出来娶了她有什么用。

上初中之后特别想成为许文强、马永贞，就和志同道合的同学组织了"斧头帮"，后来在与邻校的"十三太保"约定月圆之夜在紫禁之巅（我们学校旁边一个小山包上）决斗之时，被治安巡逻队给抄了。挨了一顿耳光后回到学校，老师用桌子腿给了我二十大板，随后被老爸领回家又用军用皮带抽了个半死。从此解散了组织，江湖不再。

后来长大了，决心要成为一个名富人，李嘉诚、王永庆之类的，读书的时候就去倒服装、摆地摊，毕业后卖烤肉、做传销……最后把我爹妈攒了半辈子的钱折腾了精光才明白自己压根就不是块经商的料。但是我从来没有放弃成为一个名人的梦想，于是我决定去当一名演员。一年冬天，我来到北京电影制片厂门前"靠活"，心想：虽然咱没有葛优长得帅，但咱比他有才呀，做演员就要做实力派。

在北京当演员的那段时间里，我与苏有朋、林心如、赵薇合演了《还珠格格》，那是我的处女作，您可能没注意我，我在里面演了一位大臣，就是迎接什么香妃的时候，站在皇帝后面第六排左手数第五位那个。戏份是少了点，不过第二部戏就好多了，是和温兆伦合演的一部反映澳门百年风云的连续剧，叫什么我忘了，反正很有历史底蕴，里面我有场动作戏：作为路人癸（甲乙丙丁戊己庚辛壬癸的癸）我在街上走着走着，突然听到一声枪响，我便抱头鼠窜。

这段戏看似简单但其实很有内涵，因为是拍澳门的事，所以我应该是个南方人，我把自己设定成一个潮州人，潮州人有不服输的性格，因此在听到枪响后，我没有像个普通人那样被吓得抱头鼠窜，而是惊吓中加了一点倔强、在躲藏中加了一些机警，我甚至朝枪响的方向骂了一句："蒲你阿母。"

我认为，我的那一声怒骂深刻地反应出了一个生活在万恶的殖民统治下的中国劳动人民对苦难命运不屈的抗争，当我将这层意思告诉了那个对着我拼命喊"卡卡卡卡"的导演时，他将我赶出了剧组，我觉得可能是他们怕我抢了温兆伦的戏。

他们不仅没有付给我出演费，甚至连盒饭都没有给我吃，我一个人游荡在北京寒冬的街头，又累又饿，而且还不知道今晚能睡在哪里，我举起双手仰天长啸："老天，请给我一点指示吧！"

突然一阵寒风吹来，一张纸刮到了我的手上，我抓住拿到眼前一看，竟是一张被撕下的书

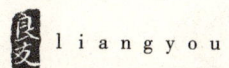

页，在这张有些残缺的纸上我看到这样一些话：

"如果一个人吃饱了饭没事干，他怎么消磨时间最好？"

"睡觉。"

"睡过了呢？已经睡得不能再睡了？"

"他有没有别的本事？譬如治理国家、弹棉花、腌制猪头等等。"

"没有，一概没有，四体不勤，五谷不分。"

"他是不是很有追求？"

"追求得一塌糊涂。"

"他认多少字？"

"加上错别字有那么三五千吧。"

"那就当作家吧。既然他什么也干不了又不甘混同于一般老百姓。"

"如果一个人两手攥空拳，无财无势无德无貌，他怎么才能一夜之间小家乍富平步青云摇身一变什么的……"

"去偷去抢去倒腾国宝什么的。"

"既没偷抢的胆儿又没做生意的手腕。"

"脸厚不厚？心黑不黑？"

"厚而无形，黑而无色。"

"那就当作家，他这条件简直就是个天生的作家坯子。"

我豁然开朗。

我想既然老天爷都指示了，恐怕很快我就会声名雀起，腰缠万贯了。哼哼，待那时，就可以把犬齿拉长了，再弄个大尾巴套在臀部招摇过市，到时候，我嚣张别人当作狂放，我无耻别人说是不羁，我下流别人当作风流。

从此我就开始琢磨怎么写小说才能一夜成名，最好的捷径就是模仿国外文学，他把自己变成了耗子你就把自己变成绿毛龟；他弄个孩子长不大只会尖叫着敲铁鼓你就弄个孩子是白痴只会喊爹爹爹。只可惜，我看到国外文学就头痛，因为我总也记不住那些个拗口的名字，翻过十页后就记不清谁是谁了。那部已经被抄烂了的《百年孤独》直到三天前才看完。

东方不亮西方亮条条大道通罗马一计不成再生一计，电视剧给了我灵感，听说清朝有戏，就翻出它祖宗十八代，说完皇帝说太监说完太监说奸臣说小丑，正说完了就戏说戏说再正说，只要热闹，怎么说都成。可问题是我历史学得不好，清朝上面是什么朝代我就弄不清了，但总说清朝的事吧,好像也不合适,想当年多少先烈抛头颅撒热血就是为了要驱除鞑虏,如今却整天皇帝万岁皇帝英明的,太反动。

思前想后左查右找终于被我发现了一条简单易写老少皆宜的路子:家族故事+个人隐私,顺便披露一下某些公众人物一些不为人知却人人想知的龌龊事。比如曾经流行过的一本书,是个名人之后名人之友名人之前妻写的,就很火,这个出身名门受过高等教育混迹文化界有钱有势却满口脏话的优雅女子很受人欢迎。满嘴脏话也成了优点,说这叫率真,为什么我满口脏话就被斥之为粗鄙?我真是太羡慕她了,所以我也决定要写部这样的一本书,把包括身体写作等所有流行元素全加进去,看它火不火,那时候,咱也可以像泰森一样了——连强奸殴斗之类恶行都变成了让人崇拜的资本。

只是,我想来想去才发现,我的家族史真没什么让人想探究的,和大多数中国人一样,祖辈世世代代都是农民,很农民,老实巴交战战兢兢不敢言政无力为商只盼老天风调雨顺多收点麦子,窝头能管够,然后烧个热炕头过个没花样的日子。我爸倒是个党的干部,一位中国海军前少校,抗过枪但没打过仗,上过军舰但没开过炮,几十年的军人生涯连次实战演习都没经过,这不稀奇,因为他大部分的军旅生涯是负责修军舰修枪械。他能升为少校并把我们带出了农村(这是他颇骄傲的一件事)不是因为他有多大本事或立过战功,而是因为他总是对长官说"是,是的"。转业到了地方一直在工厂里做着三四把手,不求有功但求无过。我母亲像所有平凡而伟大的母亲一样,过着庸庸碌碌尊夫护子的生活,不说她姿色平平传统保守,就冲她每每在我犯错的时候都护着我,我也不能拿她说事儿。我有个妹妹,长得像一个台湾演员,本应该有些故事的,可是你认为一个初恋谈了五年至今日,并计划结婚的女子会有精彩故事等着你听吗?我自己倒是还有些故事是大家想听的,比如我在"斧头帮"那段让大多数人心惊肉跳的生活,但社会主义文学拒绝暴力和色情拒绝为反面人物著书立传,我可不想写上个几万字,最后给自己弄出个呈堂证供。但如果有出版社肯用财色诱我,我还是可以考虑的。

我曾经很是恨过我的爷爷,恨他不爱国没骨气,小日本鬼子打来的时候他竟然没能挺起胸膛上战场;恨他没觉悟无立场,没和地主恶霸土豪劣绅国民党特务做斗争;更恨他缺乏男人的乐趣,比如说对枪械和武力的喜爱,否则他生逢乱世就算站错了队伍,到了今天我也会带着不可告人的喜悦和来自海峡另一边(或大洋彼岸)的他泣声相拥。

他死的时候我还没恨他,因为那时我还没无耻到要从祖辈身上榨油的地步,更主要的原因是我那时刚上初中,还小,还单纯。那天是大年初五,我正在同学家打牌,我妈找到我说:你爷爷老了,跟我们回家。我感觉很扫兴,从小到大我见过他的次数有限,说过的话不会超过一百句，所以我认为还是打牌更重要些，但我不敢说不，那时我还没学会对自己的长辈或者是外形大过我的人说"不"。现在敢了，都敢和美国说不了。

　　坐了两个小时的自行车后，我见到了我一生都忘不了的场面，而这次经历让我开始害怕死亡，不是死亡本身，是死亡给活人所带来的一切。一路上本不见得多悲伤的母亲一进院就开始嚎啕大哭，我爸没有嚎啕，但也变了脸色，直到现在我也没弄清楚两人的悲伤究竟是一种仪式还是因为环境改变心情。我的姑姑伯伯们一进门的嚎啕声更是撕裂了我的心肺，不是被感动了，而是被吓着了，要知道，三天前他们还在为谁来抚养两个"老家伙"大打出手。一个旁系亲戚拉着我的手说：给你爷磕个头去。我就走到屋里那张躺着我爷爷的门板前磕了一个头，头是碰了地的，很响。跟感情无关，我看电视学来的。男人们忙着送殡的事宜，女人忙着哭喊些能表达自己是个孝顺女儿或媳妇的词，没人再理我，我走到院子里，坐在一张梯子上看人们表演。我玩弄着一根稻草对站在我旁边的表姐说：都是装的。大我一岁的表姐勃然变色，我这才发现此刻哭得最起劲的是她的母亲。后来那些前几天大打出手的兄弟姐妹们扶着门板嚎啕着把他们的父亲送上了拖拉机，街上全是人，个个表情凝重，我知道，这些人没有别的表情是因为除此之外的表情是要挨揍的。尽管此情此景对他们来说和马戏团进村没什么分别。

　　骨灰从县城的火葬场拿回来后，依例是还要让亲朋好友缠绵一番才能下葬的。一个叔叔叫我说：过来，你爷爷回来了，再看他一眼。我讪讪地走进屋，抬头，蓦地大惊，寒毛直竖，我看见我的爷爷正站在我面前慈祥地看着我。在我几乎要失声尖叫的时候才意识到那是我爷爷的弟弟，一个中年丧偶年近八十却因猥亵妇女被判了劳改但因老迈而保外就医的，亲戚朋友全不搭理他的老混蛋。他那样慈祥地看着我，不语。我突然很想哭，这时旁边又有人让我对着骨灰盒磕头，我就磕了，但头没触地，因为那样很疼。

　　我不知道我的那个叔爷后来怎么样了，可有一点是毋庸质疑的：那之后他活着和死时都很凄凉。就连他的儿女都像躲瘟疫般地躲他。但这个老农民叔祖能鼓起勇气干了那么件本在情理之中却又惊事骇俗的事终还是让我脸上有光的。

　　我爷爷死的那天我哭了。在其他人上山埋葬他的时候，我留下来陪我奶奶，她的儿女们表演的时候她一直很漠然，一个人盘腿坐在炕上像一尊风化了的雕像。我坐在她旁边想着我的寒假作业，她握着我的手，目光透过破碎的窗纸透过明媚的阳光，嘴开始抽搐，全身开始颤抖，泪流满面，我听不真她喉咙里滚动着的言语是什么，后来的回忆中，我认为她在说：你怎么就先走了？

　　我就在那个时候哭了，但那时，我并不知道她哭是因为被一个和她朝夕相处了六十多年的人突然抛弃后的悲痛、悲愤！我以为她是害怕。几天前她的大儿媳折断了她的拐杖请她这个老不死的快点去死，此刻她不得不为她的未来担忧了，就像那天我为自己的寒假作业还一字未动而担忧一样。我很可怜她。几天后，她住到了我们家，一个月后她死在了我床旁的一张小单人床上，我相信，她很想死在炕上，那张和另外一个人睡了六十几年的炕上。

多年后我和我的妹妹坐在北京广播学院院子里的一张长椅上，聊起这些往事，我看着她的眼睛忧心忡忡地说：或许有一天我们也会像他们一样。

说这话的三天前，我在一个叫日光城的地方，见到了一个叫马原的汉人。我去那个地方并不是因为它神秘的传说和美丽的风光，就是因为它被称之为日光城。像所有的愤青一样，当年的我总以为自己行走在黑暗中。

马原是我迄今为止面对面见过的最有层次的名人，虽然我见过比马原更有名气的人，但都是一些通俗人物，演艺圈的，就不好拿出来显摆了，省得人家说我浅薄。其实我与马原没说上三句话，他说自己高原反应厉害就去另屋休息了，我就没好意思再打扰，后来屋子里一个美丽的女人说有些文学的问题要请教马原老师，也上那屋了。我知道这么描述是不道德的。事实上那女人真的是去请教文学问题的。当然了，此时再做解释怕要越描越黑了。

在见到马原之前，我一直以为文人和圣徒一样，课本中是这样教的。见到马原是在西藏一个诗人的家中，那天，像传说中一样，诗人家中高朋满座，谈笑有鸿儒往来无白丁。有其他作家、摄影师、画家、记者……他们喝着四川的一种啤酒聊着文化与艺术，我乖巧地坐在角落里，两只耳朵支棱着，双眼放着光芒，像只刚能奔跑的豺狗看着一群猛兽在荒野中纵横。直到他们聊起了荤段子。在一阵放浪的笑声要收尾时，我羞涩地拿出几首我写的诗，对其中一位说，贺老师您看过我的东西了，能给点批评吗？屋里刹那间寂静了，人们低头喝酒剥橘子。贺老师愣了片刻，看了看四周，突然笑了起来，说，你的东西？哦，你的大你的粗。众人的狂笑如飓风呼啸着将我所有的幻想与敬畏一扫而光。我笑了一声，喝光了一瓶啤酒，站起身说，我要干你们。

多年以后我明白了自己的不合时宜与狗肚鸡肠，不过也无须愧疚，那时——人家还小嘛。"人家"就是"我"，这个词儿很奇妙。那天最后还是对打了，我一对二及一个拉偏架的，我没学过南拳也没学过北腿，所以后果是可想而知的。这也是几年后人们把去过西藏当成牛逼的资本，我却不和他们较劲的原因。我被打出了西藏，好在我和北京有关系，我的妹妹在那儿，于是我又去了北京。

我一直认为我和那个叫于丹的女子的交往是从那一天才开始的，尽管这之前我们在同一屋檐下生活了近二十年。因为那天她请我吃了饭，还借给我钱，最重要的是，她说，我相信你一定会成为一个了不起的人。

我还不至于听到一句带有安慰性质的话就不知道自己是谁了，但于丹的话让我知道至少这世界上还有个人对我抱以希望。

于是我就雄心万丈地去了画家村，我以为艺术家们会懂得一个破落的文艺爱好者。

画家村本在圆明园，画家村里不都是画家，诗人、行为艺术者……一群游荡在废墟边缘的人。我从未在夜里去过圆明园，但每提起这个名字，我总是以为自己看到浓雾飘游在残垣断壁间，圆月挂在白玉立柱的端头。但那时画家村的居民已经分散到通县的各个村落了，据说不是自愿的。我连续几日都在风沙中穿行于通县的村落之中，没有人肯留我在他们家过夜，即便是吃完我买的猪头肉喝光了我买的二锅头。理由是有人盯着他们，而我看起来又像个危险人物。我想这所谓的"危险"是因为我总谈艺术与文学吧，有很多人以文学艺术为名为非作歹，真正搞文艺的总谈酒肉与性生活。

其实未能落草通县以艺术为生不是因为艺术家们对我的怀疑，要想和他们打成一片还是容易的，酒和性在这之前是咱的专业呀，毕竟年轻的时候咱在"斧头帮"待过呀，但我实在没有勇气以崇高的理想为名胡作非为。那需要一种超然世外睥睨众生的大无畏精神，非常人所能。内地黑道不拜关公，但我仍然敬天地畏鬼神。

就是在这个时候，我去当了演员，而后又得老天爷的指示要当个作家。当作家还真不容易，因为首先要当作家你首先得有家，不然怎么坐家呢？其次你要有饭吃，这是个脑力活，累得很，吃不饱饭干不了这活儿。所以我去了一个海滨城市，儿时的朋友在那里开了个饭店，既有个住的地方又不愁饭吃，也算是万事俱备只欠动笔了。

朋友很是仗义，二话没说就收留了我，就是听说我要写小说很是诧异，他说："我记得你斗大字识不了一箩筐呀？"

我说："老天定的，老天定的还不够我臭屁的呀。"朋友也是敬天畏神的大善人，听说是老天定的事也就不再说什么了。

在人家饭店里白吃白喝的也不是回事，就帮忙干些力所能及的活，先是帮忙送外卖，没几天送外卖那小子辞职了，后来又帮忙当服务员，没几天服务员也辞职了，我对朋友说："可别让我去帮忙炒菜呀，不然厨师也辞职了。"朋友说："可不要你炒菜吗，连着亏损好几个月了，发不出工资，全跑了，就剩咱们俩相依为命了。"

从此和朋友两个人又当厨子又当服务员，自然就没有时间写作了，和朋友说起这事，朋友说："可能是老天爷以当作家为幌子，把你引到这里来，我怎么看怎么都觉得你的宿命应该是个厨子。"

我说:"不应该呀,老天爷也玩这招?"

朋友说:"你以为呢,要是直截了当告诉你——你就是一个俗人,这辈子也就这样庸庸碌碌过了。哦,你一听,没劲,一头撞死了,这世上岂不就少了一个厨子。"

我琢磨着朋友的话,一时也转不过弯来,后来自言自语道:"莫非是为了让我体验生活?"

因为我做了厨子,所以到饭店吃饭的人越来越少,因为吃饭的人少了,我们能买的菜越来越少。有一天朋友对我说:"买不起肉了,也没人肯佘给我们了。咱们这饭店看来是开不下去了。"我一听就急了,饭店倒闭了我就没地方住没饭吃了,我怎么当作家呀?于是眉头一皱计上心头,我说:"前两天去西部那个厂里送盒饭,我看到他们居然在后院养了一群羊,咱们去偷他一只羊,少一只羊我估计他们也看不来,天这么冷,咱弄个大锅羊肉汤,肯定火。"朋友眼睛一亮,一拍大腿道:"好主意,今晚就去。"

月朗星稀,寒风呼啸,路上一个人影也不见,我和朋友来到那工厂的后墙外,那里是大片大片的麦田,朋友让我望风,从墙头翻进了羊圈,捆了一只羊,打开后门,扛在肩头就跑,边跑边喊:"你把门关上。"

我从踏上偷羊路之时,心里已经忐忑不安,我想我是一个作家呀,怎么能干出这种事来,我便开始想象万一偷羊时被抓,或者以后这件事败露了后将要面临的场景,我将未来可能发生的事情分为两个场次六个章节——在脑海中演绎,待到了羊圈跟前的时候,我已经完全相信我的想象接下来就要——应验。当朋友扛着羊狂奔叫我关门的时候,我脑中一炸,门也没关便撒腿狂奔,没几下就超过了朋友,一言不发在他前面狂奔,朋友在后面喊:"我操你大爷,你帮我抬抬呀!"

这时我才回过神,转身迎回去,朋友把羊撂在地上气喘吁吁,我抓起羊的前蹄说:"快跑呀。"刚说完,突然看见一群羊从不远处高大的围墙内蜂拥蹿出,在麦地里四下逃窜。

朋友说:"傻B,你没关门?!"

我刚要说话,听到有人在墙后喊:"羊跑了,羊跑了。"

我撂下羊就跑,朋友也撒腿就跑,边跑边喊:"傻B,你没关门!"

残雪在圆月的反照下闪着清冷的光,一片黑幽幽的麦地上,两个穿着黑夹克的人和一群洁白的羊撒了欢地奔跑,远处寒风中断断续续传来"站住偷羊的"的叫喊。

我一路飞奔,心中起誓:"别抓到我别抓到我,今天能跑掉我就写篇小说叫《偷羊记》。"

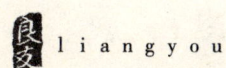

外公的琴声

晨枫

　　由于一个偶然的机会，在网上输入了外公的名字，意外地发现了很多搜索结果，这勾起了我的很多回忆。外公去世正好二十年，如果用虚岁的话，外公今年正好一百岁了。

　　曾经非常着迷于赫尔曼·沃克的小说《战争风云》里的亨利中校，他是一个无名的小人物，但在关键的时刻见证了关键的事件，而自己隐没在历史的阴影之中。外公正是这样一个人，身处聚光灯之外，但在历史的十字路口见证了熙来攘往的风物人事。我曾经极力鼓动他写一点回忆录，他不肯，"那是大人物的事情，我写什么回忆录？"小时候对老人的陈年旧事前说后忘记，于是今天只能根据记忆的碎片来为外公多彩的人生拼凑一幅斑驳的图画了。

外公张沅吉是辛亥年出生的，在兄弟中排行第四。外公不大谈起老大张沅长和老三张沅鑫，和老二张沅恒接近些，但同在上海的就只有五弟张沅昌了。张沅昌从英国学医回来后，在上海华山医院开创了中国的神经内科，在毛泽东晚年曾作为专家会诊组成员，并长期担任叶剑英的保健医生。外公和姐妹们似乎更加亲近一点。大姐张维祯是二十年代密执安大学的硕士，嫁给了五四运动学生领袖之一的罗家伦，其大女儿罗久芳对父母的轶事多有著述。三姐张凤桢是三十年代约翰·霍普金斯大学的女博士，嫁给了大法官倪征燠，更是故事多多。小妹张蓉祯和歌唱教育家周小燕是最好的朋友，自己在歌唱上也很有造诣。外公的家境至少算小康，但外公出生时，算命先生说他和老太爷的命相冲，所以外公很不得太外婆的喜欢，早早就出门到嘉兴中学寄读，以后就自谋生路了。

外公的年轻时代是中国近代史上最动荡的时代，新与旧、东方与西方、传统与现代，一切都在激烈冲撞，这一切也在外公身上体现出来。外公从小就显示出多才多艺的一面，自己琢磨写写画画的事情，后来学画就顺理成章了。外公没有受过太多的高等教育，上海新华艺专毕业后，在中央大学艺术系旁听了两年绘画，成为徐悲鸿的编外弟子，从此开始了他的油画生涯。外公和徐悲鸿走得很近，对徐悲鸿的油画推崇备至，尤其是他的人体，从用光到用色，尤其是那幽幽而透明的青绿色，还有就是徐悲鸿的成名作《田横五百义士》。但外公对徐悲鸿后来画马卖艺从政很是不满，经常嘲笑他的"蹩脚马"，大概是对徐悲鸿偏离学院派艺术不满。外公对印象派的忠诚是执着的。改革开放后，国外亲友寄来画册，其中有一大本精装的图鲁斯·劳特莱克的画集，外公私下跟我说，为什么不寄一本梵·高或者莫奈呢？

抗战爆发后逃难，徐悲鸿和外公打算在桂林开办西南艺术专科学校，但后来的战乱使这一打算泡汤。这也是徐悲鸿和蒋碧微最后分手的时候，徐悲鸿后来和比他小二十八岁的廖静文结婚。不知道是出于对先师母的忠诚，还是对学院派时代的徐悲鸿的怀念，外公说起廖静文的时候也是一脸的不屑。说起来，徐悲鸿或许是一个无女不欢之人，在桂林的时候，经常在外笙歌艳舞。大画家也有囊中羞涩的时候，于是就来跟外公借几个大洋。外公不是有钱之人，但恩师要借几个大洋总是要从命的，不过这也是要在日记上记一笔的。可惜日记在"文革"中散失了，否则倒是可以在徐悲鸿的传记里增加不大为人提起的一节呢。徐悲鸿送过外公一幅"淡泊明志，宁静致远"的字，我看到过。外公把这作为一辈子的座右铭，但也不时讥嘲徐悲鸿自己一点也不淡泊宁静。

受到徐悲鸿的影响，外公的绘画也走法

国印象派的路子，多用亮丽的色块，着意营造印象和气氛，而不拘泥于细节和写实。外公画了很多风景、静物、人物。记得工农兵学员时代，妈妈工作的大学里来了几个西藏女学员，于是外公的画廊里又多了一个披着哈达的西藏姑娘。

外公很勤奋，画作很多，但除了三十年代在上海和陈秋草、潘思同等组建白鹅画室那段时间外，都是自娱性的，从来不卖画，连想都没有想过。自己喜欢的，就在墙上挂起来。从前留下来的金粉石膏雕花画框家里有很多，一个一个都利用起来，不大的家里，前厅后厅墙上高高低低挂满了自己的画作，就像欧洲古堡里的画廊一样。早上太阳升起，把窗打开，看着阳光抚弄自己的画作，这是外公一天中最高兴的时候。

改革开放后，国外的亲戚来上海，外公给过他们几幅画，他们征得外公同意后，在国外拍卖过，据说反响很不错。按照网上《老良友的主编们》一文中的评价："他勤于创作，不事张扬。作品风格平实，不造作，题材贴近生活。"这是中肯的。

外公不是没有想过把画艺传给子孙辈，我还跟着外公学过几天素描，至今还留有当年画石膏像的素描。不知道是出于鼓励还是真有其事，外公还对我的素描夸奖有加。不过我没有坚持下去，五分钟热度后就不了了之了。外公经常带我到那个年代上海仅有的几个公园，看大自然的春华秋实。外公常说，看这些树叶，绿得多么有层次。那时的我对红花红叶比较感兴趣，好歹有点色彩，绿叶就是绿叶，有什么层次不层次的？

油画作为自娱，毕竟是很花钱的爱好。我帮外公到福州路的美术用品商店买过颜料和画笔，但画布买不起，外公大多在老的油画上直接覆盖，毕竟除了家里墙上挂出来的，楼梯下角落里还堆着很多没有挂出来的老画呢。外公说徐悲鸿也不用新画布，这样底下原画的色彩隐隐地泛出来，增加些许不可捉摸，反而有味道。但绘画没有成为外公的职业。

在二十至三十年代，上海滩，有一份《良友》画报，这是中国画报界的始祖，在中国新闻史上有特殊的地位。外公的二哥张沅恒曾是《良友》画报的摄影记者，1939年2月接任总编。外公跟着二哥学摄影，这时也加入了《良友》画报。二哥虽然身为总编，但在文化事业和商业诱惑之间游移，外公实际负起了编辑责任。在孤岛时期，《良友》画报的形式新颖、嗅觉敏锐、情趣时尚，成为在抗战中煎熬的上海人的重要精神食粮，外公则是这份大餐的大厨。小时候我经常缠着外公讲打仗的故事，外公不喜欢刀光剑影的事情，但还是经常讲"斯贝伯爵"号被追剿和西线闪电战的故事，这正好是外公主持《良友》画报的时代。也是在《良友》画报，外公结识了后来成为我第二个外婆的翁香光。

第一个外婆叫经松明，她和外公生了两个孩子，就是我舅舅和我妈妈。外公说起她时，总是充满温情和怀念。她的名字出自于王维的诗句："明月松间照，清泉石上流"。外婆的父亲经亨颐在中国近代史上有点名气，他推动现代教育，曾主持浙江第一师范学校，在任用、提携、资助了包括李叔同、周树人（鲁迅）、朱自清、丰子恺、潘天寿等一大批优秀人才。经亨颐的另一个女儿经普椿更加出名，这就是廖承志夫人。同为国民党元老的廖仲恺和经亨颐缔结儿女亲家，这是再自然不过的了。抗战期间外婆一家逃难到西南，因经亨颐病重，外婆带着舅舅回到上海，不久经亨颐病逝，到西南的交通受阻，外婆和舅舅只好留在上海。后来外婆在抗战的孤岛时期去世了，留在西南的外公和妈妈赶回上海奔丧。那年舅舅只有四岁，妈妈三岁。

第二个外婆的家世也不平常，父亲翁瑞午也是近代史上的名人，但他的名气来自和陆小曼的四十年情缘。小时候常听大人说起"六小妹"，也不知道是何许人也，直到已过而立之年了才听说徐志摩和《再别康桥》，然后才有万人空巷的"人间四月天"，才知道徐志摩、林徽因和陆小曼的悲欢情仇。在剑桥国王学院剑河桥畔见到刻有《再别康桥》诗句的徐志摩纪念碑更是很久以后的事了。说起来，我知道林徽因要早得多，因为在高中的时候，特别迷建筑，大学差点报考建筑，梁思成、林徽因的名字自然烂熟于胸。但知道这些名人之间的瓜葛还是在后来，在这时才把"六小妹"和陆小曼联系起来。外公当然和陆小曼熟识，舅舅和妈妈小时候还跟着外婆到陆小曼那里拜年，但大人不对我们小孩子说这些事，大人之间说起"六小妹"我也听不懂。外婆现在还在世，不久前还出席良友回归主题展。老人家还是旧貌依稀。

按照《天下良友》作者臧杰的说法，"比及哥哥张沅恒在文化岗位与商业诱惑之间的徘徊，怀揣文化理想的张沅吉本可以成为《良友》画报最有潜质的主编，但造化弄人，他还是被定格在了'末代主编'的位置上。"不过《良友》也使外公以后有机会进入新闻界，在四十年代成为中央社摄影部主任。外公说，解放前夜，国民党对于退守台湾很没有信心，已经在准备进一步外逃，下一步就是往菲律宾撤退。外公已经被派往马尼拉建立中央社的办事处，但外公没有离开上海。解放后，外公依然靠摄影谋生，但早已不碰新闻或者文艺，而是改行医学摄影，专门为医学院拍病例。有时候放射科缺人手，外公也去帮忙拍X光片，冲洗，也算半个放射科的人。由于外公低调的为人，也因为这不惹眼的职业，外公躲过了"反右"、"文革"，尽管抄家归还物资里有一张蒋介石的新闻照片——那是我第一次在漫画之外见到蒋介石的样子。

张沅吉油画作品

绘画是外公的爱好，摄影是外公的职业，但外公最钟爱的是音乐。如果不是欧洲战乱，他已经拿到去波兰的奖学金，准备到华沙去学音乐了。

外公从小喜欢自己抚琴摸弦，成年后拜师一个白俄小提琴家，学会了小提琴和一般乐理，以后又自己学会了中提琴和钢琴，还会吹长笛，大概这些乐器对于聪明的外公来说是一通百通的吧。外公曾经有过两台钢琴，都在战乱中丢失了。外公一直想再有一台自己的钢琴，但由于种种原因，这个心愿一直没有实现，我也从来没有见到过外公弹钢琴的样子。那年我到波士顿，在中心花园（Boston Common）旁看到一家斯坦威钢琴专卖店，便走了进去。我不会弹琴，但抚弄着一台台斯坦威，想象着外公弹琴的样子，徘徊了许久。

但外公拉小提琴和中提琴我是见过的。"文革中"，小提琴是彻底的封资修的东西，外公只有门窗紧闭的时候才能逃遁到音乐的世界里。记得有时还要加弱音器，免得引起革命警惕性过高的邻里的注意。由于江青搞样板戏，在京剧配乐里加西洋乐器，小提琴后来红了，曾经在沪上很是流行过一段时间，擅长小提琴可以躲避上山下乡，这对于知识青年是莫大的吸引。不过外公不肯接教小提琴的事情，也特别看不惯仰前俯合的所谓激情演奏风格。外公拉小提琴时稳若泰山，激情只在音乐中流露出来，最多只是微微摆动头发花白的脑袋，再在最后一个音符时，一点头，然后一扬弓。

外公有几个拉琴的老朋友，外公是他们中最年长的，他们都叫他张兄。实际上，他们中还有一个"张兄"，名叫张撷诚，他是上海歌剧院的首席小提琴。但他比外公还是年轻，所以外公称他撷弟，他称外公张兄。至于其他人，尤其是年纪更轻的，那就此张兄彼张兄一笔糊涂账了。老朋友中还有一个医生，还有一个中学老师，也在工人文化宫乐队里拉琴，还有其他几个朋友。后来又加入了一个年轻人，绝技是修小提琴，后来还自己做小提琴。

在那万马齐喑的年代，他们几个人时不时聚在一起，有几个人就拉几重奏，拉四重奏的时候多一点。有时多一个人，就拉五重奏。四重奏也不好办，没有拉大提琴的。那么大一个大提琴，在拥挤的公共汽车上不好带，在那个年代也容易招引不必要的注意，所以外公和朋友们的四重奏常常是两个小提琴、两个中提琴，一个中提琴就要拉大提琴的部分；或者三个小提琴、一个中提琴，那中提琴拉大提琴的部分，一个小提琴拉中提琴的部分。四重奏里小提琴是最漂亮的部分，记得外公总是拉中提琴，自嘲只有拉"苦恼嘀嗒"的部分的份。

弦乐五重奏的谱子不多，多的是钢琴弦乐五重奏，要是五个人来，没有钢琴，那五重奏就不大好办了。手头上有的三重奏、四重奏谱子也不够他们拉的。外公退休后，一大乐趣就是改编乐曲。莫扎特、巴赫、贝多芬、勃拉姆斯，什么乐曲都改编，要改编成他们几个老朋友自己能拉的。外公对于古典音乐是彻底的自娱派，没有什么学院派的禁忌，只是出于自力更生的不得已。他就用自己早年学的乐理知识，把本来的三重奏改成四重奏，四重奏改成五重奏。张撷诚在"文革"中曾把歌曲《萨里哈最听毛主席的话》改编成中提琴曲，记得最早的草稿就是拿到外公这里来的，第一份正式的乐谱也是外公帮着誊写的，后来还改编成四重奏，老朋友之间自己拉着玩。外公会绘画，抄写五线谱自然是小菜一碟，漂亮、工整，再加上改编乐谱的本事，这差事非他莫属。外公把钢笔尖斜剪一小刀，笔尖就像莫扎特时代的鹅毛笔一样了，抄写乐谱正合适。没有五线谱纸是一个麻烦。开始的时候自己画线，后来请人用油印机印，到"文革"末期总算有五线谱纸卖了，这才解决了这个问题，到福州路文艺用品商店买五线谱纸自然就是我的事。

老朋友都或多或少沾一点"资产阶级反动学术权威"的边，只有在斗私批修之余，偷偷到外公这里来过一把小瘾。不管有几个人来，外公总有合适的谱子拿上来，几个老朋友就苦海余生没事偷着乐。要不是配合世博新建的地下剧场，现在记得文化广场的人恐怕不多了。在万马齐喑的"文革"年代，这里是激荡着"时代最强音"的地方。在离这里不远的永嘉路一个弄堂的深处，从紧闭的窗里透出幽幽的巴赫或者莫扎特，那就是外公和老朋友们了。记得他们每一段时期有一定的"作业"，这一段集中拉巴赫，下一段集中拉勃拉姆斯。老朋友之间自己对音乐的结构、意境做分析，然后自得其乐用弓和弦诠释一番，然后大家相对轻声一笑，没有名利，只有享受。我一定是听他们演奏最多的听众了，记得他们最喜欢巴赫，但我更喜欢柴可夫斯基的《如歌的行板》，好歹有一个调，哪像巴赫，吱咕嘎咕的，多烦人。

多年后，粉碎"四人帮"了，春暖花开了，田头的高音喇叭里传出海顿的《第一弦乐四重奏》，咦，这不是外公和老朋友们拉过的吗？那一刻，好像头脑里的开关突然拨动了一下,从此我也爱上了古典音乐,尽管依然是坚定的动耳不动手的爱乐派。不过外公喜欢小巧玲珑的乐曲,尤其是独奏和室内乐。这一方面是他可以自己或者和朋友一起赏玩,另一方面也是他个性不喜欢恢弘张扬的缘故。受到外公影响,我在很长一段时间里主要听小提琴,后来才喜欢上钢琴和歌剧。受外公的影响,我对奏鸣曲和交响曲的热情相对提不起来,但对协奏曲一直情有独钟,外公对此不以为然。

其实搞乐队的事情外公早就干过。四十年代的时候,外公自己拉起一个五重奏小乐队,在上海的饭店、酒吧、俱乐部里演奏,其中的两个成员是李德伦和黄贻钧,李德伦拉大提琴,黄贻钧吹黑管,外公自己弹钢琴。后来乐队越拉越大,组织起中华青年交响乐团,里面就有医生老朋友,张撷诚则是首席小提琴,外公自己则担任指挥。乐团曾经给马思聪伴奏,不知道是不是《思乡曲》。外公特别推崇马思聪和他的《思乡曲》。

在外公的音乐生涯里,指挥一定是最短的一段时间了。但改革开放初期,一个年轻的远亲小辈专业学习指挥,还出国深造,多次到外公这里来讨教指挥艺术,我也跟着好玩,比划过几下一二三四。其实这时外公放下指挥棒已经五十年了。外公对卡拉扬的指挥风格推崇备至,但对小泽征尔不大感冒,说到底,外公还是认定激情应该在音乐中体现,而不是肢体动作。外公在五十年代看到过哈恰图良的指挥,这是《马刀舞》的作曲家。外公说哈恰图良的指挥像炮兵开炮一样,雄壮干脆,但看着有点斯文扫地。

在不拉琴或者改编乐谱的时候,外公就开始编写《世界小提琴家画传》。不知道是从良友时代还是中央社时代开始,外公就注意收集世界小提琴演奏家的资料,还利用照相室的便利条件,翻拍和冲印了一些珍贵的照片,作为插图。老照片过于模糊的话,外公就操起画笔,勾描一幅插图。有一个做外科医生的琴友给了他一把报废的手术刀,依然异常锋利,外公就用它裁剪照片,精心贴图。我一定是这本书的第一个也是唯一的读者,帕格尼尼、克莱斯勒、约希姆、奥厄、海菲兹、梅纽因、斯特恩、柯冈、奥伊斯特拉赫,这些名字都是从这里看到的。在外公的笔下,他们的演奏似乎活了起来,我能够听到海菲兹的疾风暴雨,梅纽因的精雕细琢,斯特恩的甘醇雨露,奥伊斯特拉赫的雄浑厚远。改革开放之后,郑京和、安妮·索菲-穆特的演奏也能听到了,但外公没有再增补,现在手稿都不知道在什么地方了。

《世界小提琴家画传》的另一部分是小提琴,从这里,我知道了阿玛蒂创造性地采用了高弧度的面板,使小提琴音质甜美;知道了斯特拉蒂瓦利确立小提琴形制,把小提琴制作艺术推到顶峰,至今无人企及;知道了戈乃利的小提琴比斯特拉蒂瓦利还要珍稀。那年去意大利,特地绕道到了克莱蒙纳，在斯特拉蒂瓦利博物馆里徜徉时，在一把一把的古琴上，我看到的都是外公的身影。外公其实想过教我小提琴，但我对看琴比拉琴的兴趣更大，大概我这工科男的秉性在还不知道工科文科的时候已经发芽了。外公从不强迫小辈学什么，于是就给我讲解小提琴的制作，面板的弧度、琴孔的大小和位置、琴桥的质地和位置、胶水和琴漆的调配。在阳光下，教我欣赏琴背的虎皮斑纹，还有木质结构在清漆下像晶粒一样的闪烁。外公说，高明的小提琴制作师会把小提琴做好胶好，自己拉一拉，然后拆开，根据音质在这里浅浅地削一刀，那里轻轻地刮一刀，就这样化腐朽为神奇，听得我也把自己想象成提琴大师，想妙手造音了。当然，任何大师都是要从动手开始的，于是世界上又多了一个只动口不动手的潜在大师。

外公的资料大多数是英文的。说起来，外公没有正经学过英文，都是自己学的。"文革"后期政治气候有所松动，海外关系可以恢复通信，正好朋友的亲友从美国寄来一批过期的《国家地理杂志》，借给外公，外公就给我讲解杂志上世界各地的风土人情。这是我第一次看到中国以外的世界是什么样的。图书馆里的英文书籍也"解禁"了，外公借来不知道哪一年的《大英百科全书》，挑一些段落给我讲解。我对有图的部分感兴趣，最感兴趣的是飞机汽车火车，对艺术的这个派那个派不大感冒，外公只好耐着性子给我一张张图讲解那些其实对他也陌生的钢铁玩意。惊奇的是，外公还自学了法语。这大概是他要研究法国绘画的缘故，也或许是准备去波兰学音乐的时候学的，战前欧洲学院派的艺术教育大多是用法文的。在抗战逃难路途中，路经越南河内，外公就志愿充当法语翻译，最后带一船人顺利地穿过越南，到达昆明。

改革开放后，老朋友的空闲时间少了，外公的肩膀也开始生长骨刺，拉琴的时候很是痛苦，于是慢慢放弃这一毕生最爱，转而重新拾起放下多年的旧爱好：金石。外公买来一堆便宜的图章石，刻起图章来了。外公最推崇吴昌硕，喜欢古朴写意。小图章刻得不过瘾，就刻大的；图章刻得不过瘾，再刻边款。自己刻不算，还给朋友刻。后来索性刻砚台了。五毛钱的学生砚台被外公左一刀、右一刀，花鸟虫鱼就跃然浮现，然后在背面勾上篆字铭文，一个艺术品就诞生了。外公给我刻过好几个，我不懂得珍惜，上学写毛笔字的时候照用不误，搬过几次家后，现在都找不到了。自从学了油画，外公就对国画有点成见，对徐悲鸿画马，吴冠中、林风眠的中西结合痛心疾首，但这时似乎不再那么偏激了，重拾旧艺，偶尔也勾几笔国画，荷叶蝌蚪放牛娃，翠竹飞鸟水仙花，淡墨淡彩，很有情趣。

外公是多才多艺的，但我从外公那里只学了一点摄影。外公教我，拍照不能就这么看，要把风景或者人物想象成一幅画来看，用手指围成一个画框，前后左右像取景一样比划着看。不是先拍了再说，而是心里已经有了一个画面，然后用手指画框和实际比较一下，再拍照。这在胶卷时代很重要，一张照片恨不得当成两张拍，不像现在用数码，可以广种薄收。但另一方面，出于新闻摄影的老习惯，外公教我拍照的手脚要快，抓住关键时刻就按快门，不要瞻前顾后，老想着是不是换一个角度更好。要相信感觉。

我对建筑的爱好也是外公那里来的。外公给我解释多立克、科林斯和爱奥尼克柱式，拜占庭、哥特式和巴洛克、洛可可，带我到豫园里，给我讲飞檐斗拱照壁花窗，太湖石、假山、池塘、水榭，曲径通幽、步移景易，给我讲自由式的英国花园和规整美的法国花园。

在生活中，外公要求很低，崇尚俭朴，对身外之物看得很淡。他平日最喜欢逛的地方是旧货摊，华亭路和淮海路旧货商店（在淮海路成都路那里，曾经是上海最大的旧货商店）是常客了。淘到一点廉价而又精美的艺术品，那就像挖到一桶金一样高兴。外公收藏了很多"不值钱"的东西，有几幅不知名画家的油画，估计是旧上海外国人留下来的；有一些唐三彩的陶女俑和马；还有一对黑木雕的马头，被我带到加拿大来了。外公还收集过银质餐具，但即使在旧货摊上也要价太高，所以收集得不多，凑不成全套餐具。

张沅吉在金陵女子大学拍摄的新闻照片

外公对小孩那是宠爱有加，平生最恨之事就是看到人家打小孩。表弟（舅舅的儿子）小时候有点淘，有时外公实在气不过了，就按住脚挠脚底板，这就是最严厉的体罚了。"文革"时代人们的戾气重，街上大吵大闹甚至大打出手那是常事，有时大人就打小孩出气。这时平日温文儒雅的外公候就像变了一个人一样，像愤怒的狮子一样冲过去拉住打小孩的人，甚至不惜和人家拉扯冲撞，旁人拉也拉不住。我们一起上街的时候，最希望的就是今天不要撞上有人打小孩，外公毕竟一介文人，和莽汉冲撞起来后果难料。外公喜欢小孩子，可惜我女儿在加拿大出生，一岁的那年，外公去世了。妈妈说，外公在医院里，还怀揣着重外孙女的照片。

"文革"后，我忙着考大学、读研究生、谈恋爱、出国，和外公在一起的时间少了，但一有机会，还是经常去看望他老人家。外公很早开始就每年给自己拍一张"年度照",这就是我的事情了。外公似乎永远是那个样子,不显老,很短的短发灰白,但不是满头银发,额角上有一个胎记。不知道哪年上海曾经有过加拿大风景画展,我把外公的展览资料剪贴成册,我自己都忘记这事了,外公还记得。我先出国到了加拿大,妻子在外公那里看到这本剪贴的画册,外公说,这就是缘分,难怪我到了加拿大。

外公走的时候,我在加拿大读书。那天在系里拷贝资料,顺便从信箱里把信拿出来。一边拷贝一边拆信,但怎么看不懂?那是在美国的外公小妹妹张蓉桢的女儿的来信,要我先不要对她母亲说起外公的事。外公什么事?看了好几遍,才意识到不愿意承认的现实:外公去世了。那时刻,我的眼前一片空虚,时间好像停止,呼吸也不会了。记得外公说过,莫扎特最了不起的音乐是《安魂曲》,我马上冲了出去,走了很多路,买了一张《安魂曲》的CD。凄厉的音乐在黑暗中激越,悲痛的心灵在空虚中挣扎,我只有用莫扎特的乐声为外公送行了。这以后,这张CD成为禁忌,只有家中有亲人故去的时候,才拿出来放。

女儿小的时候,我们就送她学钢琴。现在女儿已经大学三年级了,钢琴就静静地留在家中。我有时想,哪天退休了,有时间了,我也学学钢琴。音乐是天堂的语言,我们从音乐中感受到天堂,或许天堂也能从音乐中感受到我们?我要弹巴赫、肖邦,要弹贝多芬、莫扎特,或许能借音乐的力量,让外公在天堂听到我的声音:外公,我想你!

1987年赵家璧在家中

1985年马国亮赵家璧的26通信

赵修慧 编辑整理

（一）

家璧兄：

先恭贺合府新年大吉。

日前奉上一文想已得收，同时附去稿费收据，谅亦得阅。稿费共450港币，现存弟处，以备兄派用场。

郭小丹（注1）亦已来信，提及托此间良友代售重版良友的条件矣。

寄来两稿——《内山》及《日记》（注2）前者已由《新晚报》取用，后者亦已由《文汇报》备刊，勿念。

传闻国内现容许私人办出版社，并有人业已成立此机构，且聘兄当顾问。有此事否？望见告。有人似计划看看能否合作搞些出版云。

前信关于良友情况（注3），切勿对任何人提及，福强与国内有千丝万缕关系，若传到他耳里，发生误会，便不大妥当了。

匆达，祝年喜

国亮

1985年1月3日

注1：时任上海图书公司副总经理。

注2：赵家璧撰《内山书店两兄弟》及《谈写日记》两文。

注3：《良友》于1984年6月由伍联德之子伍福强在香港再度复刊，并聘在上海时期《良友》任总编辑的马国亮为顾问，马国亮在当年12月27日给赵家璧的信中，对总编辑兼社长的伍福强以及执行编辑古剑颇有微词，并说"目前良友的编辑方针，其实是没有方针"。

（二）

国亮兄：

一封长信未复，今天又收到一信非常感谢。刊在《良友画报》上的拙作，不过是二千字，你们送我HK$250元，实在有些不好意思接受。文章内容仅是史料汇述，如此高酬，只能说明是"老良友"的面子，拜领谢谢！《文汇报》是83年11月的稿酬，我已记不起来是哪篇文章。83年10月份，我收到过该报190元港币稿酬，是《徐志摩全集序》，已由商务印书馆代领，由广州中商办事处汇我，47.50元人民币。我已靠自己的劳动成了拥有450港币的富翁。今天来信，听说《内山》和《日记》都有了出路，这全靠你的协助，昨天又寄你《郁达夫受冤记》不知能收到否？你也是个忙人，如此麻烦，实感歉意。谊在老友，当能见谅。

关于贵报，我你所见相同。现在我们都非第一线人员，你是顾问，我也当了五六处的顾问，但你还是实质顾问，我是完全虚名，目前仅拿130元的退休金，文革后期被迫退休，曾向上级反应（映），至今尚未落实政策。这些是我的心里话，也仅可对你一谈，好在余年不多，能安度晚年，也不去拼命争权夺利，混得过去就算了（上海社会最近副食品涨价，群众很有烦言，可能是改革途中不可避免的一个过程，希望就能稳定下来）。我从日本返沪，就有人告我，外传我将恢复"良友"，我一笑置之。后来居然有一位老干部坐了汽车，带了两位中年来舍访问，说现在已组成班子，集得资金，要用良友图书公司名义，办一私营出版社，请我挂帅，我就把港版《良友画报》版权页给他们看，我说："良友是伍联德所创办，现在已由其子伍福强在香港恢复，画报早已出了半年，你们要办出版社尽可去办（实际上，私营出版社和私营报刊，仍在禁止之列，宣传战线，将来也绝对不会容许私人插手的，此点我敢保证），但良友牌号决不能用，至于我，仅想在家看看书，写写回忆录，参加一些力所能及的社会活动，决不出头露面，再去打天下了。"他们看到画报，只好连声道谢而去，我便一有机会就向外声明，绝无此事。想不到这一谣传，竟飞往香港，来信提及，非常感谢，请代向有关各方，郑重声明，决无此事！

最近北京作协代表大会结束，中央提出彻底纠"左"，创作自由，文艺界朋友认为文艺工作的黄金时代到来了！这大约也是国际形势、经济开放、政治稳定、农业丰收等一串好事下产生的必然结果。我这次未去北京参加，但心中同样感到无比兴奋。

看到你们一家三代的彩色照，全家人都说

好,我们在新年伊始,祝你们全家健康快乐!

常子(注1)发胖了,简直和在沪时像两个人,可见港地生活优于上海。

附寄发表在84年12月17日上海《文汇报》上,一篇访日印象。出版周期在香港不成问题,你看看,如不合港刊,就丢入纸篓可也。邮寄失落的一篇有关叶圣陶一文,将重抄后另寄,那篇倒有些内容。师陀事,我将按尊意(注2),暂不动笔(也很难写),但将复古剑一信,否则不合礼貌,我你心里话,当然不对别人言,请放心。存款请先扣除欠常子的,再给我便中买双addida(注3)鞋和英国烟丝。

谢谢!祝

新年好

家璧

1985年1月10日

郭小丹最近患病,刚上班,我在帮他编《良友合订本》出售前做广告用的样本,将插入样报二十面,日内将来商量。成本未算出,有些事还要等一下。由郭去信给你。又及。

注1:马常子,马国亮之女。
注2:师陀(1910-1988),原名王长简,作家。历任上海苏联广播电台编辑、上海文华电影制片公司特约编剧、上海出版公司总编辑、上海电影剧本创作所编剧。著有短篇小说集《谷》,长篇小说《结婚》《马兰》。马国亮1984年12月27日致赵家璧的信中,认为师陀在

香港名声不够大,建议赵不必着急为师陀写作者介绍。

注3:为adidas之笔误。后文多次出现。

(三)

家璧兄:

寄来"郁达夫"一稿,已得收。此稿看来只能发去大公、文汇或新晚报,而前寄来的三稿均已分别发给该三报,只文汇的"日记"(注1)已刊出,其他尚未有确息。鉴于听说年来他们以国内来稿甚多,疲于应付,因此我拟将"郁"稿缓发。我来港至今,也未给他们投过稿。

"师陀"的稿,请暂缓写,前函已提及,现在看来,甚至可以不写。前天福强授意经理兼副总编陈培生和我长谈,伍认为古剑的编辑方法不很理想,特别是偏重文艺方面。另外,如何充实内容,要我出出主意。因此"师陀"一稿我看以不写为佳。他们认为不宜过多用国内,或介绍国内文艺家的稿,并认为师陀在香港仍不足被香港一般读者所熟悉,即使是爱好文艺的也不一定熟悉他。我怕写了,颇难处理。

福强对古剑的问题还不单是文艺选稿问题,现在提出要我出点主意,我觉得很难办。当然他并没有说打算不用他,但我只是顾问,不好自说自话。所以我提出,必须伍亲自来抓,才较好办。要改革什么,也不能一下子做

得到。我出的主意也不一定合乎香港人的胃口。不过是我至今仍认为,画报内容很不充实,八块钱一本,翻几下便完了。确能使一般读者留下印象的不多。我在国外的老朋友,来信都说,内容不若以前丰富,如果伍确要改善,我必尽力而为,我的主意是否能被接受,或是否能奏效,那是另一个问题了。

还有许多许多写不完的信,就此带住。即祝俪安

国亮
1985年1月14日

郭小丹已来信,已转负责的人。顺及。

注1:赵家璧撰《谈写日记》。

（四）

国亮兄:

来信附新居照片收到,看到你生活工作都很好,为您高兴。我们都已进入暮年,但大家都还想做些事。我在准备再写几本回忆录,香港三联那本仅是一部份,北京范用（注1）约我写《编辑忆旧二集》,倒是个好主意,多谢你答应协助。

《追怀伍联德先生》纪念文章写了七段,一万二千字,完全不谈当时的白色恐怖事件。这一部分,还可写三千字,将补入国内发表的文章中,写伍联德不能不提余汉生先生,这里另列一段,加上几幅良友同人共游松江的珍贵

马国亮送给赵家璧的照片

史料照片,希能采用,如何删节,由兄作主。《大美画报》（注2）史料,我化（花）了极大努力,才从上海图书馆借到全份,拍了许多封面照,当时国共合作,一致抗日,附印国共双方照片,三幅加四幅,请你根据港地情况,决定采用,我无意见。我的愿望是把伍公形象树得更高些,你就看着办吧。文字对画报似乎太长,你可删去一些。为郑重起见,此稿连同照片,托参加全国书展代表团成员、中华书局新任社长钱伯诚先生带到香港亲交给（？注3）联转你。收到希即复。以免挂念。稿请斧正。祝好

赵家璧
1985年2月9日

注1:范用（1923-2010）,先后担任读书出版社桂林、重庆分社经理,人民出版社副社长、副总编辑兼生活·读书·新知三联书店总经理,也是著名杂志人,曾创办了《读书》《新华文摘》。

注2:《大美画报》由美商友邦保险公司主

办，1938年5月开始出版，半月刊，首任主编伍联德，继任主编赵家璧。

注3：原文模糊不清。

（五）

家璧兄：

这一阵子忙得很，早该给你写信拖到现在，此债先复如下。

1．良友画报，内容确不如理想，但要改进，首先要福强狠抓，他目前还看不出有此决心，我只是顾问，不能越俎代庖，十期来已定了型，要改也只能慢慢来。不一定要我挂帅，主要是伍的决心。政治性问题是要极力避免的。海外人士，对"左"仍有看法，何况我们希望打进台湾。

2．关于你的稿件，前函提到的交"新晚报"的，炒冷饭稿，至今未见刊出，大概因是已刊过的原故吧。"日记"已在《文汇》发表，还有一篇（好像是"美国文学丛书"的，或是什么的）已交《大公》，据潘际坰（注1）说没问题，不知已刊出否。这里有报纸69种，看不胜看。每份一元，全看要破产的。因此家里也不经常看大公、文汇之类的报，登出后寄来稿费才知道。还有一篇关于郑伯奇的郁达夫的稿，给一些朋友看了，认为香港读者对此放在心上的几乎没有，而且郁早已过去，除了国内，海外也没有人关心他的牵涉到革命什么的问题，他在抗日时期为国牺牲，这一点已够他流芳百世了，因此，这稿仍搁下。还有一篇关于日本报刊印刷的，香港已不希奇了。

3．运动鞋这里只看到Addoin牌子的，你说的Addida的还未见到。

4．旧良友事，此间的陈培生先生赴沪时曾晤郭小丹同志谈了，交换了情况，大致没有什么问题，不过样本选材，我现在看过多地属于艺术文物之类的东西，代表当时时代性的材料，特别是引起台湾方面的注意和兴趣的东西不多，我看可以酌量加入，将另信给他提供。

5．《命运交响曲》（注2）至今没回音，我离沪前曾给他（注3）去信，我几乎忘了此事，日间得暇将另信话问问，如不能用，拟叫他们先寄存你处如何？

6．我们下月初将迁往"香港九龙花墟道60号三楼"。

匆达，祝春祺

国亮
1985年3月12日

注1：1919年生人，作家，历任《大公报》翻译、编辑，香港《大公报》驻北京记者、评论员，商务印书馆编辑、世界史组组长，时任香港《大公报》编辑部副主任。

注2：马国亮1947年应叶凤灵之邀写的一部长篇小说，写抗战时期一群青年从香港及东南亚逃亡到桂林的故事。小说曾在《星岛日报》上连载，报纸剪贴本后成为马国亮在"文革"中的一大罪证，"文革"结束后赵家璧向广西人

民出版社推荐此部小说，并最终得以出版。

注3：广西人民出版社（后改为广西漓江出版社）的廖玉桦，后任至副社长。

（六）

家璧兄：

前函谅达。文汇、大公两报，刊出大作的稿酬共二百五十元，都是已代存，现将剪报寄上。

上次你曾来信，谈及有人拟请你筹办良友画报，我们很想知道这些人是谁，望见告。

明年为"良友"创刊六十周年，我们要专纪念特辑。你说的写伍联德的文章，正好在此时编进也。匆达，祝俪安

国亮
1985年3月27日

我们下周迁居，以后来信请寄：香港九龙花墟道60号三楼。

（七）

国亮兄：

祝贺你乔迁之喜！港地屋租昂贵。你一定搬了一个更舒适的地方。我家二楼后间十多平方米的邻居所用房，经过两年努力，本月起也归还我了，房租加五元余。两个地方、两个世界，是无法相比的。

昨天收到一大包剪报和稿费收据等，既谢且愧，你在港交际、生活、写作如此忙碌，还要帮我办这类琐碎杂事，实在过意不去，现在总算有了几百元港币，请把前欠还常子，尚余多少，请便中赐知，我还在抽常子过去带回的纸包装英国板烟edgeworth，最近已抽光了，如有便人托带十包，谢谢。

我昨天找旧照相簿，发现三十年代良友同事十余人到松江游玩的留影六七幅，可惜其中没有伍联德和你，有一张是梁得所、陈炳洪、谢志理和我四人合影（当时是四个杂志的编辑），另有一幅我和余汉生合影，团体活动照片中有曹伯、伍联英等，这些生活照片，说明当时我和良友的同事，相处得很和洽的。我准备好好地写一篇《怀念伍联德先生》的纪念文章，可写五六千字，如果今年香港纪念良友六十周年，我的文章也可在北京《新文学史料》上发表。中国百科全书《新闻、出版》卷内，解放前仅有几家大出版社占有条目，如商务、中华、生活、开明等，良友图书公司也列在其内。我的文章写好后当寄你审阅。是否可附插画照片，请事先告我。我这里有良友双开间门市部照片一幅。虽是翻版，极为难得。你们需要否？

你问我谁想约我恢复《良友画报》，这是你弄错了。去年秋天有华东师大中文系的一位老革命干部（王鲁彦夫人，曾任系主任，姓……）坐了汽车，带了两个中青年，来舍约我挂帅恢复良友图书公司，说经费有、班底也有。你知道我怎么会上这个当。创作可自由，

出版不可能自由，私人可开店做生意，但同人出版社、同人刊物至今还未听见。我现在仅仅想把回忆录写下去，把编辑出版走过的足迹，留下供后人作史料参考，我已七十有八，子孙满堂，日子可以混过去，别无他求了。你的回忆良友文章写得很真实客观，也给我很多启发。

本月十日，中国出版研究会（第二届）在四川峨嵋山举行，我将于七日飞成都，会期十天，归途将重游重庆，再坐船沿长江三峡到汉口，再飞回上海。我身体尚健，乘此机会，也去游山玩水一番！

你的太太、小姐、小孙女都好吗？你送我的合家欢放在写字台玻璃板下，可说日夜和你相见的。祝

阖家快乐

家璧
1985年4月4日

介绍商务、中华、三联、文化生活、开明等出版社史料。我拟将你所写《忆良友》一文全部转载，另用一个题目，叫《良友图书公司六十年》，刊于下期《出版史料》，我昨天已挂号寄你该刊三册，你如同意，来信即可交该刊付排。我已托小丹将大作复印一全份。如有改动之处，请早日告我。这也算是我为良友的六十寿辰，应做的一件小事。

如有伍联德先生的个人照片或手迹之类，希寄我几幅，俾作插画。此事也可征求福强同意。

我近来的身体不很好，时感疲乏，医生要我休息，少动脑力。所以原拟写的一篇纪念伍公文章，暂时未能动笔。即颂

著安

家璧
1985年5月15日

注1：实为次年。

（八）

国亮兄：

我上月去四川成都开会，最近的才返沪。

郭小丹所编广告样本，前天送来给我看。很好。如能出版，那就可给《良友画报》赋予新生命了，今年（注1）是良友创办六十周年，能把画报重印发行，亦一大盛事！

上海出版工作者协会办有《出版史料》季刊一种，我也参予（与）其事，已出三期，曾

（九）

家璧兄：

月来较忙，久未去信，请谅。最近来信得接，《出版史料》三册也收到，这个刊物早该出版了。自民国以来有多少出版的史料，趁许多人还在，可以写出来，现在才出版，虽然也是亡羊补牢，却已损失不少了。

你说要转载的拙作，是否在良友每期登刊

的"良友忆旧录"？此文还未写完，不知你怎么转载。已刊的各期，似乎有些可以增改。不过目前没工夫细心重读，大的错漏大概也没有，如要转刊，任由老兄做主就是。《良友图书公司六十年》题目太乏味、官样味，我看就写《良友六十年》吧。过去人们都是统称"良友"的，这样可少些（？注1）的味道。

影印良友宣传事，郭小丹催促我们多次。宣传稿没早给他，主要是他们价钱一改再改，由1500元陆续加至最近的2400元，初时我们打算把价钱、预约等都印在宣传品上，现在我们根据国内他们的做法，价目不印样本上，将来另印夹入。另外原因是伍福强最近的出门的时间较多，稿样需等他审阅。时间便拖长了。合作当然还是手续上大家签个约，还有一些细则要面谈。郭寄来的经销草约似乎简单了一些。现伍已定下月（六月）初和我并另一负责发行的同事到广州和郭相晤并面谈。希望这次能圆满解决。我们对这工作很有兴趣，也尽力搞好，只要国内有了一定出版的决定就好办。以前郭说过，要有一定预约数字，才能决定的是否印刷。国内收了预约，倘不够数，退回预约，没有问题，反正双方都是国家的。香港则不然，如收了预约不出版，退回预约款当然没有官司好打，但因此影响信誉。因为我们要等国内明确出版数才敢宣传，现在国内发函只预约，不公开登广告，这对我们用香港良友的名义出版有利。因为我们希望在台湾打出一些销路，台湾对这些问题十分的敏感。即使用香港良友名义出版，若国内也公开的登报，台湾方面见了，就会知道我们在玩什么手法，就不妥当。虽然现在还不能保证台湾对香港良友有什么看法。当然我们的推销对象，不仅限于台湾。

这几天我设法去替你买Addidas的运动鞋，买到了将请郭小丹带给你。

今天曾打电话给郭小丹，他刚不在店。我请接电话的人请他今或明晚给我回电话，以便明确他下月初是否能来广州。

你说近常感到疲倦，我们上了年纪，精力差些自是意中。应该注意一下节约体力。你经常东奔西跑开会，壮年人也吃不消，有此必要吗？

匆上，即祝俪安

国亮

1985年5月25日

怀念伍联德的文章等可以慢慢写，打算明年六十周年（二月份）特刊上刊出，较有意义。

注1：原文模糊不清。

（十）

家璧兄：

在广州与郭小丹同志相晤，交换对旧良友影印问题的意见，谈判融洽。

托他带上Addidas运动鞋一双。Edgeworth烟丝五包，Addidas是德国产品，价钱也比其他的日本牌贵……

……要买什么请随时见示，只是要等有人肯带才能奉上。寄去，什么时候都得打税，很不花算（划算）。

听说你身体不太好，我看你应少活动，这是社会方面和工作方面的；同时也该多活动，这是锻炼方面的。另外的要控制饮食，过胖对任何人都是不好的。

我近日较忙，良友翻印事主要由我管，接着就要进行60周年纪念的杂（注1）工了。祝

双安

国亮

1985年6月12日

注1：原文模糊不清。

（十一）

国亮兄：

郭小丹从广州回来，带来了你托他交我的老牌Addida旅游鞋一双，Edgeworth板烟丝五包，非常感谢。我一直认为addida是美国货，最近我小儿子去美国，也未买到，谁知是德国产品呢。昨天收到你的来信，知道了东西的价值，和留存你处一点稿费的情况，你事情很忙，这些琐事还要打扰你，很是抱歉。

《良友画报》合订本海外经销事，据说已谈判妥协，值得高兴。希望它能早日出版，畅销海内外。

我从四川返沪，身体一度疲累，经服中西药治疗，已逐渐恢复健康，你劝我的几句话完全对。现在每天上公园锻炼，社会活动少参加，但写作是我精神寄托之所，还是要量力而行，不能中断。香港三联约我出本集子，是杜渐先生（注1）来信联系的，正在编写中。在港报发表的几篇都将收入，书名就定为《书比人长寿》。争取年内能出版。

即颂

编安

家璧

1985年6月19日

注1：杜渐原名李文健，中国作家协会会员。1935年生于香港，历任香港《大公报》《新晚报》编辑，香港《开卷》《读者良友》《科学与科幻》杂志主编，香港三联书店特约编辑。

（十二）

家璧兄：

今年初，林海音（注1）先后寄给我十多本书，她自己、她丈夫、女儿们、女婿们写的，都有文才，真是文学世家。其中有一本就是你说要的《剪影话文坛》，去年才出版的。我大致看了。内容虽是记述或速写文坛活跃的作家约二百人，我知道或认识的只有十多人。写的全是在台湾的新老作家。内容虽不以反共

为目的，但行文是常带反共意识的。又是台湾出版的书，怕不容易寄进来。你先想个能保证到达的办法，才给你买。这书是买得到的。另外还有一本林海音的女儿夏祖丽写的《握笔的人》，写当代作家十四人，其中也有谢冰莹和苏雪林。谢文后面还附有她的著作书目，包括36年良友出版的"女兵自传"，这书里面也有不少反共词句的，如果你需要也可设法给你买来。但先要解决如何带进。

我曾去信广西人民出版社，问《命运交响曲》情况，一名廖玉桦的回信说，早已列入题材计划，因不知我地址，故未及早和我联系云。信中又说"现已由编辑送审，大概下月可付排"云云，既是正在送审，又说下月付排实在不懂。知（？注2）。顺及

　　祝俪安

　　　　　　　　国亮
　　　　　　　　1985年7月10日

近来的颇忙：一是影印本，二是60周年都主要由我负责。

这是运动鞋收据，前信忘记附上。鞋合穿吗？

注1：林海音（1918—2001），原名林含英，小名英子。作家。曾主持《联合报》副刊十年。她创作丰厚，出版了十八本书。小说《城南旧事》曾改编成电影。

注2：此处模糊不清。

（十三）

国亮兄：

　　最近纪念抗战四十周年，把国民党正面抗日的英雄也列入了，你的长篇小说更有出版的价值。我又去信黄刚和廖玉桦催问，昨得廖的复信说："首先感谢您为我们推荐一部有特色的好作品，该稿目前正在送审，估计不会有问题，一待通过，便可发排。"但出版社已改名为漓江出版社（专出文艺书）。同时约我为此书写一序文。我想届时你如能提供一些参考资料，也是老朋友义不容辞的事。此书《命运交响曲》我最近在新书目录中看到过同一书名，待调查清楚后再和你函商。一稿压了三十余年才有与读者见面的一天，也可说是奇事，也是幸事！

我最近写了一篇短文，国内反应很好，寄你阅，能在港找一出路否？谢谢。

你写梁得所离开良友内幕，我是第一次知道。

　　祝健康

　　　　　　　　家璧
　　　　　　　　1985年8月19日

（十四）

家璧兄：

　　林海音自台来港会亲，第二天我接到她电话，到旅馆看她，相见甚欢。她携来她的许多

作品送我，我看大都早给我寄过了，我只向她讨了一本《文坛剪影录》，说明是你要的。后来我请她吃饭，她告诉我，在三联书店买了你的一本《编辑忆旧》。她已于19日返台，她健谈、坦率，不过我们都不谈政治。她对大陆仍有看法。

《文坛剪影录》如何给你？邮寄不大放心。

旧良友影印书，此间正为推销事进行。我们一则担心定价太贵。此间出版的大型画册如故宫精品选之类，全书二、三百页，绝大部份彩色，也不过每册二百多元。（读者文摘、商务之类出版）。二则担心不能如期出货。以香港名义出版，拖延是不可思议的，书业人说，出这样一套书要两年出齐，周期性也太长了。我们哑子吃黄连也。

近况如何？念念。香港是全世界中心，终日送往迎来疲于奔命！祝暑安

国亮
1985年8月21日

（十五）

家璧兄：

日前得大公报潘际坰电告，《四世》一稿转载有困难，因到底与首次刊登的不同云云。上周接漓江出版社廖玉桦来信，提到请你为拙作写序，我已去信表示赞同，只要不是强要你捧场，我是高兴的。

我有什么资料可提供给你呢？当时候你也在桂林，对当地的情况也极熟悉。我曾回信给廖玉桦，提到当时候写此书的动机，是因为战后许多人写了不少关于抗战中可歌可泣的作品，但对于当时国统区的大后方，无论桂林、贵阳、昆明、重庆都与抗战脱节，国民党不肯也不敢动员人民，而人民却在过着苦闷的生活，我借身边几个报国无门，却不得不为个人生存挣扎的青年人的遭遇，写出当年国统区大后方的真实现象，是历史上另一面的真实。桂林是个很典型的地方，有能力的人拼命发国难财。一般老百姓只在挣扎图存。特务横行，拉壮丁……这都是当时我见到的，有朋友遭遇到的真实，暴露在理应卫国同心协力的反常的另一面，如此而已。其实这情况你都了解，你也身在其中，用不着我啰苏了。

影印良友，我们急候一套Dummy作摄影宣传用，据郭小丹来信说，封面设计的范一辛避暑去了，封面尚未设计出，我们一切无从进行。

近日极忙，香港是世界中心，送往迎来每周常有二、三次。

祝好

国亮
（注1）

注1：*此信复印件缺损，时间缺失。按事件逻辑推断，当是后信中赵家璧所言"8月24日来信"。*

（十六）

国亮兄：

　　得8月24日来信，你既同意我为你书前说几句话。我便去信廖玉桦，催促他即日发稿，并表示愿为该书写序，但要求他将全书清样寄我一份，作写序时参考。昨天收到廖8月30日一封信说"如今国亮先生之大作已经发稿，敝社想请您给写一篇序"，可见我复他的前信尚未收到，而你的大作已审阅通过，发了稿。这是个好消息，埋没多年来的大作，终于有了重见天日（不，第一次和广大读者见面的机会），特此去信向你祝贺。序文写就，当然寄你过目，但是我你深交半个世纪，要说的话太多，正担心不知从何处说起。好在时间还充余（裕），我要他们半年内出书。序文可以最后付排，到时再和你商量。廖信中不幸说到我最初和该社联系此稿的周刚同志，已于去年春节离世。将来序文中要提他一提。

　　来信说到你已为我弄到一本林海音作的那本书，请你即寄上海市出版局吉少甫同志转我。据吉说，可以保证收到，挂号如可以，请寄挂号，谢谢。

　　我在写一篇专文《老舍与我》，谈到抗战胜利返沪后，老舍资助我办晨光，文中势必谈到"良友复兴"孤岛末期，袁仰安（注1）企图拉我（还有陈炳洪）（注2）下水，把《良友画报》出卖给日寇的事，以致胜利后，我拒绝再与这个出卖朋友的人合作，因此良友复兴于1946年5月间无形停业。这些事，我曾告诉过你，我想你是会理解和同情我的。我的第三本回忆录（注3）中将把这些经过，不指名地写进去。我要请你打听，这位袁大律师在香港的近况如何？本来搞电影，现在还出头露面否？我不指名道姓，读者也不会知道是谁。我认为这段历史应当写下来。尊意如何？请你这个老朋友谈点个人看法，帮我解决这个思想问题。

　　你在港版《良友》上写的《忆良友》，我认为富有史料价值，关于梁得所后期脱离良友办大众的事，写得很具体，很有感情，得所之死实在是死于黄式康之手，真是一幕悲剧。那位包天笑的女儿（注4）也不知那（哪）里去了？

　　良友在中国出版史上，已被肯定为占有一定地位，做出过不少贡献，所以中国大百科全书《新闻出版卷》内，解放前的出版机构作为单独介绍的辞条中，除商务、中华、开明、生活、光明、文化生活等外，良友也被列入。关于良友的历史，我所知有限，我写的回忆录仅触及文艺书的一角，所以你在画报上写的长篇连载，对研究中国现代出版史者极有价值，所以我已与《出版史料》编辑部讲定1986年将发刊你写的《良友六十年》一文，但是为了适应国内读者，并且要完整地介绍良友公司的全貌，而不是仅从《良友画报》角度写，所以我大胆地把你已发表的全文复印后，重加删节，今天特来征求你的意见,我你二人都是良友和伍联德哺育成长的,凭历史唯物主义观点,实事求是地让国内读者知道,良友创办发展的经过,出版过那(哪)些期刊画报画册等等。你原文中提到有些人物、评论和个人感想等都删了(篇幅所限也是一个原因)。准备一期刊完,约二万字。现将改动章目寄你看看。你如大体同意,将来清样送你自阅。我不给你增加什么。(仅在郑伯奇名下,加一两句话,说他对赵大有帮助。)因为我你今天分处两地,等于两个世界,好在我和你大家都是为宣传良友、宣传伍联德的心是相通的。文章署"马国亮作",请你提不同意见,你的文章等还未结束,暂时至此为止,你如再写到抗战,我将再加几节。文前,可能加个按语,说明大作原刊香港《良友》,因篇幅关系,略有删节以作交代。

我计划中写的一篇回忆伍联德,除了写他如何来光华找我去良友,邵洵美的时代公司如何高价拉我走等历史外,还要写主编《中国学生》时,为刊登复旦皇后张爱拉当舞女照片,因而涉讼,开庭审问,伍为我化凶为无;再写如何支持我从《一角丛书》起,编到《中国新文学大系》等。但对当时白色恐怖对良友、对我、对你的迫害期间,伍如何一边分担责任、一边把我们留下继续工作,支持爱国、主持正义都得写进去,否则就不足以显示他是一位爱国的出版家企业家。这样的文章,我将来要编入第三册回忆录的。但从你来信中看,这样内容的东西香港不欢迎。我就难办了。当然还可以写他和我先后在孤岛时期当过美商《大美画报》编辑,宣传抗日救国。抗战胜利我从重庆返沪后,曾请伍到我家吃饭,良友老同事都来了。此后他去了香港,一直到他离开人世。我对他是感恩的。没有伍,就不会有今天的我。但写成文章,感到困难很多。谊在老友,向你坦白呈辞。请予指正,怎么办?

我一度健康欠佳,最近已恢复。文章在继续写,继续发表。北京的《读书》第七期上有一篇关于《编辑忆旧》的书评,作者是解放后上海出版局长,现任上海社联主席(注5),他的评价有些言过其实。你可以找来看看,也可以了解国内对良友的看法。

你们全家四人的照片一直放在我的玻璃版(板)下,所以是远隔千里、朝夕相见的。此信说的完全是心里话,也不必为外人道,希望你坦率地回我一信。即颂

全家安乐

家璧
1985年9月7日

注1:袁仰安(1905—1994),浙江定海城关人。毕业于东吴大学法学院,曾任上海律师公会负责人,1939年后任上海良友复兴图书公司董事长。

注2:陈炳洪,1927年秋入良友图书公司工作,先后编过电影、体育等刊物,作为大股东的代理人兼任副经理。1939年后任良友复兴图

书公司经理。

注3：即《书比人长寿》。

注4：指包可珍，曾与梁得所相恋。包天笑（1876-1973），初名清柱，又名公毅，字朗孙，笔名天笑。著名报人，小说家。江苏吴县(今苏州)人。1903年到上海，编辑《时报》副刊"余兴"，同时为有正书局编辑《小说时报》《妇女时报》。1919-1921年为文明书局编《小说大观》，1922-1923年为大东书局编辑《星期》周刊。又为《滑稽画报》任文字编辑。1935年，在上海《立报》，继张恨水之后接编《花果山》副刊。

注5：即罗竹风同志。

（十七）

家璧兄：

　　前信刚寄出，才收到你9.7的长信因此来不及答复你的问题。"是不能也，非不为也！"今天又收到9.14的信，现就前一信所提的，谨复如下：

　　拙作幸有你推荐，获得出版机会，首先得感谢你。以前怕没出路，现在有了又怕读者是否能接受。因小说不像散文，要求会更高些，反正豁出去了。我管不了许多，在上海时和我联系的是周刚，给我来信却是廖玉桦，颇感奇怪，读来信始知周已逝世，人生朝露！

　　林海音的书，因想着要寄挂号，比较可靠，而我这里到邮局去有15分钟，路遥（没有交通路线可达），因此迟迟未寄。请稍候一下吧。

　　关于袁仰安，我至今未见此人。据一个昔年曾在香港拍电影的老朋友告诉我，说他离开长城后，曾自己拍片，大概不成功，后来他不甘雌伏，到邵氏公司当经理（即左转右），可是进去以后，大家都对他不卖账，大概当了不久，讨个没趣便出来，从此息影家门，不大出来活动，因此我也没去惹他。不过他倒是当今香港一位高官的丈人。他那个从事芭蕾舞的女儿毛妹，是香港政府政务司长廖本怀的夫人，政务司就是除港督外最高的行政长官。毛妹在港办舞校，在香港之间，共有六、七个分校。关于你写《良友末期》问题，我个人看法，你只要不指名道姓，既是事实，写出也是实事求是，如果只写当时，不写他后来如何如何（即搞电影），读者便不会知道是谁，便更没关系。其实当年他要拉人下水，大可"笔诛"一下，不过存心忠厚，也就饶他一笔罢了，不过在香港，法制的香港如无实据，是可以打官司的，不点名则无问题。

　　另外有个关于陈炳洪的无从证实的消息，说他在解放后被镇压了，我现在已记不起是谁对我说的。至今我还不大相信，因他大概不会在大陆，我还怀疑是"陈晷德"之误，有人说后者是国特，若是就不奇怪。这都是无从证实顺带谈谈而已。（恐怕也永远无法证实。）

　　包可珍与梁分手后，即与当时岭南小学的一位教师结婚，这教师我当时也很熟的，现在记不起他的名字了，教师后来当了好像是广东还是福建的银行行长。如仍在世，现应在台湾。

《忆旧录》在《出版史料》转载我没意见，一切照你计划的办理，只要说明略有删节即可。《良友六十年》为题，不知是否妥当？因现在尚未写完（我也不知什么时候写完），可以肯定的是，我打算写到我离职前后为止，因"复兴公司"的事，我所知不多，不好随便乱说。因此《六十年》便感到偷工减料，你以为如何？

60周年你写与伍联德的交往和你在良友由此展开的工作，很有历史价值，但请勿写当时国共之间，或国民党如何对良友迫害的事实，近期的一篇《忆旧录》，我只写"风风雨雨"，你大概也体会到。60周年专号，我们还打算请台湾的政要题字，能否达到目的，还未可知。你就可以了解了，当然你在国内发表，都可以写上去，但在《良友》发表时，有些东西只能割爱，将来在国内出结集时才补上吧。看完了一本买回来的刊物，内转载了刘宾雁的《我的自白》《第二种忠诚》和《我的日记》，大概你都是读过了。听说这些文章在国内引起了很大的反应。

《读书》第七期的文章早已看过，作者的评价还是不错。良友公司今天能引起人们的注意，是和你的工作分不开的。

李青（注1）的儿子李启元，一直在北京工作，最近来港探亲（他母亲），启元原在香港出生，现在要找寻一切资料，作为旁证。李青曾在香港良友工作，也是其中之一，独惜我们现存的旧《良友》中，都是迁港以前，迁港后出版的《良友》，一本都没有。你如能帮他一点忙，通过郭小丹把迁港后的《良友》任何一期版权页内有李青名字，及该期的封面，影印后寄来，他当感激不尽！

我们期待上海书店弄一套良友的外壳样子，作为拍照后作宣传品用，连去两信，未到（得）郭小丹复，不知何故。我们目前很被动，准备联系代售的都催我们，我们又不好说是上海出版的。很尴尬！

随函附上我们请林海音吃饭的照片。

祝好

国亮

1985年9月17日

廖本怀夫妇应邀将于下月访问京沪等地。

注1：李青，原《良友画报》编辑。1939年后与马国亮等人在香港编辑出版《大地画报》。

（十八）

国亮兄：

前信写得有些急躁，其实后信尚未送到香港，谅谊在老友不会责怪。看到林海音和你们贤夫妇的合影，你们老俩口还是那么健康精神，为你们高兴！香港生活条件远比这里好，那是无可否认的！这里食物涨得凶，"菜篮子"问题家家都是感到为难。但我们都有信心,"7.5"期间会得到好转。

郭小丹去东北京津出差,其中一项任务是购置《良友》合订本封面用布。《良友画报》合订本已在《参考消息》和《出版工作》等内部的刊物上刊出征订广告。既然上级批准,上海书店列入出版计划,出版是没有问题的。样本我已看到,印刷质量可称国内第一,封面设计非常好,实出我意外。你需要的外壳样子拍照,小丹今日电话中说,他已于昨天返沪,立即投入这项工作中去,争取早日给你寄去。李青儿子需要的东西,我已托小丹为你去办,办好由他直接寄你,请你放心。小丹此人作风正派,他要在退休后干一件大事留名千古,他不会半途而废,也不会不负责任的。我在上海,你有什么要求或意见,如不便向他直说,请你告诉我。我一定尽我最大努力,把《良友画报》重印事,作为我对这个哺育我成长的出版机构应尽的一点责任。

你的文章因字数太长,已于前信告诉你删节的办法,分为十二节,篇名复旧,叫《良友忆旧录》,文前写一编者按,对作者略作介绍,并说明因篇幅关系,有删节。准备1986年发刊,一期刊完……(注1)

注1:原信缺损。

(十九)

(注1)

……就到《中华景象》为止也可。如你近期还有新的,等《良友》到了,再增加一节。不用《六十年》,文章就容易做了。

我纪念伍联德文字,最近开了一个头,准备按你的嘱咐,分写两篇,一篇短的给香港,一篇长的,如来得及,和大作同期发表在《出版史料》。我前次告诉你,我相片簿中还有三十年代与良友同事余汉生、梁得所、陈炳洪等在松江、南翔摄的生活照片,你们可用否?另外,我有一幅北四川路良友门市部照片一幅,不十分清楚,但别处……

(注2)

关于袁仰安的情况,感谢你提供的资料,我决不会点名,但拉我下水在先,我拒绝和他合作在后,此中有因果关系,我为对历史负责,对良友公司负责,必须写入我的回忆录中,否则我成为把良友"复兴"了,又把它关掉的罪人了。好在这些都已成为历史,让它留下一笔,好使后人知道,在旧社会要干一些有益的事业,要受多少磨难啊?

关于陈炳洪,我从未听到过解放后受处分之说。那是重庆复旦大学体育主任陈昺德之误。此人确是大特务。炳洪在复兴公司被日寇查封后,他去香港,我和张沅恒去桂林重庆。对陈炳洪国外既有此传说,我将在适当场合,予以说明。阿炳是个大好人,不应让他受到这种误解。你在香港多年,也不知他的下落吗?他大约又回美国去了。

刘宾雁的文章,确实忽然不见了。此人也太狂妄。

………(注3)

注1:此信为赵家璧至马国亮片段,原信缺损。

注2:原信模糊不清,此段旁有"请复!"二字。

注3:原信缺损。

（二十）

……(注1)

我一度健康欠佳,现已恢复,十月十一日将去北京参加中国出版工作者协会主席团会议,在京留至十一月十五日,继续参加第二届会员大会,约十一月下旬返沪。今天抽时间写此长信给你,同时向你告别一个月。你如有急事,可写信到河北涿县煤炭部地质局地震室赵修礼(我的小儿子)转,纪念伍的文章,拟在留京期间写。

漓江出版社的大作已发排,我要他们把清样除寄你自阅外,也寄我一份。我把序文写好,一定先寄你过目。现在政策放宽,序文也好写了。

林海音的著作有空请即寄我,谢谢。祝
全家好

家璧
1985年10月3日

注1:此处缺页。

（二十一）

国亮兄:

郭小丹已返沪,他对事先未向你说明出差东北等地,以致港方函电催问,甚表抱歉。这里办事就是不重时间观念,我也当面批评了小丹。但此人还是有责任感的,返沪后已把工作亲自抓起。据说新近又出了《新民晚报》的事。他要我写信向你说明道歉。你如有什么意见不便对他们提,我可以从中转述。值此六十周年纪念之际,上海书店敢于挑起这副重担,冒一定的风险,重印这套26卷《良友画报》,确非易事,此中挑大梁的就是郭小丹一人,所以我们一方面要全力支持他,另方面,对我们这里流行的病症,只能予以同情和谅解了。

你的大作,已遵命按我删节的十一节,交《出版史料》编辑部准备刊入1986年的第一期。需要伍联德个人照片一幅,请即寄上海绍兴路5号上海市出版局《出版史料》编辑部陈巧孙同志。

我下星期去北京开会,十一月中旬返沪。 即颂
秋安

赵家璧

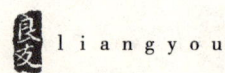

1985年10月9日

（二十二）

家璧兄：

10月三，四两信均得收。听说你要在京写关于伍联德的稿，特赶提供你一些情况，以便你落笔时有所注意。

良友60周年，国内方面我们只请一些艺术界的老朋友题词或作画。至台湾方面，我们却请了一些大头子。最近已收到的有谷正纲（注1）、孔德成（注2）的题词。为什么这样，你自然明白。因此你写文章时，不要涉及任何有关政治的东西，大概你也会看出，良友是以绝对中立的姿态出现的。我们一般在文章上不称"国内"，只说"大陆"，我们希望画报能销进台湾去。

关于郭小丹，我也看出他十分负责，我也明白国内许多事情有时不能个人说了算数。工作拖拉、时间观念不强，早已不是新鲜的事（例如范一幸的封面设计拖了很久），《新民晚报》的事件是对我们有影响。郭来信说还在《参考消息》登三次。《参考》是内部刊物，我们也不好说。其实发行数百万的报纸，香港没有人看到才怪。我们经常在报上看到，说"参考消息"说什么、什么云云。可见名为保密，早已是掩耳盗铃。既然名义如此，我们只好不提。

上海书店有此决心很不容易，我们这里也是认真在搞，主要对象是各国的图书馆、新闻期刊和各种文教团体等。在宣传方面，我们是不惜工本在搞的。先是宣传联系，就准备花十多万元以上。此间做生意要一丝不苟，良友影印本征求预约，一定要明确，分五次出书中，每次是什么日期，每次出版几册，绝不能含糊。很担心上海能否做到。现在还未发出宣传品（主要等外壳样品）。还谈不上有何反应。我们到比利时使馆索取该国的文教资料时，他们看了样本，表现极大的兴趣。福强认为，即使销路不如理想，也可以使这里的《良友画报》获得一点声誉，所以花点钱还是值得的。这个工作主要由我抓。最近我一连几天都到美国图书馆去弄资料。另外，60周年也部份（分）要我负责去联系。我是在香港的唯一"遗老"。我主编《良友》时，福强大概还未出生，所以就义不容辞了。

陈炳洪事，我只是道听途说，可能是陈昺德之误。我看你也不必为此传闻替他说话。反正都没确实资料可查。他是否健在也不清楚。我在美时，和汉生通电话（那时我去三藩市，他在洛杉矶附近），他也没提起陈。在三藩市经常的和汉生的弟弟郇城见面，也没听他提起。

《文坛剪影录》早在月初（或九月底，说不清了）已按照你的指示，寄出版局转，寄挂号的，收到后请告诉我。

寄上伍联德的复印版，未悉能用否？

你还到北京开会，真佩服你的精神。如果

是可去可不去的，还是在家里保养身体为佳。出门一次消毫（耗）体力是不少的。

匆上，即祝旅安

国亮
1985年10月15日

此信收到后，请即回信。因由涿县令郎转，怕涿县小地方，当地对香港去信有无大惊小怪情形。何况此信还提到台湾！当然你是名人不会受过往牵累吧！周良沛在昆明，我们寄去的书刊，一本都收不到。

注1：谷正纲（1902—1993），字叔常。贵州省安顺县人。德国柏林大学毕业，曾入苏联莫斯科孙中山大学进修。为国民党骨干人物。历任中央组织部副部长、中国农工委员会主任委员、浙江省党部主任委员、中央社会部长、农林部长、内政部长、"国代"兼"国民大会"秘书长等职。编印《世界各国宪法大全》、"宪政丛书"十余种，1954年发起"亚洲人民反共联盟"，自封理事长。时任"总统府资政"。为国民党元老政客。

注2：孔德成（1920—2008年），孔子第七十七代嫡长孙。时任台湾"考试院长"、"总统府资政"。

（二十三）

国亮兄：

我十月廿日飞京，老伴同行。参加会议两天，后去见了老舍夫人胡絜青。我准备写《老舍和我》纪念专文，将刊于《新文学史料》1986年一月号。我这一篇回忆录写了八节，长达七万字。这几天已在涿县完成初稿。我是廿五日到涿县儿子家的，此地郊县，住房宽畅，蔬菜水果新鲜，价廉物美、环境安静，孙儿绕膝、享受天伦之乐。同时利用时间，从事写作。

想不到昨天你寄来一信，安然到达，喜出望外，附有伍公遗像，还有他当时所用老式写字台，更引起我怀念故友的感情。关于纪念联德文章，我准备写两篇，一篇打算寄你发表于香港《良友画报》，昨天已写成初稿，未涉及任何政治，仅讲老板如何对我提拔、重用、放手、信任、培养、教育之功。还似（拟）附上良友同仁当年去松江一游，所摄的照片四、五幅。可惜字数太多，几十年的经历，实在太多，浓缩不了。画报篇幅珍贵，我倒有些为难。你可否根据我与伍公的关系，给我较多的篇幅？我初稿已写了一万字，怎么办？另外的写一篇，准备发表于《出版史料》，与大作同时发表，那就适应大陆要求，把潘公展之流，强迫老板把你我解雇的事，只要是历史，都把它实事求是地写进去。伍公照相也将刊在《出版史料》上，包括北四川路的门市部，我还拟把伍联德当年所写《良友一百期的回顾与前瞻》专文，争取编辑部同意，重新刊登，如此三篇文章同期刊出，马、伍、赵，等于出了一期《良友纪念特刊》。此刊现销一万册，是上海出版工作者协会的公开刊物。给港刊写的纪念文，将待返沪修订腾（誊）写后由沪寄出。有几件事问你：我在前线工作时，曾在溧阳路新寓宴请伍公，你也是伴客之一，还有王九成、沈子康、孙汝梅等。你还记得否？当时你住在虹口军人招待所，希望你把那次宴会记得的便中来函告知，以便充实内容。

香港三联书店杜渐先生约我为三联写一本回忆录。书名定为《书比人长寿》，十五万字。我与杜渐已通信三、四次，约定十一月底前，我返沪后，即把全稿寄去，明年初出书。这样我终于出版了一本港版书，能有一笔港币稿费收入了。此事，也靠北京三联范用老友的介绍帮忙。

我的小儿子赵修礼，专攻煤炭探测电子计算机专业，近年来已去过美国三次，最近（本月下旬）又将去美。我托他买回一架20寸彩电，据他说需美金260元，国内提货。他明年六月回国带回，可免税。我去年去日本，东京最大书店讲谈社出版的一本《本——读书人的杂志》曾约我为他们写了一篇7500字的文章，去年九月在该刊发表后，酬我日金四万元，在北京拿到日钞万元票四张（由出版局去日本工作的官员自东京带回，由我小儿子当面领取），现在国内外币可以私人持有，但不能流通。据我儿子说，他出国时可以把日元带走，可换成美金160元。但我还缺美金100元，据说，US100元相等于港币1000元。我想起你处还代我保存港币数百元，但还缺了一小半。今天写信，想同你商量。我儿子去美国工作半

年，要明年六月才能回国，如三联稿酬届时来不及领到手，你可否先为我垫出数百元港币，兑成美金百元，替我由港汇去美国，好让他为我买回一架20寸彩电。如蒙同意，请先复信。到需要时，由我把小儿子修礼所在美国通讯处或代收款人地址人名通知你。谅我们老朋友，暂时由你代填港币数目不过数百元，且有港三联稿费作担保，谅不会拒绝。我先把此事在这里和你商量，如有不便之处，或有其他办法，成全我这个物质愿望也可。不知你会见笑否？盼复。好让我儿子作好思想准备。

郭小丹临行又通了电话，返沪后我当随时督促，使《良友》重印本及早按时出版。祝康健

家璧
1985年10月26日河北涿县

此信写成后，忽得北京来电话，说原订十一月十五日举行的会员大会，因故不开了。要到明年再开。这里的事就是有些莫名其妙，所以我已改为十一月九日与老伴返沪。你的复信，仍请寄上海，并希望你能同意帮我那个小忙。因为这点外汇也是我晚年笔耕所得，家里有架大型彩电，也可略享文娱之乐。需款时间虽在明年上半年，但希望能早日征得你的应允；如确有未便，也请函告，以便……（注1）漓江出版的大作，我离沪前又去信催问，希望他们把清样打二份，一份寄你校阅，一份寄我备写序文，谅无问题，但也希望你经常去

信催问。

家璧
10月27日晨涿县

注1：原文此处模糊，有缺损。

（二十四）

家璧兄：

你离涿县前寄来的信，已得收。在郊区不仅享天伦之乐，还享田园之乐，还能写作，人间福气给你占尽了！

关于纪念伍联德文，万字似乎长了一点，如你自己浓缩不了，寄来让我们干这个忍心的事如何？从来是"自己文章"下不了手，自是常情，让我们动手术后，将来你重刊时，仍可原璧，目前只是权宜，你以为如何？至于你要写给《出版史料》的，大骂潘公展，也无所谓，香港言论自由，本来也可以骂，不过我们情况特殊而已。

北四川路门市部照片的底片，你可存有，希望再印一张寄来，而且要印得深一点。

关于买TV，你在港的存款还有440元，自经前几年港汇大跌以后，即和美汇挂钩，每100元美金约等于HK780元左右。

你也太啰嗦（罗嗦），区区几百元，说一声就是了，还说版税担保云云，不像是对半个世纪交情的老友说的话，你什么时候，要多少，我叫在三藩市的女婿交他便是。

很忙，还有十几封急待复的信。下次再谈。祝双好

国亮
1985年11月16日

（二十五）

国亮兄：

昨天寄你贺年卡，算作对你祝贺的答谢，今天又得惠，寄贺年片一份，并有附言，才感到我还未把上海出版局转来原封未动的林海音台湾著作一册，内容丰富，对我写几个老友的史料文章，颇有参考价值。书价请在我账上扣除。

纪念伍联德文章，我写了两份，一份供你审阅，已于本月九日托去香港的上海中华书局编辑钱伯城，转交香港三联书店杜渐先生直接送交香港良友转您。内文章一篇约一万二千字，照片十余幅，我日夜在等你的复信，一切由你删改决定。另外写了二万字（加写白色恐怖时期一大段）今日已交上海《出版史料》，将与你的大作明年第一期同时发表。

近来圣诞、新年，邮路拥塞，所以邮件来往甚慢，只得等待。

郭小丹忙于组织征订队伍，希望你们早日同步进行。祝

新春愉快

家璧
1985年12月23日

（二十六）

家璧兄：

　　纪念文章已收到，因经几次手转交，上周才见到。因属纪念良友，人物主要是伍联德，所以与此无关的都因篇幅关系都不得不删去。其中包括余汉生部分，还有伍、余之间的内阋（讧），导致伍脱离良友，因此也不提伍离开良友。他如"白色恐怖"等字眼都不宜在本报上出现。……总之，为了篇幅原因，集中主题，不得不尔，请多原谅。

　　林海音的书，前函已提及，是她来港时要送我，但她来港前已寄了我一册，因此这次我声明为你向她讨的，并不花钱。据闻国内已翻印，其实里面也有不少对共产党不满的地方，真不知如何翻法。我听她谈到国内翻印她的书，并不表示高兴。

　　旧版良友翻印事，出版期原本由本年底开始出版，至87年底出齐，其后不断延期，最近延至明年8月才开始出版，至88年中方出齐，似此一再延期，福强极不放心，香港如发出预约征订，必须按期按册数确实兑现。国内的办事作风使人难以放心。分五期出书，只要某一期不兑现，将使我们这里大失信用，甚至可以吃官司。而且影响将来此间良友发行出版的图书，因此福强看到上海一再延期的情况，甚为可虑。万一期中又出现问题，发出的预约广告将成为不守信用的宣传。感到太没有保障。稍有不妥，预约者一定要向此间追偿损失。香港经营一切讲信用，没有什么情面的。因此最后决定着我去函郭小丹，俟各书出齐后，再由我们在此间发出预约并发售。其实我们在此对台湾及外国一些有关方面都作了布置，还幸早未发出预约，否则不知如何收拾，我们的准备工作做了不少，但为将来不致骑虎难下，只好做出这决定。近年香港及海外商人同国内做生意，因不能如期交货而受损失的，大概你也有所闻。出版物是长期的，一次失信，此后便难以为继了。

　　匆达，祝俪安

　　　　　　　　　　　　国亮
　　　　　　　　　　　　1985年12月27日

图书在版编目（CIP）数据

良友. 12辑 / 良友书坊编. -- 上海：文汇出版社,2012.7
ISBN 978-7-5496-0132-5

Ⅰ.①良… Ⅱ.①良… Ⅲ.①散文集-中国-当代Ⅳ.①I267
中国版本图书馆CIP数据核字(2012)第130374号

主　　编：桂国强　蔡晓滨
执行主编：臧　杰　冷　艳
责任编辑：何　璟
装帧设计：良友创库·冯琳

出版发行：文汇出版社
　　　　　上海市威海路755号（邮政编码200041）
照　　排：良友创库
印刷装订：青岛双星华信印刷有限公司
版　　次：2012年8月第1版
印　　次：2012年8月第1次印刷
开　　本：185×232　1/16
字　　数：250千
插　　页：16
印　　张：16
书　　号：ISBN 978-7-5496-0132-5
定　　价：35.00元

寻找亲历者　寻找见证者
寻找发现者　寻找反思者
修复记忆・书写个人史・为历史存真

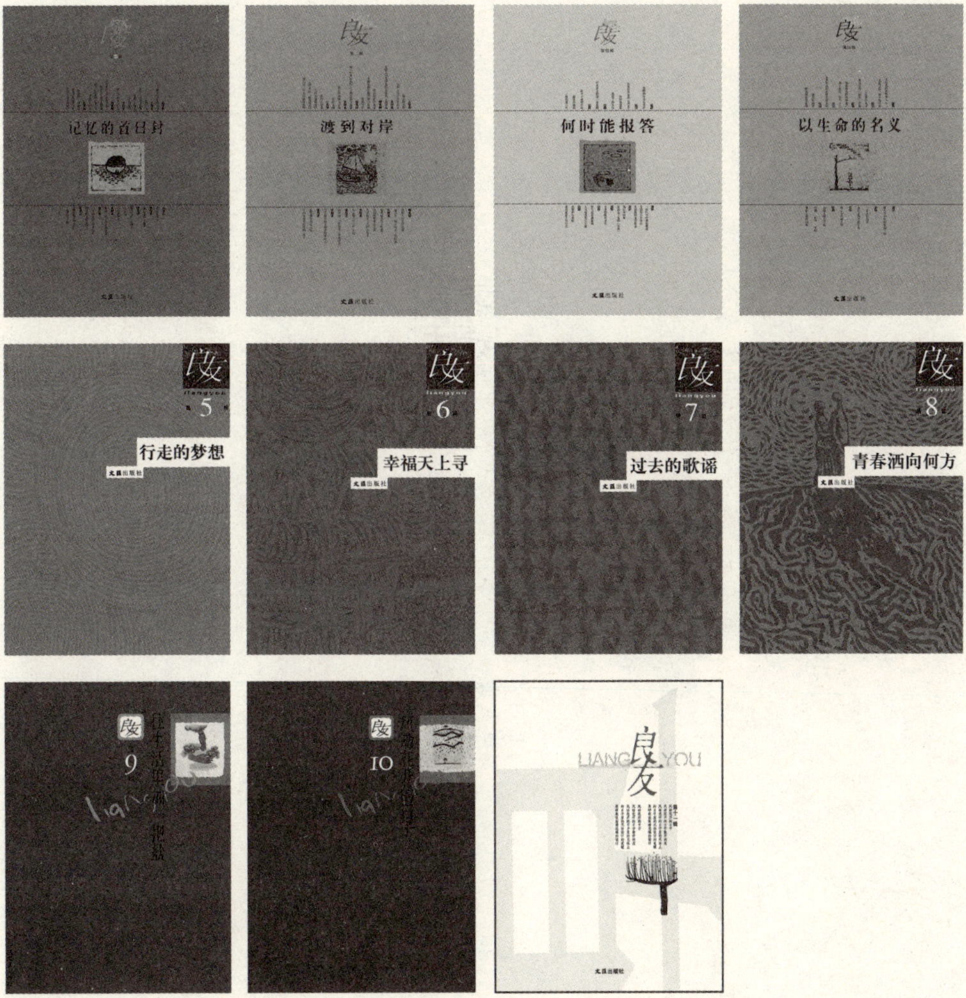